U0960685

新三板挂牌指引与案例分析

LISTING GUIDE AND CASE ANALYSIS
OF THE
NEW THIRD BOARD

何诚颖 等◎著

中国财政经济出版社

图书在版编目（CIP）数据

新三板挂牌指引与案例分析／何诚颖等著．—北京：中国财政经济出版社，2016.3

ISBN 978-7-5095-4339-9

Ⅰ.①新…　Ⅱ.①何…　Ⅲ.①中小企业-企业融资-基本知识-中国　Ⅳ.①F279.243

中国版本图书馆CIP数据核字（2016）第045470号

责任编辑：郁东敏　　　　责任校对：刘　靖

封面设计：中通申奥　　　　版式设计：董生平

中国财政经济出版社 出版

URL：http：//www.cfeph.cn

E-mail：cfeph@cfeph.cn

社址：北京市海淀区阜成路甲28号　邮政编码：100142

营销中心电话：88190406　北京财经书店电话：64033436　84041336

北京财经印刷厂印刷　各地新华书店经销

787×960毫米　16开　19.25印张　268 000字

2016年5月第1版　2016年5月北京第1次印刷

定价：38.00元

ISBN 978-7-5095-4339-9/F·3520

（图书出现印装问题，本社负责调换）

本社质量投诉电话：010-88190744

打击盗版举报热线：010-88190492、QQ：634579818

新三板——中国版纳斯达克的投资逻辑（代序）

一

如果从1990年沪、深证券交易所成立算起，中国的资本市场已经有了26年的历史。在这26年中，主板、中小板和创业板相继推出。截至目前，共有超过2 800家公司[①]在沪、深证券交易所上市交易，两市总市值超过40万亿元。这些上市公司成为中国经济的中坚力量，代表了中国经济的成长高度。

然而，站在这个经济新高度俯瞰中国资本市场时，所见并没有想象中那么美：能在A股上市的企业很多已是“人到中年”。国内对沪、深证券交易所的上市公司有着非常严格的要求，只有处于一定成长阶

① 截至2016年3月10日，共有2 841家公司在沪、深证券交易所上市。其中，上海1 087家，深圳主板478家，创业板497家，中小板779家。

段、符合多项硬性标准的企业才有可能上市；大量处于“豆蔻年华”但达不到上市标准的创新型企业只能在资本市场边缘徘徊。这种高标准固然提高了上市公司的整体质量，但大量具有活力和创新力的中小微企业难以获得融资机会。中国经济的增长不仅需要大中型成熟企业的支撑，也需要大量中小微企业成为经济增长的新动力。

2011 年，我到美国沃顿商学院做访问学者，得以近距离观察美国的资本市场。从美国发展经验看，一个完整的资本市场应当包括多层次市场体系的协调发展，以满足不同类型、不同规模、不同发展阶段企业的融资需求。美国经济的持续增长与这种完善的资本市场体系也有着密不可分的关系。按上市要求由高到低排列，美国股票市场可分为四级：第一级由纽约证券交易所、纳斯达克全球精选和全球市场构成；第二级是纽约证券交易所旗下的美国证券交易所和纳斯达克资本市场；第三级是美国场外柜台交易系统（Over the lounter Bulletion Board，OTCBB）；第四级是更低的粉单市场。

以我们熟知的纳斯达克为例，纳斯达克对上市企业没有多少条条框框的要求。要在纳斯达克上市，公司业绩乏善可陈不是问题，纳斯达克需要的是最具创新能力的公司①。纳斯达克挂牌的速度很快，但退市的速度更快。从 1985 年到 2008 年，美国纳斯达克有 11 820 家公司首次公开募股（Initial Publiu Offerings，IPO），但同期退市数达到 12 965 家，净增长为负数。这种残酷的淘汰制导致纳斯达克 80% 是“僵尸”公司②。但数十年来，纳斯达克也为美国培育了一批世界顶级企业，其中苹果、FACEBOOK、微软、谷歌和英特尔等 7 家纳斯达克公司的市值占比接近一半，这些企业代表了美国经济的新高度。

---

① 比如在纳斯达克上市的京东，在全球路演中，刘强东强调了其商业模式和竞争对手阿里巴巴的不同之处，以及公司的三个优势：移动业务、和腾讯结盟以及物流网络。相比短期盈利，这种独特的商业模式对美国资本市场的投资者更具吸引力。

② 来源于三板富：《纳斯达克真相：23 年 1.3 万家退市 8 成是僵尸公司》。

二

纳斯达克取得了巨大成功，今天研究其发展历史正是为了更好地学习借鉴其成功经验。纵观纳斯达克的发展，创新是其核心和精髓。20世纪80年代是美国个人计算机大爆发的时代。1986年，微软上市让纳斯达克达到了一个小高潮。个人计算机的基础设施逐步推广后，互联网内容服务极度匮乏。1996年雅虎登陆纳斯达克，1997年亚马逊登陆纳斯达克。互联网的内容供应商在2000年被引爆。虽然2001年纳斯达克泡沫被刺破，但并没有阻挡住互联网企业上市的热情①。2004年谷歌在纳斯达克上市之后，成为巨大的造富机器，上千名员工一夜之间就变成了亿万富翁。2012年FACEBOOK这个移动互联网时代的巨无霸登陆纳斯达克，纳斯达克的神话依然在演绎。纵观整个纳斯达克的发展史，其实就是一部互联网明星企业的发展史。

我们的新三板②要获得类似纳斯达克的地位，就不能脱离创新而走常规的交易所发展道路。事实上，新三板已经在很多方面作了创新，比如：公司准入制度方面跳过核准制，直接到强调信息披露为中心的“类注册制”；交易制度方面从协议成交到引入做市商制度。但新三板创新还要走得更远一些，比如发行制度方面可以进一步拓宽私募发行对象的人数、放宽其资质要求等等。

那么，与我们熟知的创业板相比，新三板又有何不同？从挂牌与

---

① 2002年，Netflix上市；2003年12月，携程登陆纳斯达克；2004年5月，盛大网络登陆纳斯达克。

② 新三板全称是“全国中小企业股份转让系统”，公司前身是中关村非上市股份报价转让系统，2013年揭牌运营，同年扩容至全国，即在原有中关村科技园区试点的基础上，将范围扩大到其他具备条件的国家级高新技术园区。

发行制度角度看，创业板采取的是与主板和中小板相同的公开发行制度，而新三板则是非公开发行股份的挂牌制度，这是本质的区别。从企业规模看，创业板规模相对偏大，进入成长初期，在细分行业里居于领先的位置；新三板服务对象则是处于初创后期、有技术、有产品、有一定盈利模式的高新技术企业，虽然这些企业有一定的技术基础，有一定的市场基础，但还未形成规模式发展。从行业分布角度看，创业板对拟上市企业的行业属性有相对明确的要求，重点选择“两高六新”① 企业。新三板的行业定位是高新园区中处于初创期的企业。这些企业行业分布广泛，行业分布方面主要集中于信息技术、制造业、生物医药、新能源、新经济、新材料、新农业、节能环保、文化传媒、咨询服务等，在行业分布上更具有包容性。从财务指标角度看，创业板发行上市财务门槛较高，许多中小高科技企业望而兴叹；新三板对此则没有硬性指标②，通过挂牌新三板进入资本市场是更多企业的现实选择。

三

放眼全球，新经济浪潮席卷而来，信息技术、互联网金融、文化传媒、医疗健康等行业持续大幅增长，新型科技企业逐步成为经济重要组成部分。为了实现创新推动下的经济结构转型和产业升级，中国正大力促进中小微企业尤其是创新型中小微企业的发展。据统计，创

① 高成长、高科技与新经济、新服务、新农业、新能源、新材料、新商业模式。

② 像 BAT［百度公司（Baidu）、阿里巴巴集团（Alibaba）、腾讯公司（Tencent）三大巨头首字母缩写］、京东这样的公司，当年都没有在 A 股上市融资，而是跑到纳斯达克、香港上市。最基本的一个原因，就是这些公司当时在 A 股根本上不了市。比如，京东在 2014 年 5 月赴美上市前的一个季度亏损就达 38 亿元，2013 年全年净亏损也有 4 990 万元，完全不符合创业板上市条件。

新型中小企业虽然仅占中小企业总数的3%，但却贡献了超过50%的创新成果，主要涉及生物医药、新能源、新材料、信息技术等高新技术行业。

由于在挂牌上的便利，且伴随着做市制度的实施，新三板挂牌公司和融资额在近2年出现了爆发式增长。2013年，在新三板挂牌的公司不过356家，到2014年年底达到1 572家，一年增加了1 216家；而截止到2015年12月底，新三板挂牌公司突破5 000家。从挂牌公司行业分布来看，制造业挂牌公司数量最多，占所有新三板挂牌公司比例达到55.90%；其次是信息传输、软件和信息技术服务业，科学研究和技术服务业，建筑业，租赁和商务服务业等，占所有新三板挂牌公司比例分别为18.76%、4.50%、3.30%和3.22%。

为什么“一夜之间”这么多公司涌向新三板挂牌？从企业的视角看，新三板挂牌的好处至少有以下几点：一是价格发现效应；新三板挂牌使资产实现了证券化，股份具有了流动性。企业及股东可以通过股权质押或转让股份获得资金，挂牌企业的整体价值也将反映在股票价格上等。二是治理效应。可以明确产权关系，促使企业进一步建立现代企业制度，降低经营风险，为公司未来转板打下良好的公司治理和内部控制基础。三是融资效应。企业挂牌后融资效率高，门槛低（对业绩没严格要求，亏损也能融资）。企业的信息在公开平台上曝光，意味着已经接受公众的监督。一旦企业成功挂牌，很多私募股权投资都将新三板企业纳入项目来源；甚至不用等到挂牌，有些企业在挂牌前就因为即将挂牌而获得了投资。四是人才效应。能提升企业形象和认知度，可以通过股权激励提高对人才的吸引力等。五是品牌效应。当一家企业登陆新三板后，它获取了券商、会计师、律师和股转公司的隐藏信誉保证。企业挂牌后成为公众公司，会极大提升企业知名度和品牌效应。中小微企业挂牌新三板的过程，也是财务规范化、业务规范化、战略清晰化的过程，这个过程本身就具有重大意义。

四

虽然新三板对企业有诸多好处，进入门槛也较低，但并非毫无成本。如挂牌变为公众公司后，公司要公开财务报表和经营情况，竞争对手、客户和供应商都会看到；企业决策时不再是“一言堂”，而必须按照股东大会、董事会决策程序进行；企业还必须规范交税，以前可能有漏税情况的必须按规定补缴。这些都是真金白银，企业要认真考虑能否承担这些合规性成本。

从投资角度看，我国场外交易市场的融资主体多具有规模小、轻资产、风险大、成长快等特点，信息不对称程度更加严重，因此，在协助公司融资与保护投资者权益方面，需要一个严谨的制度来规范。比如，合理的信息披露对其上市融资和投资者利益保护至关重要。但是，竟场外交易市场的中小企业不可能与主板市场的上市公司同日而语。相对于交易所市场，场外交易市场尤其是低层次场外交易市场的信息披露要求相对要低。因此，在制度设计上还需要融入更多更切合实际的考虑。

此外，新三板采用的是不同于主板交易制度的协议转让交易与做市商制度，这会提高资金流动性，但也很容易被人为操纵价格。尤其协议转让的特性容易引发操纵市场、内幕交易等行为。由于新三板并不像主板市场一样设置涨跌停范围，一旦股价被人为操纵可能会造成极大波动。此外，传统交易所市场的内幕交易在新三板市场中亦有发生，而企业披露信息不严等现象也经常出现。

五

虽然新三板多数公司体量偏小，但利润增速较快。根据 2015 年中报数据，新三板整体收入和利润增速分别为12.9%和80.3%，多数行业增速均快于创业板。2016年，受制度红利释放、估值低企、挂牌数量增多等积极因素的推动，新三板中长期将呈螺旋式上升。一方面，挂牌优质企业数量不断增多，寻找真成长股会带来超乎想象的超额收益；另一方面，制度红利带来的系统性机会将惠及整个市场，其中分层、转板将成为新三板市场不变的投资主题。

由于新三板与证券交易所定位不同，面对的投资者群体也不尽相同，因而具体投资模式差异较大。不同于沪、深证券交易所，新三板定位于中小微企业与产业资本的服务媒介，主要是为企业发展、资本投入与退出服务，不以交易为主要目的，发展方向将是以风险承受能力较强的机构投资者为主。由于这些差异，新三板市场在投资上大致呈现如下特点：一是整体仍是一片估值洼地，虽然市场内部估值分化大，但多数行业相对创业板明显折价；二是新三板投资介于股权投资和权益投资之间，不同于A股二级市场传统的盈利模式和投资理念，投资专业性强，风险大，成长性重于流动性，强调股权投资和资本回报，而不同于注重博取差价和资金回报的A股二级市场；三是在财务上，新三板许多公司处于初创期，业绩波动大，常出现负增长，甚至亏损，估值方法受到挑战。

新三板市场最大的优势在于规范体制内最大限度的市场化，市场化的基础决定了广阔的空间和远大的前景，允许且鼓励更多创新来发现价值、提升效率。但新三板与A股市场存在显著差异，新三板公司普遍规模远小于创业板，多数公司处于生命周期较早阶段，有些甚至尚未实现盈利，有些处于新的商业模式的验证期，因此不确定性很高。新三板制度处于不断建设和完善中，高度分化可能是新三板的常态。

此外，新三板投资不同于A股。A股是充分讲预期的市场，股价提前反映预期，基本面反向验证；新三板则相反，是个正向验证积累的市场，没有实质的利好很难反映到股价上，而且基于一、二级市场联动的市值管理很难适用于新三板。对投资来说，利用资本平台实现积累式的正向成长已经成为新三板企业的主要特点。而对于投资者来讲，甄别企业家的能力也将提升至新高度，决定着自身的收益率水平。由于新三板市场这些特有的性质，投资者需要不同于A股二级市场的投资思维，关注股本大、利润高、收入高的公司，尤其是产品技术、商业模式独特的公司。

六

中国经济过去十多年来的高增长，主要依靠基础投资、出口这两架引擎拉动。但近年来两架引擎运转的力度相继减弱。国内生产总值的增长也从2007年的两位数14%降到了7%以下，中国急需新的驱动力来促进经济持续增长。目前，主板市场已经很难肩负起更大的历史责任。在主板市场中占据主导地位、绝对交易份额的钢铁、石油、银行等传统行业的大公司，其本身就肩负着转型的艰巨任务，而新三板将在经济转型和资本市场现代化方面发挥不可替代的作用。

一方面，中国经济的转型需要新三板。新三板将是中国最具活力与效率的资本市场，而且在该板挂牌的企业，绝大多数是高成长性的中小创新型企业，它们的成长效率决定了新一轮中国经济的发展效率。未来中国诞生的伟大企业将有一半来自新三板。

另一方面，新三板市场肩负着中国资本市场现代化的战略重任。众所周知，在国内上一轮以重化工业为主导的经济增长中，虽然资本市场也发挥了作用，但是主板市场的基本制度存有先天缺陷，即偏于行政化，尤其是首次公开发行的审批制。国家给予新三板市场的战略定位，是实现中国资本市场真正的市场化。我们需要新建一个交易市场，要定向扶持“创新企业”，向注册制迈进，走市场化道路。

总之，新三板已被视为金融支持经济转型的前沿阵地。企业可以不参与，但一定要关注。从新三板每天挂牌三四十家公司的景象中，我们看到了中国经济的未来。持有新三板公司，流动性甚至短期盈利水平都不是关键的问题，关键是公司质地到底如何？盈利模式是否吸引人？正如索罗斯所言："世界上不存在问题这种东西，只有机会。"新三板意义之深远，甚至可能是自中国证券市场创立以来最重大的一次变革。明天类似百度、阿里和腾讯的企业很可能就诞生在新三板，而非目前火热的创业板。因此，那些具有战略眼光的企业家以及投资者都不应该错过新三板带来的机遇。

何诚颖

2016年1月12日于深圳

前 言

2015年注定是中国资本市场发展中波澜壮阔的一年。这一年，中国资本市场遭遇了一场极为罕见的牛熊搏击；这一年，经济下行压力沉重，进入减速换挡周期；这一年，顶层设计相继出台，注册制提上日程，新三板分层推出，《中华人民共和国证券法》（简称《证券法》）有望大修。资本市场的风云变幻已经超越了我们的历史经验和对以往市场的认知，需要学界和业界的广泛探讨和深入研究。而作为企业，必将被资本市场的浪潮裹挟前行，无一能够脱离。

新三板是2015年最火爆的市场，也是争议最多的市场。挂牌企业从年初的1 500多家发展到年底的5 000多家，数量超过了沪、深两市总和，总市值逾2万亿元。但从交投火爆到陷入流动性危机，却只有半年的时间，这对挂牌企业和投资者进行了双重的洗礼。而挂牌企业仍然前赴后继，做市、定增、分层等话题将新三板的热度推上一波又一波的高度。这一切的背后是什么？已挂牌或拟挂牌新三板的企业，要何去何从？

对于企业而言，从挂牌前的准备工作、挂牌的流程，到通过协议或做市方式交易股份，进行资本运作，并关注和防范其中的风险，将是挂牌新三板所需要经历的全过程，其中每一个过程和步骤都涉及大量的法律和政策、金融知识和实务经验。我们注意到，市面上专门针对新三板挂牌企业的书籍并不多，更勿论资本市场瞬息万变、新三板日新月异，要理解和研究新三板，必须吃透最新的政策、使用最新的数据。在这样的背景下，我们决定写一本服务于新三板挂牌企业的书，给企业提供一本在新三板市场中的运作手册，其中既包含一般性的流程和规范，也包括实务操作的技巧和案例，还包括对市场的剖析和把控，告诉企业什么是新三板，为什么要在新三板挂牌，如何挂牌，挂牌后该怎么做？

为了解答这些问题，我们从千头万绪的资本迷宫中梳理出了四篇共九章内容，分别是：入门篇——什么是新三板以及为什么选择新三板；挂牌交易篇——如何在新三板挂牌和进行股份交易；资本运作篇——定向增发、并购重组和股权激励；未雨绸缪篇——分层通道的铺设以及新三板可能风险的防控。入门篇通过时间上的纵向对比和海内外市场的横向对比，向读者介绍了新三板的发展进程、市场地位、未来趋势和制度优势。第三章进入实务操作层面，我们尽可能地用平实的语言、翔实的案例和最新的数据，从制度解读、市场现状、关键问题、实务操作流程、相关案例入手分析。

值得指出的是，本书不仅仅是一本企业挂牌实务方面的指引工具书，还囊括了作者对于我国新三板的发展历程、市场现状、存在的问题以及发展趋势的剖析和思考，对于新三板的投资者也具有一定的借鉴价值。无论是拟在新三板挂牌的企业，还是希望在新三板中挖掘投资价值的投资者，当您在资本市场披荆斩棘寻找出路、抑或乘风破浪驶向财富彼岸的时候，本书都会为您指引前行的方向。本书的作者系我国著名的资本市场专家，相信读者在开卷阅读的过程中，一定可以深切体会到他们对新三板市场的感悟；也希望读者在阅读思考之余，能提出您宝贵的意见。

本书由何诚颖牵头策划，张昀组织提纲和写作工作并统稿；参与写作工作的包括徐向阳、张昀、闵亮、刘海洁。在写作过程中，我们得到了许多领导和专家的大力支持和关怀，在此谨向他们表达诚挚的谢意。

作者

2016 年 1 月

目 录

入门篇

挂牌交易篇

资本运作篇

入門篇

1

什么是新三板

1.1 新三板的历史沿革

新三板又称全国中小企业股份转让系统，是经国务院批准，依据《证券法》设立的全国性证券交易场所，也是第一家公司制证券交易所。全国中小企业股份转让系统有限责任公司为其运营机构，于2012年9月

20 日在国家工商总局注册，2013 年 1 月 16 日正式揭牌运营，注册资本 30 亿元，注册地在北京。

新三板 2006 年发源于北京中关村，以高科技企业为主。之所以叫“新三板”，是因为还存在一个“老三板”，主要承载原 STAQ、NET 系统挂牌公司和主板退市企业的公司股权转让。2012 年，上海张江高新技术产业开发区、武汉东湖新技术产业开发区和天津滨海高新区加入新三板试点，至此新三板扩大到 4 个国家级高新园区。2013 年底，中国证监会宣布新三板扩大到全国，对所有公司开放（见图 1 – 1）。2014 年 1 月 24 日，新三板一次性挂牌 285 家企业，并累计达到 621 家挂牌企业，宣告新三板市场正式成为一个全国性的证券交易市场。截至 2015 年 10 月已有超过 3 700 家公司在新三板挂牌。

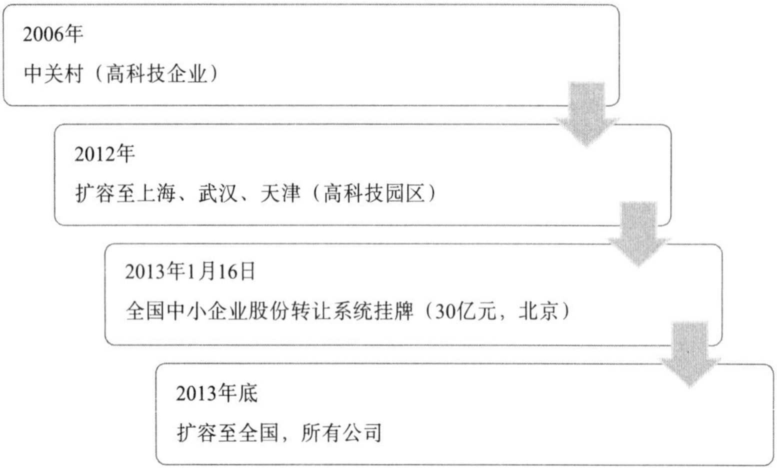

图 1 – 1　新三板的历史沿革

1.2 新三板在我国多层次资本市场中的定位

1.2.1 新三板挂牌与主板上市的区别

严格来讲，企业登陆股份转让系统不能称为“上市”，主要原因在于企业在主板首次公开募股（IPO）即意味着企业开始募集资金。而新三板企业登录全国股份转让系统可以募集资金也可以暂时不募集资金，因而，企业登陆新三板称为“挂牌”而不称为“上市”。

新三板和 A 股主板市场有三点非常重要的区别。

- 上市及退市条件要求不同。全国股份转让系统的定位主要是为创新型、创业型、成长型中小微企业发展服务，这类企业普遍规模较小，尚未形成稳定的盈利模式；在准入条件上，不设财务门槛，申请挂牌的公司可以尚未盈利，只要股权结构清晰、经营合法规范、公司治理健全、业务明确并履行信息披露义务均可以经主办券商推荐申请在全国股份转让系统挂牌。而主板市场上市条件相对严苛，例如上市之前连续三年净利润率必须保持 6% 以上，而新三板只要求一年。此外，退市条件也不同：主板 A 股退市的硬件是连续三年业绩亏损；而新三板只要发现严重问题就需要退市。

- 投资者群体不同。我国交易所市场的投资者结构以中小投资者为主；而全国股份转让系统实行了较为严格的投资者适当性制度，投资门槛较高，如对个人投资者设有 500 万元证券资产的限制。未来的发展方向将是建设一个以机构投资者为主的市场，这类投资者普遍具有较强的风险识别与承受能力。

- 服务目的不同。全国股份转让系统是中小微企业与产业资本的服务媒介，主要为企业发展、资本投入与退出服务，目的是解决中小企业融资渠道窄、融资成本高的问题，并不是为机构和个人投资者提供一个炒股的场所。

1.2.2 新三板在我国多层次资本市场中的定位

新三板是我国多层次资本市场的重要组成部分。我国资本市场主要分为五个层次，其中新三板主要服务于中小企业（见图1－2）。现在深圳证券交易所和上海证券交易所即将推出战略性新兴板，或者叫科创板，会进一步完善多层次资本市场的体系。

图1－2　我国多层次资本市场的组成

新三板和其他层次市场的关系，既有竞争又有所区分。

从新三板和创业板等交易所市场的关系来看，已经透露出新三板的分层设计思路。新三板意图在内部最高层级分层实行竞价交易制度、降低合格投资者标准等改革，而且新三板也意图留住好的企业，和创业板等展开一定程度的竞争。新三板不应该单纯把自己看作是创业板等市场的蓄水池、后备军。随着制度进一步完善，企业若在新三板能达到在创业板上市的目的，而且更加符合企业的发展状况，就没有必要转板。因此，从这个意义上讲，新三板和创业板等展开了一定程度的竞争。为此，新三板需要在交易制度、合格投资者等制度上改革，以便和创业板等市场的制度更加接近。但新三板毕竟和创业板等市场有所区别，它是场外市场的一部分，因此必须坚持自己的基本定位。有些企业就是适合在新三板发展，而不适合在创业板发展。新三板如果一味追求向创业板等板块发展，放弃了自己的特色，反而偏离了创办这个市场的初衷。

另外，就新三板和区域股权市场的关系来看，尤其是进行内部分层之后，在低层次挂牌的企业必然要采取比较低的挂牌标准。当前，区域股权交易中心的挂牌标准低于新三板，目前尚未有统一的管理制度，挂牌费用也低，而且各地市场均按自身需求制定挂牌制度。例如浙江股票交易中心申请挂牌应具备基本条件只需要股份公司成立满一年。因此，新三板会产生和区域股权市场的定位类似以及相应的竞争问题。同为场外市场，适度的竞争有利于市场的发展，但是仍然需要对新三板和区域股权市场有明确定位。这就需要在企业挂牌门槛、合格投资者标准甚至交易制度等方面区分。当然，不可能单纯借助行政化的方式进行区分，更多的应该是借助市场化的力量来进行。

1.3 新三板市场的跨越式发展

在大众创业、万众创新的背景下，随着新三板扩容和做市商制度的出台，新三板市场取得了突飞猛进的大发展，挂牌企业大幅增加（见图 1 -3），融资额迅速攀升，涌现出千亿元市值企业和众多明星企业。截至 2015 年 10 月 20 日，新三板挂牌企业数量达到 3 751 家，在审企业 1 370 家，而已与券商签约的拟挂牌企业共有6 000家左右，市场预计到2025年底挂牌企业数量将突破5 000家。新三板已成为中小企业对接资本市场最热门的选择。

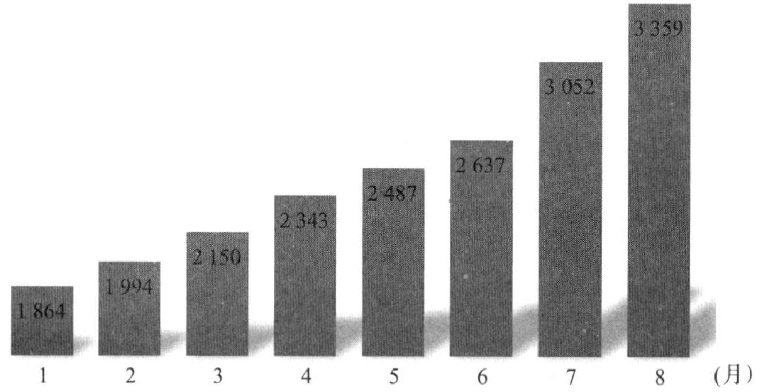

图1-3　2015年以来新三板企业挂牌数量增长状况（单位：家）

新三板企业在各行业中的分布差异较大，在中国证监会一级行业的分类中，制造业的家数最多，为2 130家；其次为信息传输、软件和信息技术服务业；住宿和餐饮业以及居民服务、修理和企业服务业的挂牌家数最少，均低于10家。挂牌超过100家的行业有：制造业，信息传输、软件和信息技术服务业，科学研究和技术服务业，租赁和商务服务业，建筑业，以及批发和零售业（见图1-4）。

1.4 新三板的未来：对标纳斯达克

1.4.1　纳斯达克的成功经验

纳斯达克（NASDAQ）成立于1971年，是由美国证券交易商协会建

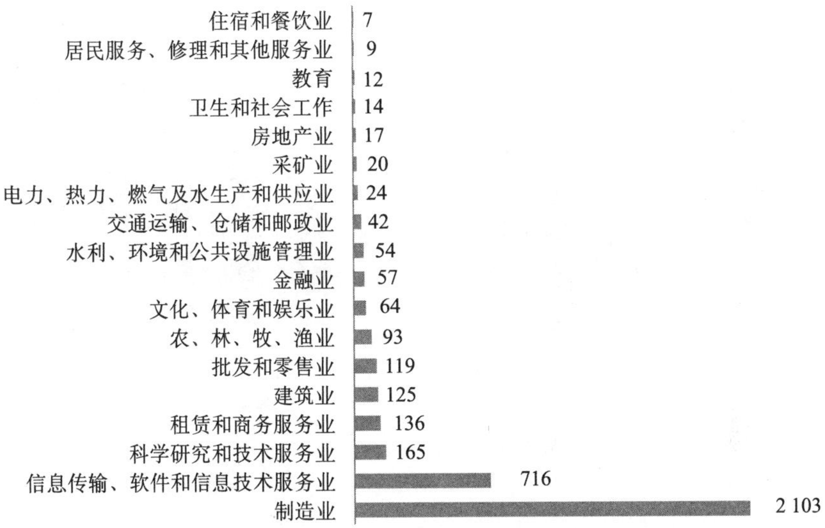

图 1－4　新三板企业各行业（中国证监会一级行业）数量分布图（单位：家）

立的场外交易市场（Over-the Counter Market，OTC）电子报价系统，为中小企业提供融资平台。经过多年演变，纳斯达克市场已从场外交易市场发展成为全球第二大证券交易市场，其市值和交易量仅次于纽约证券交易所（NYSE）（见图 1－5）。据纳斯达克股票公司 2014 年年报显示，截至 2014 年底，在纳斯达克市场挂牌上市的公司已近 3 000 家，总市值超过 8.5 万亿美元，主要是科技型和创新型企业，汇集了包括苹果、微软、谷歌在内的美国大型公司，以及新浪、搜狐在内的非美国本土高科技企业，其发展历程也经历了由场外市场逐渐发展壮大的过程。

1.4.1.1　电子报价系统

纳斯达克在 1971 年刚刚成立的时候，仅致力于为用户提供快捷准确的报价，降低证券买卖价差，而在以价差为主要盈利手段的交易商中并不非常受欢迎。

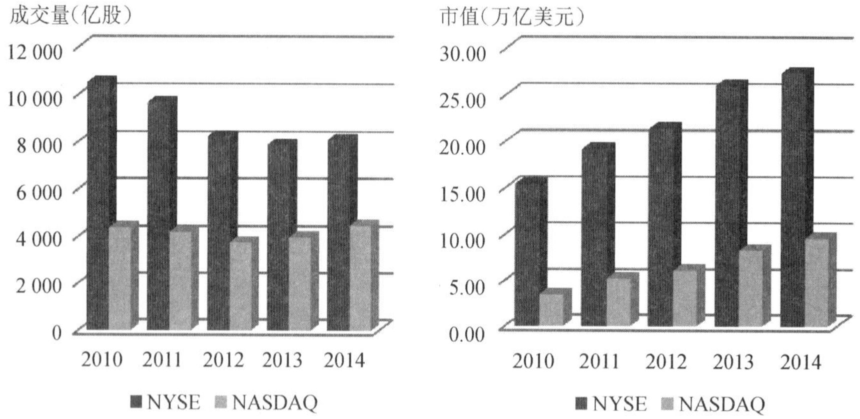

图 1-5　纳斯达克与纽约证券交易所成交量及市值对比图

1.4.1.2　通过做市商网络奠定三足鼎立之势

纳斯达克后来通过遍布全美的电脑终端及做市商网络，将做市商的报价集中处理并发布，有效降低了交易成本，提高了成交效率，一举奠定了其作为美国场外交易市场核心的地位，并与场外交易所集团（OTC Markets Group）、场外柜台交易系统（OTCBB）和私募证券交易市场一起构成美国场外交易的平台。

1.4.1.3　通过跨越转变构建全国性证券交易所

在集合各家做市商交易的基础上，纳斯达克不断完善报价系统，增加交易量等信息，并推出电子交易系统和在线交易功能，完成报价和交易的统一。2000 年以后，纳斯达克开始从场外市场向证券交易所过渡。2006 年，纳斯达克交易所注册成为一家独立运营的商业机构，完成了从场外交易市场到全国性证券交易所的转变。

金融危机之后，随着世界经济复苏，纳斯达克前进的步伐也在加快。一方面，纳斯达克市场深耕国内金融市场，收购费城交易所和波士顿交易所，将业务拓展至衍生品交易市场；同时，通过兼并交易清算、信息咨询、财务顾问公司等企业，纳斯达克市场延长了其产业链的上下游。另一方面，纳斯达克市场积极拓展海外业务。2008 年 2 月，完成了与 OMX AB 的合并，首次将触角延伸至美国市场以外。此后，通过一系列的兼并与收购，纳斯达克市场将业务拓展至外汇、衍生品交易市场和货币市场（见图 1－6）。

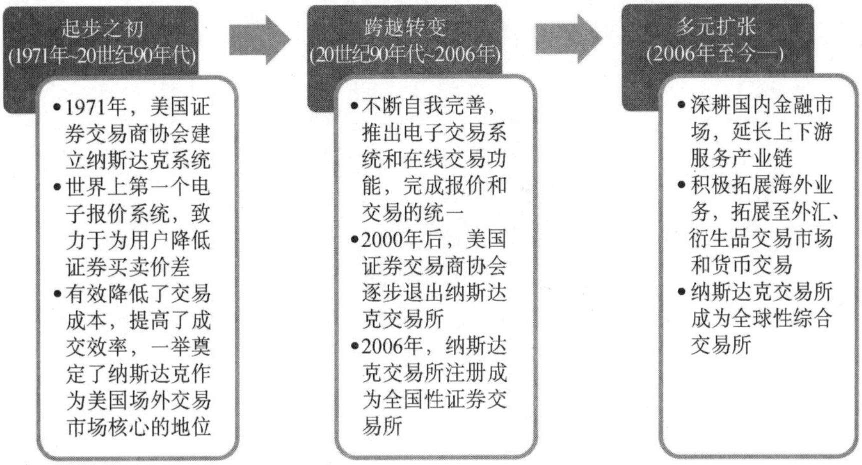

图 1－6　纳斯达克的发展历程

截至目前，纳斯达克交易所为全球超过 35 个国家或地区的公司提供挂牌上市、市场咨询等服务，并为全球投资者提供包括股票、固定收益、外汇和衍生品等产品在内的报价、交易和清算服务。纳斯达克成功经验见图 1－7。

1.4.2　新三板做市制度与纳斯达克的对比

现阶段，我国新三板只有主办券商有做市资格，而纳斯达克做市商数目已达 500 多家。我国新三板做市商制度尚处于发展的初级阶段，相关制度立法的重点在于培养做市商，因而倾向于保障做市商的有效盈利。但从长期看，趋同于市场化做市商制度是必然的。

图 1－7　纳斯达克的成功经验

新三板市场与纳斯达克市场做市制度的区别主要表现在以下五个方面。

1.4.2.1　报价更新

新三板更关注市场交易时间和数量，并以提高流动性为主要目标，并不对报价价格限制过多。全国中小企业股份转让系统（简称“股转系统”）转让细则规定，做市商应从 9:30 开始发布报价，而且在报价过程中须不断申报保持该股票维持在 1 000 股以上的买卖盘，申报间隔不超过 5 分钟。此外，为了使做市商有效履行持续报价义务，股转系统规定新三板做市商每个转让日提供双向报价的时间应不少于做市转让撮合时间的 75%。

纳斯达克市场更关注报价的合理性，规定做市商需要持续更新，目的是将买卖价格维持在一个合理水平上。这一水平以全国最优报价为基准，如果最佳报价发生变化导致做市商给出的买价或者卖价超过一定范围，做市商应重新报出价格，并以设计好的比例为基础。

1.4.2.2 限制竞争

为防止暗箱操作和不正当竞争，纳斯达克对“价格锁定”和“穿价成交”采取一定的限制政策；而新三板则一刀切，规定两个以上做市商之间不能直接在做市申报时成交。

1.4.2.3 报价披露

新三板做市商在特定条件下享有特殊的不披露报价的优势，相对普通投资者而言做市商有信息优势。而纳斯达克以最优报价为核心，将市场分割出股票批发市场和股票零售市场。在不同的层级，做市商与做市商、做市商与投资者、做市商与电子报价系统产生竞争。

1.4.2.4 成交披露

新三板做市商的成交信息披露以“天”为披露单位，报价压力相对较小；而纳斯达克的成交信息披露间隔为 10 秒。

1.4.2.5 做市商身份的持续

新三板强制性要求做市商履行报价义务。对于不履行报价义务的做市商，股转系统会采取约谈、要求提交书面承诺、出具警示函、向中国证监会报告违法行为等措施。纳斯达克做市商身份方面的市场化相对较高，做市商在注册后 5 天内无法提供报价就会被取消，其在该股票上的做市资格。因此，不符合以及不愿意为特定股票提供报价的做市商可以通过消极不作为退出。

1.4.2.6 最低要求报价规模限制

纳斯达克对最低要求的报价规模限制较小，正常报价单位为每手 100 股。而新三板为抑制投机行为对做市商一般性的交易申报股数进行限制：买卖股票申报数量为 1 000 股或其整数倍，只有在余额不足 1 000 股的情况下，才允许小于1 000股的单笔交易。

根据以上对比可以看出，新三板做市商制度相对不成熟，在诸多方面都对做市商进行了一定的政策偏向，给予做市商较大的操纵和利润空间。现阶段参与做市，有利于券商畅享政策红利。

1.4.3 从纳斯达克经验看新三板的未来发展

纳斯达克的成功主要得益于五个方面：一是灵活的上市和退市制度；二是做市商制度；三是投资者至上的监管理念；四是分层管理的机构；五是公司制的组织形式。就我国新三板市场目前的发展状况来看，新三板最需要学习的是分层管理制度和竞价转让制度。

随着新三板市场的扩容和发展壮大，挂牌企业分化的现象日益明显。主要表现在以下几个方面：

第一，财务指标分化。根据2014年中报，新三板公司中营业收入排名前10位的公司平均营业收入为182 404.69万元，其平均净利润为651.28万元；而营业收入排名后10位的公司平均营业收入为24.83万元，平均净利润为-774.75万元。新三板公司中，营业收入排名前50位的公司平均营业收入为69 397.81万元，平均净利润为2 381.54万元；而营业收入排名后50位的公司平均营业收入为106.74万元，平均净利润为-345.25万元，两者相差巨大，财务指标分化十分严重。

第二，流动性分化。截至2015年10月底，通过协议转让的新三板挂牌公司共计2 964家，10月成交量为8.87亿股，成交金额为36亿元；而有做市商的新三板挂牌公司共有917家，10月成交量为10.75亿股，成交金额为53.4亿元。在投资标的显著较低的背景下，做市股的交投更加活跃。以中海阳为例，纵向比较来看，中海阳此前采取协议转让交易，日均成交量仅为2.5万股，成交清淡，且存在连续多个交易日无成交量；2014年8月做市商制度正式上线后，中海阳日均成交量上升至49.2万股，且自2014年10月底开始，每个交易日均有成交。做市商制度的实施有效提高了新三板的成交量，但做市股和协议转让股流动性的显著分化使得分层管理的需求更加突出。

第三，市值分化。新三板上市门槛较低，公司经营水平高低不一，经过一段时间的发展后，新三板挂牌企业市值出现显著分化，而且差异水平显著高于沪、深两市挂牌企业。截止到 2015 年 10 月底，所有企业中市值超过 100 亿元的有 8 家，最高的九鼎投资市值超过 1 000 亿元；市值低于 100 万元的有 6 家，其中市值最低的只有 18 万元。

从美国纳斯达克市场的发展历程来看，分层管理既有助于投资者对挂牌企业的总体认知，也有利于挂牌企业在不同发展阶段吸引不同风险偏好的投资者。目前，依托全国中小企业股份转让系统构建的全国性场外交易市场已经成型且运行平稳，从制度建设和技术上已经可以实现场外市场的分层管理。因此，新三板分层管理将是大势所趋，是我国场外市场制度完善的重要步骤。2015 年 11 月，中国证监会发布《进一步推进全国中小企业股份转让系统发展的若干意见》，正式批准了新三板的分层设计，将整个市场分为创新层和基础层。业内普遍认为，分层制度将为市场发展带来实质性的长期利好。

在新三板分层实施之后，转板试点有望横空出世。未来新三板的挂牌企业将有更多选择：一方面，可以选择在新三板沉淀，获取分层溢价等政策红利；另一方面，可能以更加简便的方式登陆创业板、中小企业板乃至主板市场。对于挂牌公司向创业板的转板，全国股转公司内部人士表示将在中国证监会的统筹安排下，积极配合该工作。

此外，竞价交易制度也是市场参与者后续看好的制度红利。早在 2015 年 4 月，股转系统就表示将择机推出竞价交易制度。竞价交易将克服协议制度缺少透明度的问题。有研究者指出，竞价交易制度可由做市商制度逐渐转变而来，既提高了做市商持续做市的动力，也提升了市场自身的公平和效率。然而，监管层出于对风险因素的考量，竞价交易制度或将延期推出。

2

为什么选择新三板

2.1 中国企业可以在哪里上市

企业要上市，首先是要选择在哪里上市。放眼全球资本市场，截至2015年9月30日，中国内地已有673家企业选择在境外上市（见图2－1），其中，超过半数的企业（356家）选择在我国香港上市，其次为美国

(182 家)、新加坡(115 家)和英国(20 家)。

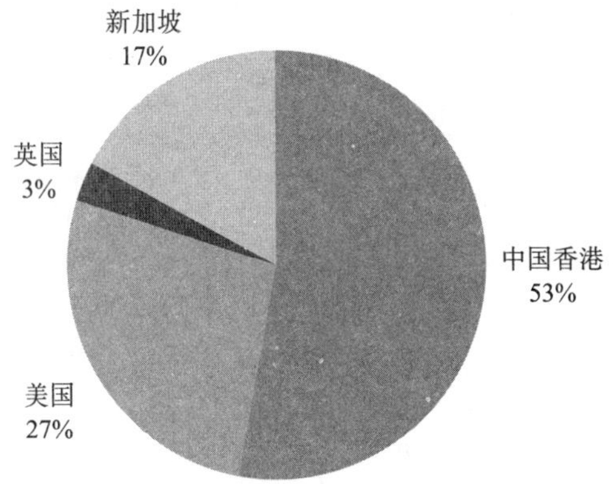

图 2-1　中国企业境外上市的数量分布

数据来源：Wind 资讯。数据截至 2015 年 9 月 30 日。

具体到各家交易所来看(见图 2-2)，在香港联交所上市的中国 H 股企业数量多、实力强，截至 2015 年 9 月 30 日，上市企业有 212 家，总市值达 19.7 万亿元。按照市值排行，其余依次为纽约证券交易所(6.7 万亿元)、香港红筹股(5.1 万亿元)、纳斯达克(9 642 亿元)、伦敦证券交易所(7 456 亿元)、新加坡证券交易所(3 511 亿元)和美国证券交易所(20 亿元)。

选择在我国香港、美国、英国上市，一是由于这些资本市场层次丰富，可以满足不同条件的企业；二是资本市场资金容量大，提供了更为广阔的融资渠道；三是成熟资本市场具有较为稳定的制度预期。

而大部分的企业仍然选择了内地的资本市场(见表 2-1)。截至 2015 年 9 月 30 日，已有 7 719 家企业在内地各板块上市或挂牌，其中，主板市场拥有 33.77 万亿元流通股市值，位居世界前列；而新三板的挂牌企业数量已超过 5 000 家，已经超过了纳斯达克的上市公司数量。

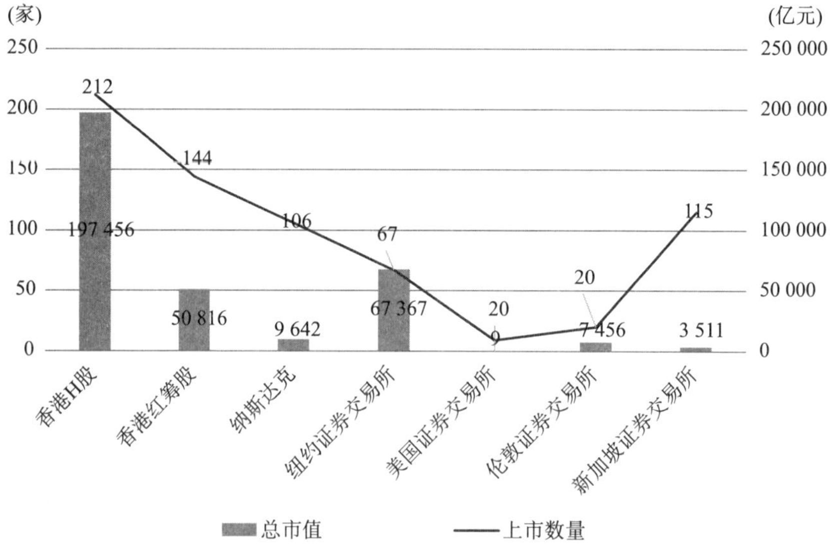

图 2－2　中国企业在境外交易所上市分布

数据来源：Wind 资讯。数据截至 2015 年 9 月 30 日。

表 2－1　　　　　内地各板块市场规模比较

指标	新三板	中小板	创业板	主板 A 股	主板 B 股
上市/挂牌总数（家）	3 585	767	484	2 780	103
流通股本（亿股）	702.00	3 355.30	1 094.94	35 985.42	278.33
流通股市值（亿元）	10 217	72 864	37 622	337 726	1 776
2015 年以来累计股票成交数量（亿股）	141.77	17 678.30	6 650.84	83 111.91	50 232.85
2015 年以来累计股票成交金额（亿元）	1 217.64	352 368.94	197 254.75	1 087 861.23	892 950.57

数据来源：深圳证券交易所，Wind 资讯。数据截至 2015 年 9 月 30 日。

接下来重点介绍在美国、中国香港和内地各板块上市企业的基本情况，并对不同交易所上市的准入条件、上市费用、时间成本、交易制度等进行比较。

2.1.1 在美国上市

美国拥有世界上最大最成熟的资本市场，聚集了世界上绝大部分的游资和风险基金，同时具有多层次、多样性的特点，能够满足大型企业或中小民营企业的不同融资需求。美国资本市场经历百年演化，形成了层次分明、组织结构和功能相互递进的金字塔形结构（见图2-3）。依据上市标准、上市公司的规模以及市场的开放程度，可以将美国的资本市场划分为四层：第一层由纽约证券交易所（NYSE）、纳斯达克全球精选市场（NASDAQ Global Select Market，NASDAQ-SM）、纳斯达克全球市场［NASDAQ Global Market（NASDAQ-GM）］组成，上市标准较高，主要面向超级跨国大企业的全国性市场；第二层由美国证券交易所（AMEX）和纳斯达克小资本市场［The NASDAQ Small-Cap Market（NASDAQ-SC）］构成，是面向美国高科技企业和美国中小企业的全国性市场；第三层由辛辛那提证券交易所、芝加哥证券交易所、费城交易所、波士顿股票交易所等区域性交易构成，是交易地方性企业证券的市场；第四层由场外柜台交易系统［OTC Bulletin Board（OTCBB）］、粉单市场（Pink Sheets Market）及属于第三市场和第四市场的灰单市场（Grey Market）组成，是主要面向美国小型公司证券交易的场外市场。

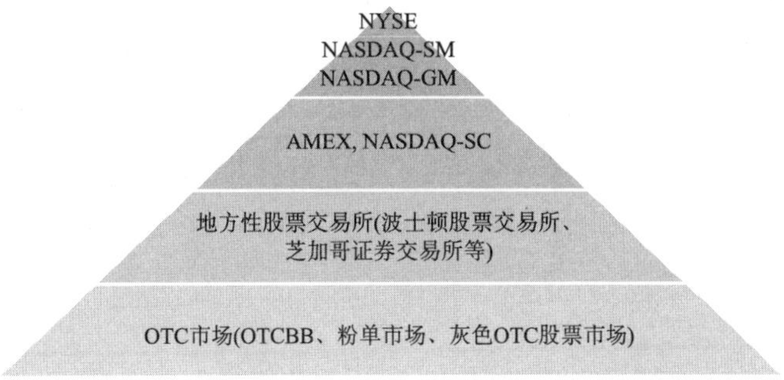

图2-3 美国多层次资本市场

资料来源：国信证券。

在美国上市的方式主要有两种：首次公开募股（IPO）和反向收购。首次公开募股的主要选择是纽约证券交易所和纳斯达克。纽约证券交易所的主板市场主要面向成熟企业，中概股的明星企业包括阿里巴巴、中国人寿、通信“三巨头”和中石油、中石化和中海油“三桶油”等。纳斯达克分为三层，其中，纳斯达克全球精选市场主要用来吸引大盘蓝筹企业和其他两个层次中已经发展起来的企业；纳斯达克全球市场由国际化公司组成，门槛介于全球精选市场和资本市场之间；纳斯达克资本市场由新兴和成长型公司组成，上市门槛最低最灵活。纳斯达克中概股的明星企业以互联网企业为主，包括百度、京东商城、网易等。平均来说纽约证券交易所的中概股市值和市盈率高于纳斯达克。

反向收购俗称买壳上市，即先“借壳”进入场外市场，再伺机转板上市。这一方式由于在时间和费用上比首次公开募股少很多，较适用于中小企业；然而存在一个很大的风险，就是中国的反向收购公司，最终实现转板上市的实际上是少数，不到三分之一。未实现上市的企业，有的在场外柜台交易系统挂牌，有的退至粉单市场或完全退出美国资本市场。

相关资料见图 2 - 4 和图 2 - 5。

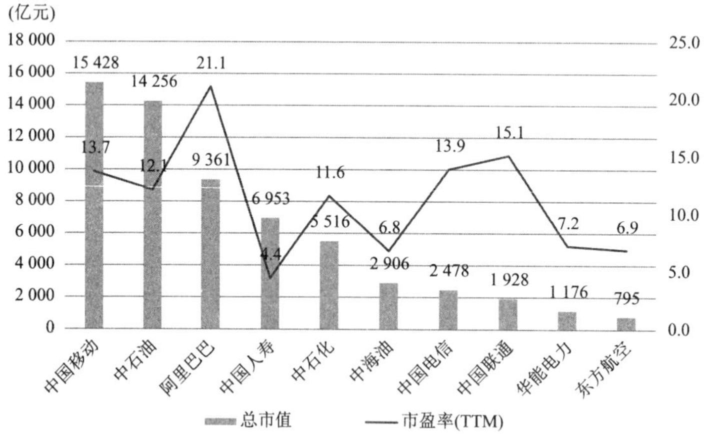

图 2 - 4　纽约证券交易所市值排名前十位的中国企业

数据来源：Wind 资讯。数据截至 2015 年 9 月 30 日。

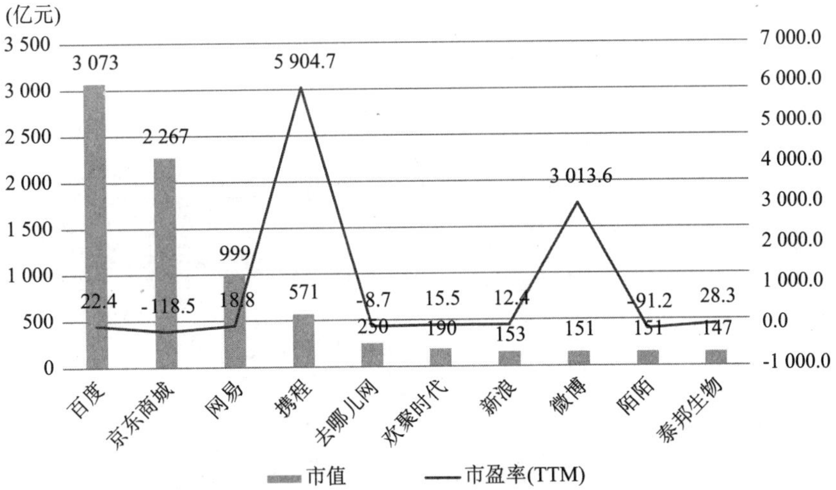

图 2-5　纳斯达克市值排名前十位的中国企业

数据来源：Wind 资讯。数据截至 2015 年 9 月 30 日。

案例 1

阿里巴巴在纽约证券交易所上市

阿里巴巴集团是中国最大的电子商务企业，于 1999 年创立，旗下拥有淘宝、天猫、支付宝等多个产品。集团经营多元化的互联网业务，致力于创造便捷的交易渠道。自成立以来，阿里巴巴集团建立了领先的消费者电子商务、网上支付、B2B 网上交易市场及云计算业务，近几年更积极开拓无线应用、手机操作系统和互联网电视等领域。2012 年 7 月，阿里巴巴宣布调整淘宝、一淘、天猫、聚划算、阿里国际业务、阿里小企业业务和阿里云为七大事业群，组成集团 CBBS 大市场。

阿里巴巴于 2014 年 9 月 19 日在纽约证券交易所主

板上市。上市一年后，流通总股数约为 24.95 亿股，总市值约合 9 361 亿元人民币，市盈率为 21.07（截至 2015 年 9 月 30 日）。

案例 2

百度在纳斯达克上市

百度，全球最大的中文搜索引擎、最大的中文网站。2000 年 1 月创立于北京中关村。2015 年，百度将原有业务群组和事业部整合为三大事业群组，分别为移动服务事业群组、新兴业务事业群组、搜索业务群组。

2005 年美国东部时间 8 月 5 日，百度在美国纳斯达克上市，并成为首家进入纳斯达克成分股的中国公司。上市首日发行价定在每股 27 美元，上市时开盘价为 66 美元，收盘时股价上涨了 354%，这一数字为美国股市 5 年来新上市公司首日涨幅之最。上市十年后，流通总股数约为 3 515 万股，总市值约合 3 073 亿元人民币，市盈率为 22.36（截至 2015 年 9 月 30 日）。

2.1.2 在中国香港上市

中国香港具有地理、文化与资金等多方面的优势。首先，我国香港与内地具有高度融合的文化传统，是最能为内地企业接受的海外市场。其次，香港历来是世界主要的金融中心（仅次于纽约、伦敦、东京）。香港的资金来自全球各地，很多国际机构投资者将亚洲的总部设在香港，因此，从香港筹资等于是从全世界筹资。一旦成功在香港上市，就意味着从此登陆了浩瀚的国际资本市场。所以，我国内地很多大型企业海外上市首选香港特区。香港联交所为了鼓励内地大型企业，特别是国有企业赴港上市，于2004年初专门修改了上市规则，放宽大型企业赴港上市在盈利与业绩连续计算方面的限制，在一定程度上为这些大型国有企业赴港上市创造了更便利的条件。

到香港上市的以大型国有或民营企业为主，上市的方式包括发行H股或红筹股，或买壳上市。

2.1.2.1 发行H股上市

中国注册的企业，可通过资产重组，经所属主管部门、国有资产管理部门（只适用于国有企业）及中国证监会审批，组建在中国注册的股份有限公司，申请发行H股在香港上市有关资料见图2－6。

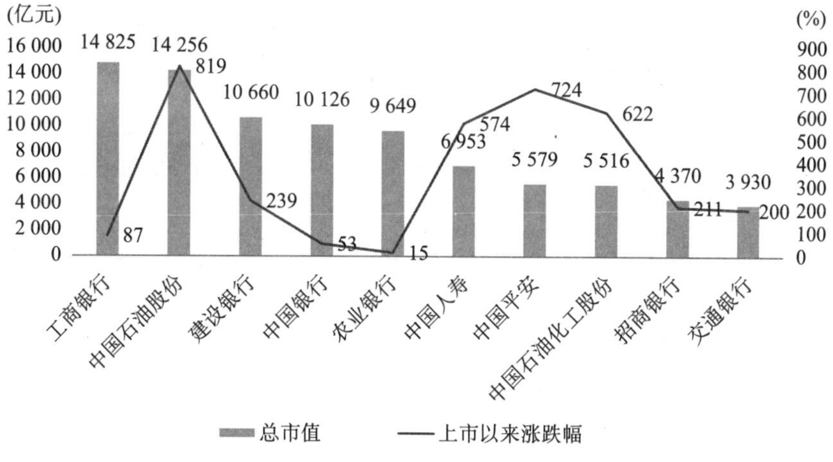

图2－6 香港H股市值排名前十位的企业

数据来源：Wind资讯。数据截至2015年9月30日。

优点：企业对《公司法》和申报制度比较熟悉；中国证监会对H股

上市，政策上较为支持，所需的时间较短，手续较直接简便。

缺点：未来公司股份转让或其他企业行为方面，受内地法规牵制较多。不过，随着近年多家H股公司上市，香港市场对H股的接受能力已大大提高。

案例3

腾讯控股在香港联交所主板上市

腾讯是目前中国最大的互联网综合服务提供商之一，也是中国服务用户最多的互联网企业之一。通过即时通信工具QQ、移动社交和通信服务微信和WeChat、门户网站腾讯网（QQ.com）、腾讯游戏、社交网络平台、QQ空间等中国领先的网络平台，腾讯打造了中国最大的网络社区。

2004年6月16日，腾讯控股在香港挂牌上市，是中国内地第一家在香港主板上市的互联网企业。上市11年来，流通总股数约为94亿股，总市值约合9 978亿元人民币，市盈率为37.28，从发行价3.7港元飙升到129.3港元（2015年9月30日），增长了34倍。

上述三个案例表明，我国互联网三巨头“BAT”［百度公司（Baidu）、阿里巴巴集团（Alibaba）和腾讯公司（Tencent）］均在海外资本市场取得了巨大成功（见图2－7）。而上市所获得的充盈资本也进一步助力公司扩张业务布局，形成了“阿里系”“百度系”“腾讯系”的互联网帝国（见图2－7）。

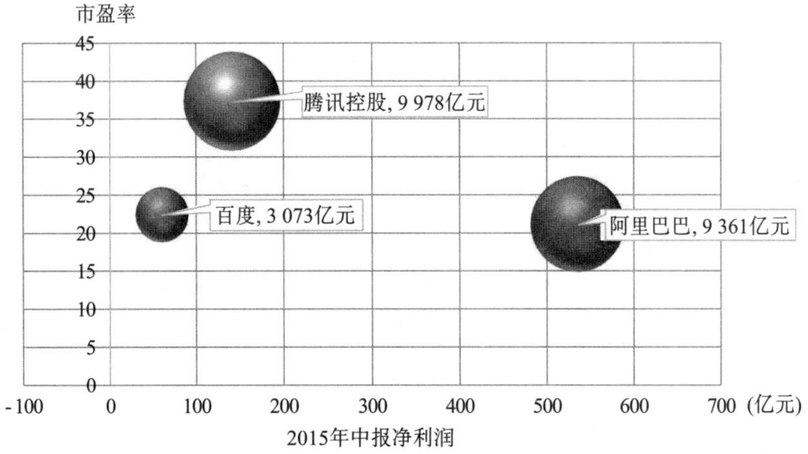

图 2-7　百度、腾讯、阿里巴巴的市值、净利润和市盈率比较

数据来源：Wind 资讯。图中气泡的面积表示公司市值规模。

2.1.2.2　发行红筹股上市

红筹上市是指公司注册在境外，通常在开曼、百慕大或英属维尔京群岛等地，适用当地法律法规和会计制度，但公司主要资产和业务均在我国内地。

红筹股和 H 股的区别主要在于，发行 H 股的公司注册在中国内地，在境外资本市场的融资活动仍然需要境内监管机构的审批；发行红筹股的公司都有离岸架构［包括股权模式和协议控制（VIE 模式），见图 2-8、图 2-9］，较为灵活，在境外资本市场的融资活动无须境内监管机构的审批。红筹公司的控股股东的股权在上市后 6 个月即可流通。相关资料见图 2-10。

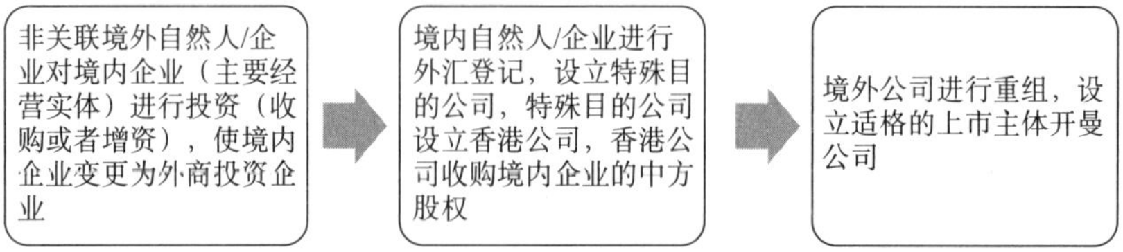

图 2－8　股权模式搭建的主要步骤

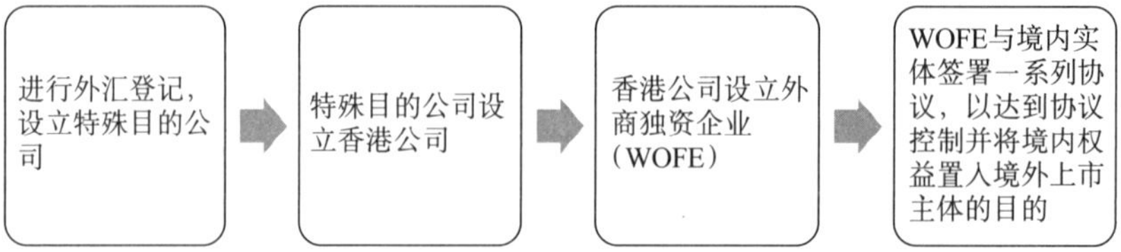

图 2－9　VIE 模式搭建的主要步骤

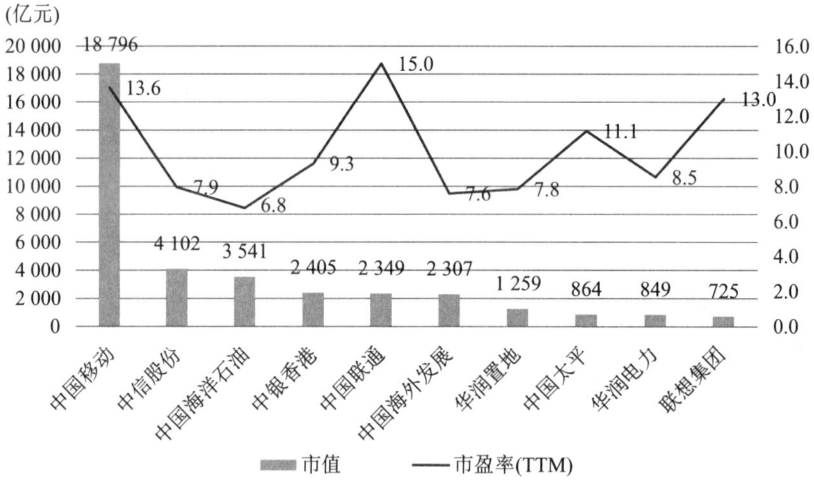

图 2－10　香港红筹股市值排名前十位的中国内地企业

数据来源：Wind 资讯。数据截至 2015 年 9 月 30 日。

2.1.2.3 买壳上市

买壳上市是指向一家拟上市公司收购上市公司的控股权，然后将资产注入，达到“反向收购、借壳上市”的目的。

该方式适用于股东有一定资金实力、能先付钱买壳再解决融资需求的企业，如国美电器、华宝国际等。其优点是在已有收购对象的情况下，筹备时间较短，工作较精简，无须等待而获得上市地位，并能够提供比首次公开募股有更广泛的股东基础。缺点是要受到诸多法律限制，需回避各层监管，可能需要更多的手续。

中国内地企业在香港买壳上市的主要步骤见图 2－11。

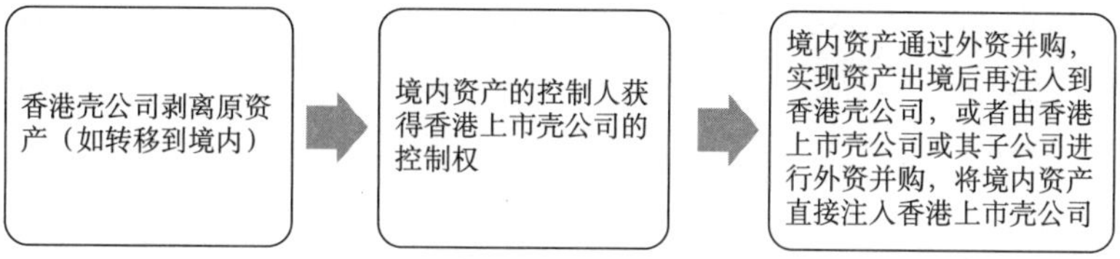

图 2－11　中国内地企业在香港买壳上市的主要步骤

香港联交所及证监会对买壳上市的主要限制见表 2－2。

表 2－2　　香港买壳上市的主要限制

全面收购	收购者如购入上市公司超过 30% 的股份，须向其余股东提出全面收购
重新上市申请	买壳后的资产收购行为，有可能被联交所视作新上市申请
公司持股量	香港上市公司须维护足够的公众持股量，否则可能被停牌。买壳上市初期未必能达至集资的目的，但可利用收购后的上市公司进行配股、供股集资；根据《红筹指引》规定，凡是中资控股公司在海外买壳，都受严格限制

2.1.3 在中国内地主板、中小板及创业板上市

2.1.3.1 通过首次公开募股上市

随着我国内地多层次资本市场的完善，特别是中小板和创业板的快速

发展，首次公开募股成为企业融资的重要渠道。2000 ~ 2014 年，依托资本市场首次公开募股、增发、配股融资，企业总共募集资金 5.50 万亿元，其中 1 723 家企业实现首次公开募股，实际募集资金 2.03 万亿元；1 789 家上市公司进行增发，实际募集资金 3.05 万亿元；453 家上市公司进行配股，实际募集资金 0.42 万亿元。相关资料见表 2 – 3。

表 2 – 3　2000 年以来企业首次公开募股以及增发和配股融资情况

年份	实际募资额（合计）	首发数（家）	首发实际募资（亿元）	增发数（家）	增发实际募资（亿元）	配股数（家）	配股实际募资（亿元）
2000	1 590.4	140	820.3	30	273.1	161	496.9
2001	1 097.0	68	547.2	16	130.8	126	419.0
2002	742.6	70	501.4	31	186.6	22	54.6
2003	606.9	66	438.3	16	95.2	25	73.4
2004	619.4	98	336.1	14	182.2	23	101.1
2005	321.6	15	54.8	3	264.4	2	2.4
2006	6 784.9	70	1 599.3	58	1 043.1	2	4.1
2007	7 923.0	118	4 382.1	177	3 315.0	7	226.0
2008	3 300.3	76	1 003.5	135	2 148.5	9	148.3
2009	5 024.5	111	1 951.6	133	2 968.9	10	103.9
2010	9 594.0	347	4 700.0	168	3 465.0	18	1 429.0
2011	6 821.1	277	2 565.2	187	3 839.1	15	416.8
2012	4 487.5	150	927.0	158	3 441.2	7	119.4
2013	4 016.5	2	–1.3	278	3 547.3	13	470.5
2014	6 209.53	115	506.47	385	5 568.03	13	137.97

数据来源：Wind 资讯。

当前我国融资模式是以银行间接融资为主。研究表明，直接融资能够在资金供给与需求之间构建直联机制，比间接融资更具成本优势，是降低实体经济融资成本的有效途径。对此，监管层已经提出加快发展多层次资本市场，显著提高直接融资的规模和比重，进而形成证券融资与银行贷款并重、市场约束性强的多元化融资模式。因此，未来，通过主板、中小板、创业板首次公开募股以及增发和配股融资的规模将会继续提升。

案例4

东方园林自2009年在中小板上市以来，依托资本市场的首次公开募股融资、增发及债券发行等工具，累计融资超过60亿元。

2009年11月18日，首次公开募股1 450万股，发行价58.6元，募资8.5亿元。

2013年12月11日，向机构投资者增发6 322.4万股，发行价25元，募资15.8亿元。

2011年12月7日至2014年11月17日，债券发行9次，累计发行42.5亿元。

借助资本市场融资，公司实施多次行业内并购，使公司规模和整体实力迅速扩张，而且资本市场融资也帮助公司突破园林行业的最大瓶颈即资金瓶颈，在各种大型项目的投标中占有绝对优势，在跨区域扩张中有足够资金支持和布局，使公司迅速成为园林行业的龙头企业。公司营业收入由2008年的4.16亿元迅速增长到2013年的49.74亿元，增长近12倍；公司净利润由2008年的0.59亿元迅速增长到2013年的8.89亿元，增长15倍。

2010年以来东方园林主要并购情况见表2－4。

表 2 – 4

收购日期	控股公司	持股比例	备注
2012 年 4 月 20 日	新道信东恺（上海）建筑工程有限公司	51%	合作方在主题公园设计、建造及运营管理等方面具有丰富的国际经验
2011 年 11 月 18 日	东联（上海）创意设计发展有限公司	70%	具备风景园林设计甲级资质和风景旅游规划甲级资质
2011 年 7 月 15 日	上海尼塔建筑景观设计有限公司	75%	承担了 2010 年上海世界博览会园林核心景观的主要设计任务
2011 年 6 月 10 日	大连东方盛景园林有限公司	100%	加强对东北市场直接管理，有利于东北区域的市场开拓和项目管理
2011 年 1 月 10 日	北京东方利禾景观设计有限公司	100%	下设公园分院和高尔夫分院，主要提供市政景观和高尔夫球场设计
2010 年 11 月 11 日	北京易地斯埃东方环境景观设计研究院有限公司	75%	定位于高端市场，主要业务为规划、景观设计、城市设计等
2010 年 5 月 7 日	北京东方艾地景观设计有限公司	50%	市场定位于规划、度假景观工程的设计

2.1.3.2 上市公司增发新股

成功首次公开募股后，上市公司还可以通过增发募集企业发展所需资金。增发包括公开增发和定向增发两种。公开增发是指上市公司新发行一定数量的股份，一般都以 10∶3 或 10∶2 的比例对持有该公司股票的人进行优先配售，其余网上发售。增发新股的股价一般不低于停牌前 20 个交易日或前一个交易日公司股票均价。定向增发是指上市公司向符合条件的少数特定投资者非公开发行股份的行为，规定要求发行对象不得超过 10 人，发行价不得低于公告前 20 个交易市价的 90%，发行股份 12 个月内（认购后变成控股股东或拥有实际控制权的 36 个月内）不得转让。

案例5

2007年4月，新华传媒（600825）以每股16.29元的价格，向解放报业集团与中润广告发行数量不超过1.3亿股股票，收购其下属传媒价值约为20.6 246亿元的经营性资产。购买的资产包括：上海申报传媒经营有限公司100%的股权、上海晨刊传媒经营有限公司100%的股权、上海人才市场报传媒经营有限公司（筹）100%股权、上海地铁时代传媒发展有限公司57.5%股权、上海房地产时报传媒经营有限公司（筹）100%股权和上海解放教育传媒有限公司100%股权、上海风火龙物流有限公司100%的股权、上海中润解放传媒有限公司40%的股权和上海解放文化传播有限公司51%的股权。另外，公司还拟向上海中润广告有限公司发行股票购买其持有的中润解放60%的股权。

2008年1月，新华传媒完成定向增发。定向增发后，新华传媒在以图书发行业务为主业的基础上，增加了报刊经营、渠道建设、报刊发行、报刊广告代理等业务，打造完整的平面媒体经营产业链，进一步提高了新华传媒在平面媒体经营领域的竞争实力，实现在平面媒体经营领域的发展战略。

新华传媒目前已形成图书发行、报刊经营、广告代理、电子商务及传媒投资等业务板块。新华传媒将以"分享无限阅读体验的数字平台和实体平台"为战略定位，通过对核心业务与相关经营资源的整合，全力推动企业发展创新业务，并加快业务转型，努力成为具有市场竞争力和文化影响力的综合性传媒经营企业。

公司竞争实力大大增强，有助于公司借助新华书店、申江服务导报等的品牌优势、资本优势进军全国市场，成为跨区域的文化传媒类上市公司。同时，新华传媒的报刊发行、报刊经营、广告代理、传媒衍生开发等文化传媒业务逐渐成为公司主要的利润来源，凸显出其具备较强的竞争优势和盈利能力。

2.1.3.3 上市公司发行可转换公司债券

可转换公司债券是指发行人依照法定程序发行，赋予其持有人在一定时间内依据约定条件将其转换成一定数量股票权利的公司债券。可转换公司债券持有人可以在规定的期限内，将债券按既定的转换价格和转换比率转换为相应公司的普通股；而在持有人不执行转换权利之前，公司必须按时支付利息，如果可转换公司债券到期持有人仍然不愿意转换，则公司还必须全额偿还本金。

在绝大多数情况下，可转换公司债券转换的是发行公司的股票，但也有公司发行可交换股票的可转换公司债券，即发行可转换公司债券的公司与转换成股票的公司不同，一般是非上市的集体公司发行可转换公司债券，待其子公司上市后转换为子公司股票；也可以是某集团的一家子公司发行可转换公司债券，待另一家公司股票上市后，将可转换公司债券转换为后一家公司的股票。

可转换公司债券可以总结为：一种企业债与一批期权打包捆绑形成的一种创新金融衍生产品。这是因为，一方面，可转换公司债券体现为债性，发行人必须每年固定支付债券持有人利息，到期后如果持有人不去转股，企业需要还本付息；另一方面，可转换公司债券体现为股票特性，转债持有人有权按事先契约规定的转换比例，把可转换公司债券转换成相应数量的基础股票。当然，这种转换对可转换公司债券持有人来说是一种权利而非义务，当持有人认为转股有利时才实施，因此，这实际相当于一个认股期权，而一旦转股则可转换公司债券契约生命就结束，持有者将无法享受每年的利息和到期偿还本金的权利。正是可转换公司债券这种股债捆绑设计加上灵活的条款，为投融资双方提供了巨大的调整弹性和选择空间。

2.2 各上市板块的制度比较

2.2.1 准入条件的比较

2.2.1.1 美国上市的条件

(1) 纽约证券交易所的上市条件。纽约证券交易所主板市场的上市条件相对较为严格，上市企业类型主要面向成熟企业（见表2-5）。纽约证券交易所上市需遵循“股权标准+财务标准”，其中，财务标准有四套标准，企业可以选择满足其中一套标准上市。

表2-5 纽约证券交易所主板市场的上市条件

标准	指标		全球标准	国内标准（针对美国国内公司）
股权标准	持有100股以上的股东人数		5 000名	400名
	最少公众流通股		250万股	110万股
	流通股市值	通过IPO或分拆上市	6 000万美元	6 000万美元
		通过其他形式上市	1亿美元	1亿美元

续表

标准	指标		全球标准	国内标准（针对美国国内公司）
财务标准	标准1：利润标准	经调整的税前净利润	1亿美元	1 000万美元
		经调整的税前净利润最近2个会计年度每年不少于	2 500万美元	200万美元
		上市时市值总值	7.5亿美元	7.5亿美元
	标准2：市值标准	最近1个会计年度总收入	7 500万美元	7 500万美元
		上市时市值总值	5亿美元	5亿美元
	标准3：市值＋现金流标准	最近12个月总收入	1亿美元	1亿美元
		过去3年的经营现金流总和	1亿美元	2 500万美元
		最近2年的经营现金流每年都不低于	2 500万美元	
	标准4：关联公司上市	最近3年的经营现金流每年都不低于	0	0
		关联公司市价总值大于	5亿美元	5亿美元
		公众持股部分市值	6 000万美元	6 000万美元
		公司经营年限	＞12个月	＞12个月

资料来源：国信证券。

（2）纳斯达克的上市条件。纳斯达克股票市场分为三个层次：纳斯达克全球精选市场（Nasdaq Global Select Market）——主要用来吸引大盘蓝筹企业和其他两个层次中已经发展起来的企业，上市标准全世界最高；纳斯达克全球市场（Nasdaq Global Market）——由国际化公司组成，门槛介于全球精选市场和资本市场之间；纳斯达克资本市场（Nasdaq Capital Market）——由新兴和成长型公司组成，上市门槛最低、最灵活。三个层次的上市要求从高到低，且允许公司根据持续经营情况在不同层次相互转换（见图2－12）。

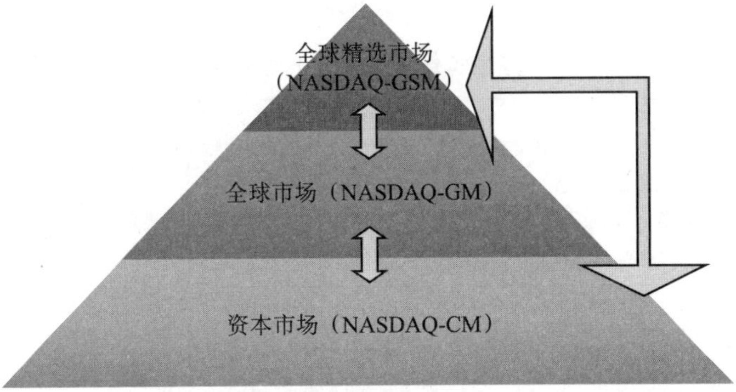

图2－12　纳斯达克当前的内部分层结构及其转换

纳斯达克资本市场有3套上市标准，企业可以选择满足其中的一套标准上市（见表2－6）。

表2－6　　纳斯达克资本市场上市要求

	股权标准	市值标准	净利润标准
股东权益（万美元）	500	400	400
公众持股市值（万美元）	1 500	1 500	500
公司经营历史（年）	2		
流通股市值（万美元）		5 000	
净利润（万美元，最近财年或最近三年中的两个财年）			75
公众持股数量（万股）	100	100	100
持100股以上股东人数（人）	300	300	300
做市商数量（家）	3	3	3
投标价格 或 收盘价（美元）	4 3	4 2	4 3

资料来源：www. nasdaq. com，“Rule 5400500”，国信证券。

纳斯达克全球市场有4套上市标准，企业可以选择满足其中的一套标准上市（见表2－7）。

表2－7　　纳斯达克全球市场上市要求

	收入标准	股权标准	市值标准	总资产/总收入标准
扣税前持续经营收入（万美元，最近财年或最近三年中的两个财年）	100			
股东权益（万美元）	1 500	3 000		
流通股市值（万美元）		7 500		
上年总资产/总营业收入（万美元）				7 500/7 500
公众持股数量（万股）	110	110	110	110
公众持股市值（万美元）	800	1 800	2 000	2 000
持100股以上股东人数	400	400	400	400
做市商数量	3	3	4	4
公司经营历史（年）		2		

资料来源：www. nasdaq. com，“Rule 5400”，国信证券。

在纳斯达克全球精选市场上市，需遵循“财务标准＋流动性标准”，其中财务标准有4套上市标准，企业可以选择满足其中一套标准上市（见表2－8和表2－9）。

表2－8　　纳斯达克全球精选市场上市要求——财务标准

	标准1：营业收入	标准2：市值＋现金流	标准3：市值＋营业收入	标准4：资产＋股东权益
扣税前持续经营收入	最近3个财年总和大于1 100万美元，且最近2个财年每年均大于220万美元			

续表

	标准1：营业收入	标准2：市值+现金流	标准3：市值+营业收入	标准4：资产+股东权益
现金流		最近3个财年总和大于2 750万美元，且每年均大于0		
总市值		最近12个月平均大于5.5亿美元	最近12个月平均大于8.5亿美元	1.6亿美元
营业收入		最近1个财年大于1.1亿美元	最近1个财年大于9 000万美元	
总资产				8 000万美元
股东权益				5 500万美元

资料来源：www.nasdaq.com，“Rule 5300”，国信证券。

表2-9　　纳斯达克全球精选市场上市要求——流动性标准

流动性要求	IPO及衍生企业	再融资企业	联营企业
持有100股以上股东人数（人） 或 股东总人数（人） 或 股东总人数及最近12个月月均成交量（美元）	450 或 2 200	450 或 2 200 或 550万及110万	450 或 2 200 或 550万及110万
公众持股数量（万股）	125	125	125
公众持股市值 或 公众持股市值及股东权益（美元）	4 500万	1.1亿 或 1亿及1.1亿	4 500万

资料来源：www.nasdaq.com，“Rule 5300”，国信证券。

纳斯达克还设置了持续上市标准。如果纳斯达克全球精选市场和纳斯达克全球市场的上市公司不能满足该市场的持续上市标准（两个市场采取同一套持续上市标准），但是满足纳斯达克资本市场持续上市标准，可以申请在纳斯达克资本市场上市；如果纳斯达克资本市场的上市公司不能满足该市场的持续上市标准，就会被摘牌0。纳斯达克每年有大约8%的公司退市。相关资料见表2－10和表2－11。

表2－10　　纳斯达克全球精选市场和全球市场的持续上市标准

	股东权益标准	市值标准	总资产/总收入标准
股东权益（万美元）	1 000		
总市值（万美元）		5 000	
总资产和总营业收入（最近一财年数据，或者最近三个财年中的两年）			总资产5 000万美元且总收入5 000万美元
公众持股数量（万股）	75	110	110
公众持股市值（万美元）	500	1 500	1 500
每股价格（30个连续交易日）（美元）	1	1	1
总股东数量（人）	400	400	400
做市商数量（家）	2	4	4
公司治理标准	要求	要求	要求

资料来源：www. nasdaq. com，“Rule 5450”、“Rule 5810”，国信证券。

表2－11　　纳斯达克资本市场的持续上市标准

	股东权益标准	市值标准	利润标准
股东权益（万美元）	250		
上市总市值（万美元）		3 500	
持续经营的净利润（最近一财年数据，或者最近三个财年中的两年）（万美元）			50
公众持股数量（万股）	50	50	50
公众持股市值（万美元）	100	100	100
每股价格（30个连续交易日）	1	1	1

续表

	股东权益标准	市值标准	利润标准
总股东数量（人）	300	300	300
做市商数量（家）	2	2	2
公司治理标准	要求	要求	要求

资料来源：www. nasdaq. com，“Rule 5450”、“Rule 5810”，国信证券。

（3）在场外柜台交易系统反向收购的条件。企业以反向收购的方式在场外柜台交易系统借壳或买壳上市，与直接在纽约证券交易所、美国证券交易所、纳斯达克相比，不仅成本小所花时间短而且能保证100%上市。其上市要求为：企业净资产不少于200万美元；近12个月的营业收入不少于1 000万美元，净利润不少于200万美元；在过去两年的收入及盈余年增长率不低于20%。

2.2.1.2　在中国香港上市的条件（见表2－12）

表2－12　　香港主板和创业板的上市条件

	主板	创业板
盈利要求	需具备3年的营业记录，过去3年盈利合计5 000万港元（最近一年须达2 000万港元，在之前两年合计须达3 000万港元），在3年的业绩期，需有相同的管理层	无盈利要求，但一般需显示有24个月的活跃业务和需有活跃的主营业务，在活跃业务期，需有相同的管理层和持股人
市值要求	新申请人上市时的预计市值不得少于1亿港元，其中由公众人士持有的证券的预计市值不得少于5 000万港元	上市时的最低市值无具体规定，但实际上市时不能少于4 600万港元；期权、权证或类似权利，上市时市值需达600万港元
股东要求（新上市）	在上市时最少需有100名股东，而每100万港元的发行额需由不少于3名股东持有	于上市时公众股东至少有100名。如公司只能符合12个月“活跃业务纪录”的要求，于上市时公众股东至少有300名

续表

	主板	创业板
公众持股要求	最低公众持股数量为5 000万港元或已发行股本的25%（以较高者为准）；但若发行人的市值超过40亿港元，则可以降低至10%	市值少于40亿港元的公司的最低公众持股量须占25%，涉及的金额最少为3 000万港元；市值相等于或超过40亿港元的公司，最低公众持股量须达10亿港元或已发行股本的20%（以两者中之较高者为准）
禁售规则	上市后6个月控制性股东不能减持股票及后6个月期间控制性股东不得丧失控股股东地位（股权不得低于30%）	在上市时管理层股东及高持股量股东必须合共持有不少于公司已发行股本的35%。管理层股东和持股比例少于1%的管理层股东的股票禁售期分别为12个月和6个月
主要业务要求	无	必须有主营业务
公司治理要求	主板公司须委任至少两名独立非执行董事，联交所亦鼓励（但非强制要求）主板公司成立审核委员会	须委任独立非执行董事、合资格会计师和监察主任以及设立审核委员会
保荐人制度	有关聘用保荐人的要求于公司上市后即告终止（H股发行人除外：H股发行人须至少聘用保荐人至上市后满一年）	须于上市后最少两个整财政年度持续聘用保荐人担当顾问
管理层稳定性要求	申请人的业务须于三年业绩纪录期间大致由同一批人管理	申请人则须在申请上市前24个月（或减免至12个月）大致由同一批人管理及拥有

2.2.1.3 中国内地各板块上市的条件

从首次公开募股来看，主板与中小板上市条件包括主体资格、经营年限、股本总额等总体要求以及财务指标要求。另外，上市条件还包括公司治理、独立性、同业竞争、关联交易、主营业务等其他要求。比如：注册资本已足额缴纳；近3年内主营业务和董事、高级管理人员没有发生重大变化，实际控制人没有发生变更；股权清晰；具有完整的业务体系和直接面向市场独立经营的能力；已经依法建立健全股东大会、董事会、监事会、独立董事、董事会秘书制度；不存在为控股股东、实际控制人及其控制的其他企业进行违规担保的情形等。

创业板市场最大的特点就是低门槛进入、严要求运作，有助于有潜力的中小企业获得融资机会。在中国发展创业板市场是为了给中小企业提供更方便的融资渠道，为风险资本营造一个正常的退出机制。因此，创业板上市条件略比主板及创业板要求低。

相比于其他板块，新三板的挂牌门槛最低，更看重企业的持续经营能力。更为详细的新三板挂牌条件解释可见“3.1 新三板的挂牌条件”。

表 2-13　新三板与中小板、创业板、主板的准入条件比较

板块	新三板	中小板	创业板	主板
主体资格	股份公司	股份公司	股份公司	股份公司
经营年限	存续满 2 年	存续 3 年以上	存续 3 年以上	持续经营 3 年以上
主营业务	业务明确	最近 3 年内没有发生重大变化	主要经营一种业务，最近 2 年内没有发生重大变化	最近 3 年内没有发生重大变化
盈利要求	具有持续经营能力，无硬性财务指标	最近 3 个会计年度净利润为正且累计超过3 000万元； 最近 3 个会计年度经营活动现金流量净额累计超过 5 000 万元；或最近 3 个年度营业收入超过 3 亿元	最近 2 年盈利：2 年净利润不少于 1 000 万元； 最近 1 年盈利：净利润不少于 500 万元，营业收入不低于 5 000 万元	最近 3 个会计年度净利润均为正且累计超过 3 000 万元
资产要求	无	最近一期末无形资产（扣除土地使用权、水面养殖权和采矿权等后）占净资产的比例不高于 20%； 最近一期末不存在未弥补亏损	最近一期末净资产不少于 2 000 万元，且不存在未弥补亏损	最近一期末无形资产（扣除土地使用权、水面养殖权和采矿权等后）占净资产的比例不高于 20%

续表

板块	新三板	中小板	创业板	主板
股本要求	无	发行前股本总额不少于3 000万元	发行后股本总额不少于3 000万元	发行前股本总额不少于3 000万元
公司治理	公司治理结构健全，合法规范经营	最近3年董事、高级管理人员没有重大变动、实际控制人不得变更	最近2年董事、高级管理人员没有重大变动、实际控制人不得变更	最近3年董事、高级管理人员没有重大变动、实际控制人不得变更
重大变化	最近2年管理层、主营业务、控制人可以变更	最近2年管理层、主营业务、控制人不得变更	最近3年管理层、主营业务、控制人不得变更	最近3年管理层、主营业务、控制人不得变更
持续督导	主办券商推荐并持续督导*	证券上市当年剩余时间及后2年完整会计年度	证券上市当年剩余时间及其后3个完整会计年度	证券上市当年剩余时间及后2年完整会计年度

*注：挂牌公司可与主办券商协商一致更换主办券商。对此，股转系统于2015年10月20日发布了《全国中小企业股份转让系统主办券商和挂牌公司协商一致解除持续督导协议操作指南》，加以规范。

2.2.2 上市费用的比较

2.2.2.1 美国的上市费用

上市前，首次公开募股的前期费用一般为100万美元~150万美元。上市前费用中，投资银行收费占融资额的6%左右，但在挂牌前不收费。其余律师等中介服务费用机构收费占1%，共7%左右。买壳上市的前期费用一般为45万美元~75万美元左右。

上市后，美国的交易所向上市公司每年收取一定的费用，一般包括首次入市费和年费两个项目。此外，每年审计费用约需500万元人民币。不同交易所收费有一定的差别。纽约证券交易所收费标准见表2－14。

表2－14　纽约证券交易所非美国公司的上市费和年费　（单位：美元）

入市费用表		年费表（每年年初交付）	
基本费用（一次交付）	36 800	每股或ADRs的收费率	$930/每百万股份
股票或ADRs（美国存托凭证）的发行数量	每百万股份的费用	最小年费	35 000
1百万～2百万美元	14 750		
3百万～4百万美元	7 400		
5百万～300百万美元	3 500		
超过300百万美元	1 900	最大年费	500 000
最小总费用	150 000		
最大总费用	250 000		

纳斯达克由于市场分层，其全球精选市场、全球市场采取同一种收费标准（见表2－15），而资本市场的收费标准不同（见表2－16）。

纳斯达克全球精选市场与全球市场的上市费和年费　（单位：美元）

入市费用表		年费表（每年年初交付）		
股票或ADRs（美国存托凭证）的发行数量	入市费用（包括25 000美元申请费）	股票或ADRs（美国存托凭证）的发行数量	发行股票年费	发行ADRs年费
30百万美元及以下	125 000	10百万美元以下	35 000	30 000
30百万～50百万美元	150 000	10百万～50百万美元	37 500	37 500
		50百万～75百万美元	46 500	42 500
50百万～100百万美元	200 000	75百万～100百万美元	68 500	50 000
超过100百万美元	225 000	100百万～150百万美元	89 000	50 000
		超过150百万美元	99 500	50 000

表 2－16　　纳斯达克资本市场的上市费和年费　　（单位：美元）

入市费用表		年费表（每年年初交付）	
股票或 ADRs（美国存托凭证）的发行数量	入市费用（包括 5 000 美元申请费）	发行股票年费	发行 ADRs 年费
15 百万美元及以下	50 000	32 000	32 000
15 百万美元以上	75 000		

2.2.2.2　我国香港的上市费用

上市前，中介人费用，包括保荐人、律师、会计师、评估师等，平均至少约 1 000 万港元；包销费用，约为筹资额的 2.5% ～4%。换言之，筹资额愈高，费用愈高，一个内地房地产企业从开始申报直至成功上市，最终的综合费用可能高达数千万元。

具体各部分估算金额见表 2－17。

表 2－17　　香港上市所需中介费用估算

首次上市成本	估计金额（万港元）	首次上市成本	估计金额（万港元）
财务顾问费用	200～300	公开及宣传成本	60～80
保荐人费用	180～230	接收银行及信托人	5～10
会计师及核数师费用	120～150	印刷费用	60～80
法律费用（企业本身及包销商）	200～250	上市费用	15
资产估值师费用	20～30	中国律师费用	50～100
翻译费用	20～30	总计	930～1 275

注：表内未包括约为 4% 的包销金（按实际募集资金金额计算，实际费用会因应企业本身状况及需求而定）。

上市后，香港交易所主板和创业板首次上市费用见表 2－18。如在主板作第二上市，首次上市费通常为表 2－18 所列费用的 25%，最低款额为150 000港元。对于创业板转主板的申请人，首次上市费将获减 50%

（见表 2 - 19）。

表 2 - 18　　香港交易所主板上市费用

将上市的股本证券的市值（百万港元）	首次上市费用（万港元）	将上市的股本证券的市值（百万港元）	首次上市费用（万港元）
不超过 100	10	不超过 1 500	40
不超过 200	15	不超过 2 000	45
不超过 300	20	不超过 2 500	50
不超过 400	22.5	不超过 3 000	55
不超过 500	25	不超过 4 000	60
不超过 750	30	不超过 5 000	60
不超过 1 000	35	超过 5 000	65

表 2 - 19　　创业板上市费用

将上市的股本证券的市值（百万港元）	首次上市费用（万港元）
不超过 100	10
不超过 1 000	15
超过 1 000	20

2.2.2.3　我国内地各板块的上市费用

企业通过首次公开募股的费用主要包括承销及保荐费、审计及验资费、法律费用和信息披露费用。我们统计了 2015 年以来新股发行的平均费用，主板发行的平均费用约为 5 823 万元，平均发行费率为 9.78%；中小企业板发行的平均费用为 4 570 万元，平均发行费率为 11.84%；创业板发行的平均费用为 4 054 万元，平均发行费率为 13.04%（见表 2 - 20）。

相比于在主板、中小企业板和创业板上市，企业在新三板挂牌的程序更加简单，时间更短，所需费用也相对更少。

表 2-20　　2015 年 204 家新股发行的平均费用　　单位：万元

	发行费用合计	发行费率（%）	承销及保荐费	审计及验资费	法律费用	信息披露费
主板	5 823.39	9.78	4 613.59	510.59	243.32	352.10
中小企业板	4 570.12	11.84	3 519.73	445.87	190.90	345.30
创业板	4 054.42	13.04	3 033.27	456.06	222.53	302.61

数据来源：Wind 资讯。

2.2.3　时间成本的比较

在美国上市，只要保荐人、会计师事务所、律师事务所通过审核，美国证监会通过审核，基本上就可以上市。从递交材料到上市大约只需要 4～8 个月左右。首次公开募股的时间一年左右，买壳上市的时间一般为 4～6个月。

在我国香港上市，由拟上市公司签订保荐人起，一般至少需时 6～9 个月。遇到市场波动的时候，可能需时更长且中途变数较大。

在我国内地上市，在主板、创业板和中小板上市的企业从接受辅导到股票上市一般需要 2 年以上时间。而首次公开募股暂停，会导致大量企业排队等待上市——2015 年 7 月证监会宣布暂停首次公开募股之前，已受理的首发企业有 601 家，这些排队中的企业至少需要 18 个月才能消化完，而队伍之外的企业上市看起来遥遥无期。

相比其他板块，新三板具有明显的时间成本优势，挂牌的成本最低、周期最短。新三板的企业从主办券商进场到挂牌，一般需要 6 个月左右的时间，且随着申请挂牌企业数量的累计，股转系统对企业挂牌流程进一步简化，有的企业三四个月就能完成挂牌。即便在新三板挂牌，也是“早起的鸟儿有虫吃”。截至 2015 年 10 月 20 日，新三板挂牌在审企业已经有 1 370 家，已与券商签约的拟挂牌企业共有 6 000 家左右。预计到 2015 年底，挂牌企业数量将突破 5 000 家。许多大券商已停止接收新的挂牌申请。所以，要挂牌，宜早不宜晚。

2.2.4 交易制度的比较

相比于其他板块，新三板最大的特点是可以自行选择融资对象和融资时点，不设交易涨跌幅限制（见表 2－21）。

表 2－21 新三板与中小板、创业板、主板的交易制度比较

板块	新三板	中小板	创业板	主板
交易模式	做市交易 协议交易	竞价交易	竞价交易	竞价交易
交易单位	1 手（1 000 股）	1 手（100 股）	1 手（100 股）	1 手（100 股）
交易时间	相同	相同	相同	相同
涨跌幅	不设涨跌幅限制	±10%	±10%	±10%
结算方式	T＋1 多边净额担保交收	T＋1 多边净额担保交收	T＋1 多边净额担保交收	T＋1 多边净额担保交收

2.2.5 信息披露的比较

相比于其他板块，新三板采取适度的信息披露制度（见表 2－22）。

表 2－22 新三板与中小板、创业板、主板的信息披露要求比较

板块	新三板	中小板	创业板	主板
性质	适度信息披露	强制信息披露	强制信息披露	强制信息披露
年报＼中报＼季报	要求＼要求＼鼓励	要求＼要求＼要求	要求＼要求＼要求	要求＼要求＼要求
临时报告	要求(少于主板)	要求	要求	要求

续表

板块	新三板	中小板	创业板	主板
财务报告审计	要求	要求	要求	要求
券商信息披露	主办报价券商披露风险提示公告等	不要求	不要求	不要求
披露场所	全国股转系统网站	交易所网站指定媒体	交易所网站指定媒体	交易所网站指定媒体
信息披露监管	主办券商督导	交易所自律监管 证监会行政监管	交易所自律监管 证监会行政监管	交易所自律监管 证监会行政监管

2.3 新三板的制度优势

2.3.1 挂牌迅速门槛低

在境外上市，文化、法律制度差异较大，市场对企业缺乏认知，上市费用较高；在境内主板、中小板、创业板上市，时间成本高，条件苛刻，审核制度繁琐，费用也并不便宜。那么，新三板就成为一些企业新的选择。通过前述与各上市板块的制度比较，可以看到，新三板准入门槛最低，无硬性财务指标要求；挂牌快，平均仅需 3 ~6 个月，时间成本最少；上市费用最低，一般为 150 万元左右。加上新三板交易不设涨跌幅限制，采取适度的信息披露，制度优势十分明显。有些企业在已经获得境外融资的情况下，又拆除了VIE架构[①]来到新三板挂牌；有些企业在A股上市遇到挫折，在新三板则顺利挂牌。中搜网络就是典型代表。

案例6

中搜网络：拆VIE架构A股遇冷，新三板挂牌奏响序曲

中搜网络是新三板的明星股，被称为“转板第一股”，然而其登陆新三板的历程乃是中国企业在资本市场沉浮的一个重要缩影。

中搜网络曾经是百度唯一的竞争对手。早在2003年就成功开发出了第一款新闻搜索工具，被新浪、搜狐、网易等七大门户网站同时采用，此后公司又很快推出一款集搜索、新闻定制、电影下载、即时通讯等功能于一身的桌面软件产品“网络猪”，用户数量迅速蹿升到9 000万。2004年，中搜网络成为当时最大的搜索技术提供商，当时70%的搜索流量来自中搜联盟。

2005年，中搜获得富达基金、IDG和联想控股投资4 000万美元。被境外资本集体看好的搜索技术，使得中搜的估值一下冲上几十亿美元。东风送暖之下，公司开始筹划上市。鉴于境内对增值电信行业的产业政策限制[②]，中搜上市的选择地为美国，并为此开始建立红筹架构。然而，一场关于“网络猪”被指流氓软件而

---

① VIE，也即Variable Interest Entity，通常是指境外特殊目的公司通过其在中国的全资子公司（外商独资企业、WFOE）以协议控制的方式控制一家内资公司，从而实现境外特殊目的公司对内资公司的并表，进而境外特殊目的公司得以基于此在境外融资或上市。用于控制内资公司的协议包括控制权、利润转移协议、股权质押协议等一系列协议。

② 根据《外商投资产业指导目录（2004年修订版）》，增值电信行业未被列入允许外商投资的产业；这一规定在2007年修订时被适度放开，列入限制外商投资产业，外资比例不超过50%。

致中搜网络被告上法庭的事件，成为公司业务转折的重要导火索。此后中搜网络不得不“下架”网络猪，调整主营业务。在这个转型的过程中中搜错失了在美国上市的机会。与此同时，百度于2005年成功登陆纳斯达克，借助资本市场的力量迅速成为中国搜索领域的翘楚。中搜还错失了与百度竞争市场的良机。

2007年之后，公司依靠商务云平台逐步实现了较为丰厚的盈利。虽然在海外资本看来业绩想象空间较此前业务模式而言狭小不少，但反而符合了国内资本市场对企业运营的稳健性要求。此时，中搜网络开始将登陆资本市场的目光转向国内。

然而公司拟在A股上市的计划再度遇挫。2009年底，公司开始着手解除红筹架构并为回归A股做准备；2011年底股改之后，中搜由有限责任公司更名为股份有限公司，完成股改当年实现净利润6 015万元；2012年中搜网络再度交出漂亮的财务成绩单，归属于母公司股东的净利润4 122万元。然而就在连续三年实现盈利、登陆创业板首次公开募股的梦想日益逼近时，2012年下半年开始，由于股指低迷，监管层实际上暂停了首次公开募股审核。

没有在美国上市成功，国内首次公开募股重启的钟声也不知道何时才会敲响，多年漫长的等待成为中搜业务发展的掣肘。2013年，在保荐券商的建议下，中搜网络决定放弃在A股首次公开募股排队的计划，改为登陆新三板，并于2013年11月8日正式挂牌新三板。随后公司获得了一众资本的青睐，通过两次定向增发，合计募资近3亿元人民币。甚至有分析师给出的中搜估值高达1 000亿元。

除了以上相比于在境外挂牌或在境内主板、中小板、创业板上市的优势之外，企业挂牌新三板，还可以获得多方面的好处。

2.3.2 挂牌扶持有钱赚：财政补贴

新三板企业在繁荣市场经济、优化经济结构、推动科技创新、提供就业以及维护社会稳定等方面发挥着越来越重要的作用。各级政府一直非常重视中小企业的发展，并制定了一系列扶持政策，包括积极推进直接融资、对企业挂牌新三板提供优惠政策和资金支持等。很多地方政府和高新区还会设立新三板专项经费，按照企业挂牌的进度予以资金支持。地方政府的资金支持可以有效降低企业进军新三板的成本，甚至帮助企业零成本新三板挂牌。

例如广东中山火炬开发区 2014 年 2 月 25 日发布了《中山火炬开发区鼓励企业改制进入全国中小企业股份转让系统挂牌的管理办法》对完成股份制改造、主办券商内部审核、证券管理部门正式受理挂牌备案材料的企业予以 50 万元的资金资助；对成功在新三板挂牌的企业予以 50 万元的资助；企业成功挂牌后连续资助两年，补贴额度以企业对本地区经济贡献增加为主要考核指标，2 年内补贴额度不超过 1 000 万元。另如南京市高新区于 2014 年 4 月开出了扶持企业挂牌新三板的最高筹码，企业挂牌新三板，奖励 180 万元，在企业完成内部审核、材料上报、挂牌交易三个阶段后兑现。另有其他建设用地、税收等方面的优惠，如果一家企业享受了所有优惠，总金额可达 290 万元。

2.3.3 挂牌之后找钱易：融资渠道增多

拓宽融资渠道也是新三板市场建设最重要的一个方面。企业融资大体上分为股权融资和债权融资两个部分，中小企业在新三板挂牌后这两方面的能力都能够得到很大提高。首先是股权融资方面，通过新三板挂牌可以明晰股权，增强股权的流动性，吸引更多的股权投资者。另外，其挂牌之后成为非上市公众公司，可以通过定向增发进行融资，股权融资能力会大大提高。2015 年以来，截至 2015 年 10 月底，共有 2 108 家新三板企业实施定向增发，实际募集金额逾 1 049. 7 亿元。可见，股权融资已经成为新三板挂牌企业补充流动资金、投资新项目的一大融资途径。

其次是债券融资方面，中小型企业由于规模比较小，所以普遍呈现抵押担保价值达不到要求、信用担保这条路行不通的情况，导致中小企业在银行取得贷款很困难，没有足够的授信额度供其周转。公司如果在新三板挂牌，需要经过主办券商、会计师事务所、律师事务所等比较专业的中介机构挂牌辅导，规范公司运作，提高公司质地，这样公司的信用水平就会提高，取得银行的授信就变得相对容易。同时，企业新三板挂牌之后，可以增加公司股权流动性，通过股权质押的方式也可以获得银行贷款。

除了发行股票、债券等方式从新三板直接募集资金外，企业还可以通过金融机构获得专门针对新三板挂牌企业的融资支持。企业挂牌新三板后，其股权就有了明确的交易价格，信息的公开性和真实性都有了比较大的提高，更便于企业以股权为贷款提供担保。比如中国工商银行可为新三板挂牌企业提供股权质押贷款业务；广发银行推出针对新三板企业的贷款保证保险业务。根据全国中小企业股份转让系统统计，2013 年 2 月 8 日 ~2004 年 6 月 30 日，共有 73 家挂牌公司办理了 82 笔股权质押融资业务，质押股数共 66 009. 71 万股，融资额达到 84 730 万元。

2. 3. 4　股权升值造富豪

企业挂牌新三板的最大诉求就是对自己企业的估值，而该类企业往往是轻资产的高科技企业，盈利能力稳定性较差，其股权更多地体现为难以量化的未来发展前景，而非眼前的盈利能力。新三板为企业资产证券化提供了交易平台，有助于挂牌企业的价值被投资者发现，并借助市场力量进一步挖掘其价值，使股东更多地享受企业高成长带来的估值提升。此外，优质企业挂牌前大多是隐蔽资产，既未被市场熟知也没有清晰的定价，在新三板挂牌交易之后，优质企业股权资产就会透明，且定价较为清晰，最终能够实现股权价值的增加。同时，企业挂牌新三板之后，股权的流动性得到增强，如果投资者看好这类企业的发展前景，就能够通过新三板交易系统增持，企业股票在资本市场流通能够为其估值上升奠定基础。随着大批优质企业挂牌新三板，企业的发展壮大逐渐符合创业板、中小板、深圳上市主板的标准，必然会对挂牌公司的股价上涨产生一定催化作用。

与主板市场相比，新三板挂牌公司股票转让环境更加宽松。主板上市公司的控股股东及实际控制人所持股票在公司上市之日起至少锁定 36 个月；主板上市公司的其他股东及实际控制人所持有股票在公司上市之日起至少锁定 12 个月。新三板规定，挂牌公司控股股东及实际控制人在挂牌前直接或间接持有的股票分三批解除转让限制，每批解除转让限制的数量均为其挂牌前所持股票的 1/3，解除转让限制的时间分别为挂牌之日、挂牌期满一年和两年。新三板其他股东转让股票不受限制，其所持有股票可在公司挂牌之日起一次性全部转让。这实际上为投资者提供了一个稳定可行的退出途径；反过来，在退出渠道畅通的情况下也会进一步推动投资者对新三板的投资。

新三板已造就了一批财富神话。如 2015 年 8 月 20 日和 24 日，金塔股份分别发生了一次成交额仅为 4 万元和 6 万元的交易，成交价均为 1 分钱。而 9 月 8 日，成交价却暴涨 699 倍变为 7 元钱，共成交两笔，合计成交金额达到 770 万元。对于之前用 1 分钱买入的投资者来说，当初分别花 4 万元和 6 万元买入的股票，市值已经变为 2 800 万元和 4 200 万元，也就说，如果之前投资者 10 万元市值的股票，已经增值到 7 000 万元市值。

2.4 哪些企业适合挂牌新三板

2.4.1 技术含量高、处于初创期的企业

高科技企业在成长过程中往往伴随着高风险，很多诸如生物医药、互联网、信息技术等行业的企业，初创期是不赚钱的，没有资金支持往往就夭折了。这类企业通过挂牌新三板，能通过定向增资募集到扩产所需的资金，从而进一步打开公司的经营局面，实现盈利。如果条件较好的企业，还能通过新三板的公众平台，吸引更多创投资金的眼光，为后续发展打下坚实的根基。

案例7

北京诺思兰德生物技术股份有限公司

北京诺思兰德生物技术股份有限公司2009年登陆新三板时，该公司仅15名员工，尚处于生物工程新药的研发阶段。尚未盈利的诺斯兰德以21元的高价定向发行股票，受到创投私募机构哄抢，发行189.20万股募集资金约4 000万元。时隔两年后，诺斯兰德于2012年6月再次启动定向融资，拟发行723万股（含）融资额不超过7 230万元（含）。而2013年该公司营业收入仅185万元，同比下降63.7%，扣除非经常性损益

后亏损达 1 573 万元。在诺思兰德董事长许松山看来，如果没有登陆新三板，想要融资还需要自己出去找投资人，而且很难融到资金，而现在是投资人主动关注诺思兰德，踊跃参与增资。

2.4.2 具备一定盈利能力却有发展瓶颈的企业

企业经过初创期后，经历过三五年的发展，有相对稳定的市场地位，具备一定的盈利能力，面临良好的市场机遇，企业的发展诉求非常强烈。这种诉求一方面源自资金，一方面源自战略转型。而缺少抵押物和担保品成为企业高速发展道路上的“拦路虎”。

这类企业挂牌新三板市场后，一方面可以通过定向发行股票、私募债、优先股、可转换公司债券等融资手段募资实现规模化扩张，扩大市场份额；另一方面可以利用新三板挂牌为契机，规范企业内部运作，履行公众公司信息披露义务，让公司迈向新的成长阶段。

2.4.3 未来 2～3 年有上市计划的企业

截至 2015 年 5 月底，首次公开募股排队家数已经达 666 家，按每周主板和创业板各两家合计 4 家上会的审核速度测算，全部存量首次公开募股审核完成需要 144 周，即需要 2.76 年。也就是说，最快也需要等到 2017 年上半年。漫长的等待，使四维传媒、凯立德、辰光医疗、太湖股份、扬讯科技、树业环保、普华科技等一些从原拟首次公开募股的公司转投新三板。中国证监会也表态，鼓励企业通过新三板挂牌、境外上市等其他方式融资发展。

相对主板和创业板市场，新三板的包容性更大，对于一些发展较为稳定，也具有较强的盈利能力，但由于行业属性等原因，如担保公司、城市商业银行、小贷公司、私募股权投资（Private Equity、PE）管理机构等，受首次公开募股政策限定暂时难以上市，但又希望借助资本市场的平台，需要提高产品品牌、影响力和知名度的企业，挂牌新三板可以谋求进一步发展的机会。

如作为本土首家登陆新三板和首家踏足资本市场的私募股权公司九鼎投资，刚一挂牌便赚足了资本圈的眼球，极具有品牌宣传效应。有市场人士说："九鼎通过挂牌新三板，无异于在资本市场投下一枚重磅炸弹，等于不掏钱做了一场免费的广告。"继九鼎投资之后，此前对新三板纷纷"隔岸观火"的私募股权投资机构纷纷按捺不住，另一家知名投资机构中科招商也宣布年内挂牌新三板。

2.4.4 寻求并购和被并购机会的企业

美国著名经济学家斯蒂格勒评价美国企业的成长路径时说："没有一家美国大公司不是通过某种程度、某种形式的兼并成长起来的，几乎没有一家公司主要是靠内部扩张成长起来的。"随着国内经济的发展和产业升级转型，兼并收购和产业整合的新浪潮已经不可避免。企业除了迅速增强自身的市场竞争力外，还可以通过并购重组实现业务驱动的外延扩张或攀附上市公司实现曲线上市。而新三板公司经过挂牌辅导后，企业治理结构、财务规范程度都比普通企业要好，并购重组耗费成本低很多。作为配套措施，证监会出台的《非上市公众公司收购管理办法》和《非上市公众公司重大资产重组管理办法》两个征求意见稿已在征集尾声，相关细则不久将发布。

2.4.5 尚未盈利的互联网企业

由于互联网企业通常遵循"流量—用户—利润"的盈利模式，先期长时间的投入通常不能马上见到回报，而数年后一旦海量用户产生利润，回报收益则会大幅蹿升。而新三板的挂牌条件只要求企业具有持续经营能力，而不要求硬性财务指标，非常适合早期投入高、尚未盈利的互联网企业。此外，2015 年 6 月，证监会新闻发言人张晓军在新闻发布会上也表示，证监会研究在创业板建立单独层次，支持尚未盈利的互联网和高新技术企业在新三板挂牌一年后到创业板上市。由于 A 股估值总体比境外高，这对互联网企业来说是重大利好，更多互联网企业可以通过新三板挂牌在境内上市，获得较高的估值，而投资机构也多了个退出通道。目前，银橙传媒、帝联科技、天涯社区、中搜网络等互联网公司已捷足先登（见表 2－23），在新三板挂牌后获得了较高的估值和融资，其中不乏一些亏损企业。

表 2－23　　市值排行前十位的新三板互联网企业

证券简称	挂牌日期	总市值/亿元	市盈率（TTM）截至2015年9月30日	净营运资本/万元今年中报	营业总收入（TTM）/万元截至2015年9月30日	净利润（TTM）/万元上市首日	净利润（TTM）/万元截至2015年9月30日
银橙传媒	2014年8月13日	24.67	45.43	16 443.78	4 794.63	1 055.79	5 430.63
帝联科技	2014年12月2日	19.85	44.83	1 704.50	42 316.65	1 603.09	4 426.93
天涯社区	2015年8月26日	14.86	－90.31	－4 612.46	10 410.48	－4 465.82	－2 537.04
中搜网络	2013年11月8日	14.41	－15.25	－28 379.11	32 428.39	4 121.26	－9 453.46
金刚游戏	2011年6月21日	14.25	116.37	1 971.80	658.91	249.85	1 224.52
钢钢网	2014年11月4日	13.62	－507.13	157.10	1 025.94	221.85	－268.55
绿岸网络	2013年7月5日	11.71	31.62	28 204.65	42 089.25	11 159.36	3 703.77
基调网络	2015年2月11日	10.94	2 609.89	－4 276.78	4 542.38	530.58	41.94

续表

证券简称	挂牌日期	总市值/亿元	市盈率（TTM）截至2015年9月30日	净营运资本/万元今年中报	营业总收入（TTM）/万元截至2015年9月30日	净利润（TTM）/万元上市首日	净利润（TTM）/万元截至2015年9月30日
点击网络	2015年6月8日	8.54	69.85	1 775.47	1 076.01	61.98	1 222.16
巨网科技	2015年9月24日	8.29	161.72		5 747.89	512.73	512.73

资料来源：Wind 资讯。

我们可以看到，在纳斯达克上市的互联网企业中也有这样的现象。以亚马逊为例，在过去的十年里，它的盈利增速都可以忽略不计，但市值从2005年的200亿美元一路增长到如今的约2 400亿美元（见图2－13）。在新三板的互联网企业中，能否产生诸如苹果、谷歌、亚马逊那样伟大的公司，拭目以待。

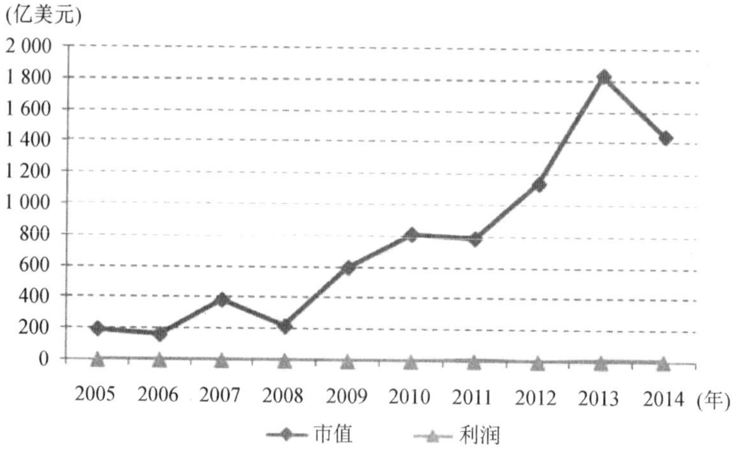

图2－13 亚马逊历年总市值和利润

数据来源：Wind 资讯。

桂旅交易篇

3

如何在新三板挂牌

3.1 新三板的挂牌条件

通过前文的分析，可以知道新三板最大的特点之一是门槛低、无盈利要求。而企业在挂牌之前，必须对表 3－1 所列的五大挂牌条件有清晰、准确的认识。

表 3 – 1　　新三板挂牌条件

依法设立且存续满两年	1. 公司依据《公司法》等法律法规及规章的规定向公司登记机关申请登记，并已取得“企业法人营业执照”。 2. 存续两个完整的会计年度。 3. 有限责任公司按原账面净资产值折股整体变更为股份有限公司的，存续时间可以从有限责任公司成立之日起计算。
业务明确，具有持续经营能力	1. 公司能够明确、具体地阐述其经营的业务、产品或服务、用途及其商业模式等信息。 2. 公司可同时经营一种或多种业务，每种业务应具有相应的关键资源要素。 3. 公司基于报告期内的生产经营状况，在可预见的将来，有能力按照既定目标持续经营下去。
公司治理机制健全，合法规范经营	1. 公司按规定建立股东大会、董事会、监事会和高级管理层（三会一层）组成的公司治理架构，制定相应的公司治理制度，并能证明有效运行，保护股东权益。 2. 公司及其控股股东等须依法开展经营活动，经营行为合法、合规，不存在重大违法违规行为。 3. 公司报告期内不应存在股东包括控股股东、实际控制人及其关联方占用公司资金、资产或其他资源的情形。如有，应在申请挂牌前予以归还或规范。 4. 公司应设有独立财务部门进行独立的财务会计核算，相关会计政策能如实反映企业财务状况、经营成果和现金流量。
股权明晰，股票发行和转让行为合法合规	1. 公司的股权结构清晰，权属分明，真实确定，合法合规，股东特别是控股股东、实际控制人及其关联股东或实际支配的股东持有公司的股份不存在权属争议或潜在纠纷。 2. 公司的股票发行和转让依法履行必要内部决议、外部审批（如有）程序，股票转让须符合限售的规定。
主办券商推荐并持续督导	1. 公司须经主办券商推荐，双方签署了《推荐挂牌并持续督导协议》。 2. 主办券商应完成尽职调查和内核程序，对公司是否符合挂牌条件发表独立意见，并出具推荐报告。

3.1.1 依法设立且存续满两年

（1）依法设立是指公司依据《公司法》等法律法规及规章的规定向公司登记机关申请登记，并已取得企业法人营业执照。具体内容包括如下几个方面：

第一，公司设立的主体、程序合法、合规。

①国有企业需提供相应的国有资产监督管理机构或国务院、地方政府授权的其他部门、机构关于国有股权设置的批复文件。

②外商投资企业须提供商务主管部门出具的设立批复文件。

③《公司法》修改（2006 年 1 月 1 日）前设立的股份公司，须取得国务院授权部门或者省级人民政府的批准文件。

第二，公司股东的出资合法、合规，出资方式及比例应符合《公司法》相关规定。

①以实物、知识产权、土地使用权等非货币财产出资的，应当评估作价，核实财产，明确权属，财产权转移手续办理完毕。

②以国有资产出资的，应遵守有关国有资产评估的规定。

③公司注册资本缴足，不存在出资不实情形。

（2）存续两年是指存续两个完整的会计年度。

（3）有限责任公司按原账面净资产值折股整体变更为股份有限公司的，存续时间可以从有限责任公司成立之日起计算。整体变更不应改变历史成本计价原则，不应根据资产评估结果进行账务调整，应以改制基准日经审计的净资产额为依据折合为股份有限公司股本。申报财务报表最近一期截止日不得早于改制基准日。

挂牌失败案例1

存续未满两年

2011年11月5日，某有限公司股东会决议，以经评估确认的2011年10月31日净资产折股变更为某股份有限公司。根据会计师事务所出具的《资产评估报告书》，截至2011年10月31日有限公司经评估的净资产值为42 925 820.61元，折合成股份公司42 925 000股，剩余820.61元记入资本公积。股改时有限责任公司是按评估值折股改制为股份有限公司，则存续期间自股份有限公司完成工商变更之日起计算，此案例就是属于这种情形，故视同股份公司新设，未满两年。如果按审计值折股，则自该有限公司设立之日起计算。

3.1.2 业务明确，具有持续经营能力

（1）业务明确，是指公司能够明确、具体地阐述其经营的业务、产品或服务、用途及其商业模式等信息。

（2）公司可同时经营一种或多种业务，每种业务应具有相应的关键资源要素，该要素组成应具有投入、处理和产出能力，能够与商业合同、收入或成本费用等相匹配。

①公司业务如需主管部门审批，应取得相应的资质、许可或特许经营权等。

②公司业务须遵守法律、行政法规和规章的规定，符合国家产业政策以及环保、质量、安全等要求。

（3）持续经营能力，是指公司基于报告期内的生产经营状况，在可预见的将来，有能力按照既定目标持续经营下去。

①公司业务在报告期内应有持续的营运记录，不应仅存在偶发性交易或事项。营运记录包括现金流量、营业收入、交易客户、研发费用支出等。

②公司应按照《企业会计准则》的规定编制并披露报告期内的财务报表，公司不存在《中国注册会计师审计准则第 1324 号——持续经营》中列举的影响其持续经营能力的相关事项，并由具有证券期货相关业务资格的会计师事务所出具标准无保留意见的审计报告。

财务报表被出具带强调事项段的无保留审计意见的，应全文披露审计报告正文以及董事会、监事会和注册会计师对强调事项的详细说明，并披露董事会和监事会对审计报告涉及事项的处理情况，说明该事项对公司的影响是否重大、影响是否已经消除、违反公允性的事项是否已予纠正。

③公司不存在依据《公司法》第一百八十一条规定解散的情形，或法院依法受理重整、和解或者破产申请。

挂牌失败案例 2

主营业务不突出，不具有持续性经营能力

某公司关联企业是日本会社在中国境内非晶带材的独家代理商，而该日本会社目前是全球唯一的大批量生产非晶合金带材的企业。2011 年 9 月 30 日前，公司的主要原材料非晶合金带材全部来源于其关联企业，公司原材料来源较为单一，存在对主要原材料供应商依赖的风险。2008 年 2 月 21 日，公司关联企业与日本会社签订非晶带材供货协议，期限至 2011 年 9 月 30 日。目前，供货协议已到期。经证券商了解，由于中国市场发生变化，国内某上市公司正在研发自行生产非晶带材，

日本会社一直未与公司关联企业重新签订供货协议，双方正在协商过程中，将来签订协议的期限有可能会缩短。公司向关联企业的采购金额较大，2009年、2010年和2011年1~4月向关联企业的采购额占年度采购总额的比例分别为98%、89%和97%。可以说，公司主要依靠关联企业取得非晶带材。

一旦关联企业无法提供非晶带材，公司的生产经营将受到重大影响，相关数据表明，公司年收入和成本将达不到上年水平，而且目前存货也无法满足经营需要。关联企业的库存非晶带材情况不详，在与日本会社重新签订协议前能否再向公司提供非晶带材也不确定。上述问题直接影响公司正常生产经营，进而影响公司持续经营能力，建议公司原材料供应问题明朗后再挂牌。

3.1.3 公司治理机制健全，合法规范经营

（1）公司治理机制健全，是指公司按规定建立股东大会、董事会、监事会和高级管理层组成的公司治理架构，制定相应的公司治理制度，并能证明有效运行，保护股东权益。

①公司依法建立“三会一层”，并按照《公司法》、《非上市公众公司监督管理办法》及《非上市公众公司监管指引第3号——章程必备条款》等规定建立公司治理制度。

②公司“三会一层”应按照公司治理制度进行规范运作。在报告期内的有限公司阶段应遵守《公司法》的相关规定。

③公司董事会应对报告期内公司治理机制执行情况进行讨论、评估。

（2）合法合规经营，是指公司及其控股股东、实际控制人、董事、监事、高级管理人员须依法开展经营活动，经营行为合法、合规，不存在重大违法违规行为。

①公司的重大违法违规行为是指公司最近 24 个月内因违犯国家法律、行政法规、规章的行为，受到刑事处罚或适用重大违法违规情形的行政处罚。

第一，行政处罚，是指经济管理部门对涉及公司经营活动的违法违规行为给予的行政处罚。

第二，重大违法违规情形，是指凡被行政处罚的实施机关给予没收违法所得、没收非法财物以上行政处罚的行为，属于重大违法违规情形，但处罚机关依法认定不属于的除外；被行政处罚的实施机关给予罚款的行为，除主办券商和律师能依法合理说明或处罚机关认定该行为不属于重大违法违规行为的外，都视为重大违法违规情形。

第三，公司最近 24 个月内不存在涉嫌犯罪被司法机关立案侦查，尚未有明确结论意见的情形。

②控股股东、实际控制人合法合规，最近 24 个月内不存在涉及以下情形的重大违法违规行为：

第一，控股股东、实际控制人受刑事处罚。

第二，受到与公司规范经营相关的行政处罚，且情节严重；情节严重的界定参照前述规定。

第三，涉嫌犯罪被司法机关立案侦查，尚未有明确结论意见。

第四，现任董事、监事和高级管理人员应具备和遵守《公司法》规定的任职资格和义务，不应存在最近 24 个月内受到中国证监会行政处罚或者被采取证券市场禁入措施的情形。

（3）公司报告期内不应存在股东包括控股股东、实际控制人及其关联方占用公司资金、资产或其他资源的情形。如有，应在申请挂牌前予以归还或规范。

（4）公司应设有独立财务部门进行独立的财务会计核算，相关会计政策应能如实反映企业财务状况、经营成果和现金流量。

挂牌失败案例 3

公司治理结构不健全，运作不规范

某公司控股股东 A 先生提供了一批电子设备和办公设备给公司无偿使用，同时其欠公司款项 680 850 元。2011 年 4 月，A 先生以此批固定资产抵偿债务，此批资产经过某资产评估有限公司评估为680 850元。但 A 先生并无此批资产的所有权证明。A 先生承诺如因此批资产所有权产生纠纷，相关责任由其承担。此批固定资产金额占总资产金额的比重较小约 1%，但占固定资产 2011 年末余额达到比重为 94.45%。

A 先生用于抵偿债务的固定资产无所有权，因此，抵偿债务的行为存在法律问题，此相关会计处理不能成立。要求股东 A 先生采取措施，偿还债务，处理相关固定资产，消除上述事项产生的影响。

3.1.4 股权明晰，股票发行和转让行为合法合规

（1）股权明晰，是指公司的股权结构清晰，权属分明，真实确定，合法合规，股东特别是控股股东、实际控制人及其关联股东或实际支配的股东持有公司的股份不存在权属争议或潜在纠纷。

①公司的股东不存在国家法律、法规、规章及规范性文件规定不适宜担任股东的情形。

②申请挂牌前存在国有股权转让的情形，应遵守国资管理规定。

③申请挂牌前外商投资企业的股权转让应遵守商务部门的规定。

（2）股票发行和转让合法合规，是指公司的股票发行和转让依法履行必要内部决议、外部审批（如有）程序，股票转让须符合限售的规定。

①公司股票发行和转让行为合法合规，不存在下列情形：

第一，最近36个月内未经法定机关核准，擅自公开或者变相公开发行过证券；

第二，违法行为虽然发生在36个月前，目前仍处于持续状态，但《非上市公众公司监督管理办法》实施前形成的股东超200人的股份有限公司经中国证监会确认的除外。

②公司股票限售安排应符合《公司法》和《全国中小企业股份转让系统业务规则（试行）》的有关规定。

（3）在区域股权市场及其他交易市场进行权益转让的公司，申请股票在全国股份转让系统挂牌前的发行和转让等行为应合法合规。

（4）公司的控股子公司或纳入合并报表的其他企业的发行和转让行为需符合本指引的规定。

3.1.5 主办券商推荐并持续督导

（1）公司须经主办券商推荐，双方签署了《推荐挂牌并持续督导协议》。

（2）主办券商应完成尽职调查和内核程序，对公司是否符合挂牌条件发表独立意见，并出具推荐报告。

3.2 券商对企业挂牌新三板的要求

在实际操作中，企业挂牌除了至少要满足新三板的挂牌条件之外，各券商内部对于挂牌和做市的企业会有不同要求。企业挂新三板之前，券商需要对其进行尽职调查，券商应与企业及各中介机构协商确定进场时间，对项目情况进行全面摸底调查。原则上，券商的项目小组的进场时间不得早于会计师事务所、律师事务所的进场时间；为提高工作效率，项目小组可在进场前即向公司发放尽职调查资料清单（见表3－2）。

表3－2　券商尽职调查的目的和内容

券商尽职调查	目的	（1）厘清影响公司改制、挂牌的重大问题； （2）确定解决重大问题的方案。
	内容	（1）股权架构； （2）主营业务； （3）历史沿革； （4）同业竞争； （5）关联方； （6）独立性； （7）其他法律事项； （8）财务状况； （9）内部控制情况； （10）其他重大事项。

3.2.1　尽职调查的目的

（1）厘清影响公司改制、挂牌的重大问题；

（2）确定重大问题解决方案，判断重大问题解决的难度及时间，制订改制挂牌具体时间表。

3.2.2 尽职调查的内容

3.2.2.1 股权架构

调查拟挂牌公司及其下属子公司、参股公司、兄弟公司的股权架构。

3.2.2.2 主营业务

对股权架构中所涉及公司的主营业务逐一调查，各公司间业务存在关联的（如上下游关系），详细了解关联情况以及形成该等交易架构的背景及原因。项目小组关注业务技术与财务记录的匹配情况，如业务流程、收入确认原则、收入结构、成本构成、财务指标变动趋势等。

3.2.2.3 历史沿革

调查拟挂牌公司及其下属公司的历史沿革情况，并重点关注各公司出资的合法性、股权转让的背景及原因、股权是否明晰等。拟挂牌公司存在前身的，无论其存续或注销，其历史沿革均应核查，并关注业务转移至现有主体的原因，判断公司前身是否存在合规障碍，以及该等合规障碍对拟挂牌公司是否构成影响。对于报告期已经关停并转的下属公司、重要参股公司，也应获取工商档案，核查其历史沿革，并关注关停并转的原因，判断是否存在潜在法律风险。

3.2.2.4 同业竞争

核查拟挂牌公司控股股东、实际控制对外投资情况，调查公司控股股东、实际控制人及其控制的其他企业的业务范围，从业务性质、客户对象、可替代性、市场差别等方面判断是否与公司从事相同、相似业务，从而构成同业竞争。

3.2.2.5 关联方

识别并判断关联方，在此基础上统计、分析关联方往来及交易。对于关联方往来，应追查原始凭据，核查往来的真实性、款项内容、形成原因。对于应收性质的关联方往来，应关注其可收回性，判断是否涉嫌非经营性占用资金甚至抽逃出资；对于应付性质的关联方往来，应核查其真实性，关注大额往来资金来源的合理性。对于关联方交易，应追查交易合同、相关发票、发货单据等原始凭据，判断关联交易的真实性；结合公司及行业特点，了解关联交易形成的背景及原因，判断关联交易的必要性；通过与第三方价格、毛利率等要素的比对，判断关联交易的公允性；计算关联交易占收入及利润的比重，判断关联交易对公司经营业绩、业务独立性的影响，关注是否存在关联交易非关联化的情形。

3.2.2.6 独立性

检查公司资产、人员、业务、财务、机构的相关情况，判断公司的独立性。

3.2.2.7 其他法律事项

核查公司生产经营资质、劳动用工、资产权属等方面的情况，判断其合规性。

3.2.2.8 财务状况

核查拟挂牌公司财务状况，核查范围一般应为合并报表口径，不具重要性水平的子公司摸底阶段可暂不核查；核查期间应为两年一期或一年一期，具体视挂牌报告期的选择而定。财务状况主要包括：（1）主要资产情况；（2）主要负债情况；（3）主要权益情况；（4）盈利情况；（5）财务指标分析；（6）其他重大事项。

3.2.2.9 内部控制情况

项目小组应检查公司内部控制制度的建立及执行情况，尤其是采购、生产、销售、日常财务管理等与财务报表密切相关的内部控制。

根据项目特点及实际情况，对公司改制、挂牌有重大影响的其他事项。

3.3 挂牌前的准备工作

虽然企业在新三板挂牌与主板首次公开发行不同，但在某些领域也有类似之处。中介机构主要有主办券商、会计师事务所、律师事务所等，其中主办券商是第一位的。从主办券商的角度来看，大券商更有名气、经验丰富、项目多，但知名券商往往在小型企业上投入精力不足；中型券商不如大型券商有名，但是某些券商在该项目领域（如新三板领域）能力突出，而且会尽职尽责帮助中小企业。所以，在选择主办券商的时候一定要找最合适的，而不是最知名的。其次是会计师事务所和律师事务所。对于新三板企业挂牌来讲，要重视会计师事务所的作用，因为会计师会为企业的不合规提出很多改进意见，最后落实到报告。律师事务所的程序相对比较简单，因为新三板企业挂牌与首次公开募股不同，它要查企业的很多历史沿革。虽然目前新三板企业审核标准逐步趋于严格，但是与首次公开募股相比还是宽松很多。所以选择中介机构重要性的排序应为：主办券商、会计师事务所、律师事务所。

为了提升企业的知名度，在这三类中介机构中，至少有一家中介机构需是一流的。企业要根据自身的实际情况具体规划。如果企业本身知名度较大，中介机构的重要性就会降低；如果企业的市场影响力相对较弱，优秀的中介机构能够增加企业光环。

具体来看，企业在选择中介机构的时候需注意其以下几个方面：

（1）信誉和品牌、行业排名、品牌信誉；

（2）服务质量、专业能力、增值服务能力；

（3）业绩经验、过往业绩、行业经验；

（4）社会评价、客户评价、媒体评价；

（5）中介机构协调配合、过往合作经验；

（6）重视程度、项目优先级、团队配置等等。

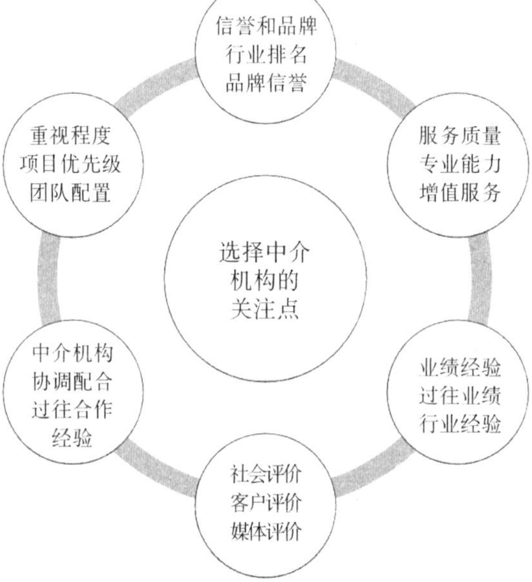

图 3－1　企业挂牌选择中介机构的关注点

3.3.1　如何选择主办券商

选择主办券商的时候首先要看证券公司有无主办券商业务资格；其次

应该注重其在新三板业务上的业务能力，考察有无核心业务团队，最好选择有项目经验的券商；最后，应该选择与律师事务所、会计师事务所、评估机构保持良好合作关系的券商。

具体来讲需要注意以下五个方面：

3.3.1.1 券商规模的选择

首先考虑券商的规模大小、知名度，是否全牌照，公司对新三板业务是否重视，有没有做市资格等等。如果企业仅是希望在新三板公开挂牌，那选择任何一家券商并无太大区别。目前，市场上大部分从事新三板业务的券商基本都能满足新三板业务的技术性要求；如果企业希望在新三板挂牌且融资，那应该选择大中型券商，对融资有好处，小型券商在融资中介方面的介绍能力稍差些，市场对其项目质量的认可度也没有大中型券商高，不利于融资；如果企业是想先在新三板挂牌，然后转为主板中小板或创业板，应该选择大中型券商，尤其是具有丰富首次公开募股项目经验的券商。

3.3.1.2 券商团队的选择

如果只是上新三板，一般券商都是由场外市场部来承做，场外市场部是专门做新三板的部门，团队相对年轻，大多数没有首次公开募股项目的经验。个别券商会由当地营业部的人员参与项目承做，尽量不选择营业部团队，要用专业团队。如果是有转板计划，即将来准备首次公开募股，那最好选择相应的团队，也就是券商的投资银行部来做。投资银行部较场外市场部团队一般收费会高一些，对企业的质量要求也高一些，但好处是可以按照首次公开募股的标准和风险控制要求做项目，这样前期问题就会处理得好一些，避免留下后遗症，为将来转板排除障碍。

3.3.1.3 券商提供的方案

一家专业的团队，不仅能在企业改制服务过程提出专业性的解决方案，还能为企业后续的资本运作提出一整套路径和体系。就是说，要看这个团队后续能给企业带来怎样的增值服务，这个团队在新三板业务领域有没有构建好一套成熟的新三板服务体系，能不能站在企业发展战略的角度提出建设性的金融服务意见，这些非常重要。

3.3.1.4 券商的资源

企业准备选择的券商背后有哪些资源，跟当地政府关系如何，除了新三板还主要做哪些业务，除了金融服务还能不能给企业的经营提供帮助，能不能给企业和董事、监事、高级管理人员提供财富管理服务，能不能为企业牵线搭桥整合一些资源，甚至包括推荐优秀人才等，都是企业需要考虑的问题。

3.3.1.5 券商的价格

新三板价格并无太大差距，但好的团队一般价格更高。企业在付出更多的时候，得到的往往也是更好的服务。

表 3－3 主办券商新三板挂牌家数排名表（截止到 2015 年 9 月底）

排名	券商简称	家数
1	申万宏源证券	348
2	齐鲁证券	188
3	国信证券	151
4	广发证券	146
5	中信建投证券	127
6	长江证券	126
7	安信证券	125
8	招商证券	104
9	东吴证券	104
10	东北证券	95
11	国泰君安证券	94

续表

排名	券商简称	家数
12	光大证券	77
13	海通证券	75
14	中信证券	67
15	兴业证券	62
16	国金证券	59
17	西部证券	59
18	中原证券	58
19	财通证券	56
20	西南证券	55
21	方正证券	53

数据来源：Wind 资讯。

3.3.2 如何选择会计师事务所

会计师事务所对企业的账目进行检查与审验，工作主要包括审计、验资等，同时也为其提供财务咨询和会计服务。会计师事务所的职责主要有以下几点：

（1）在改制阶段，根据资产重组的范围和改制申请评估企业经营状况，也能从财务角度论证改制、重组等方案的合理性。

（2）为企业改制设立股份公司出具验资报告，为筹建股份公司费用出具专项审计报告。

（3）在公司股票申请挂牌及发行阶段，出具申请人两年及一期的审计报告，并对元素财务报告和审计报告提出差异化的比较意见。

（4）对公司内控及风险管理系统的完整性、合理性、有效性进行评估，对公司出具盈利预测报告，并提出具体建议。

（5）对股转系统提出的审计、建议以及对其他重大事项提出反馈等等。

表 3 – 4　　会计师事务所服务推荐挂牌情况（2014 年）

排名	会计师事务所	服务推荐挂牌项目数量
1	瑞华会计师事务所	158
2	立信会计师事务所	132
3	北京兴华会计师事务所	112
4	天健会计师事务所	85
5	大华会计师事务所	77
6	中兴财光华会计师事务所	67
7	大信会计师事务所	66
8	天职国际会计师事务所	44
9	华普天健会计师事务所	39
10	中审亚太会计师事务所	37

数据来源：全国股转系统。

3.3.3　如何选择律师事务所

律师事务所应当坚持其独立性，不受其他中介机构的影响和干预。律师应当就相关重大事项涉及的法律问题独立地提出法律建议或处置措施；在依法参与编制或有律师出具证券法律文件和法律意见书时，就证券法律文件和法律意见书中应由券商、会计师、评估师等其他中介机构负责的专业性内容律师不发表意见。

律师事务所的主要职责有如下几个方面：

（1）协助企业和总协调人制定改制并申请公司股票在全国股份转让系统挂牌及发行方案。

（2）改制并申请新三板挂牌过程中需要的文件。

（3）股份公司辅导期中有关法律问题的解决。

（4）股份公司申请股票挂牌及发行的法律意见书。

（5）对有关证监会或全国股份转让系统公司的反馈意见中的法律问题出具说明或补充法律意见书。

（6）对全国股份转让系统公司审核后是否存在重大事项出具相关法律意见书。

律师事务所服务推荐挂牌情况见表3－5。

表3－5　　律师事务所服务推荐挂牌情况（2014年）

排名	律师事务所	服务推荐挂牌项目数量
1	国浩律师事务所	77
2	北京大成律师事务所	71
3	北京市中银律师事务所	56
4	上海市锦天城律师事务所	55
5	北京德恒律师事务所	53
6	北京国枫凯文律师事务所	42
7	北京市中伦律师事务所	36
8	北京市盈科律师事务所	32
9	北京金诚同达律师事务所	28
10	北京君嘉律师事务所	22

数据来源：全国股转系统。

3.3.4　如何选择战略投资者

从企业的角度来讲，初次登陆资本市场需要精选投资者。投资者往往分为财务投资者和行业投资者，现实中虽然常常两者兼备但仍有一定差异。财务投资者的想法往往相对简单，即通过一系列的资本运作，获利后迅速退出，并不涉及对被投资公司经营的干预，因而双方容易合作。而行业投资者往往从公司的长远发展中获利，投资期限一般比较长，在投资的同时会带来一些先进的管理经验。在此基础上，行业投资者往往要求被投资公司的经营活动符合行业投资者或者其母公司发展战略的要求，而这虽然对公司构成一定的限制，但对公司的制度构建有很大的帮助。

因此，公司应该根据自身的发展阶段和公司发展需要，在准备引入战略投资者之前，对境内外相同或相关行业的投资者有整体性了解，即目前有哪些战略投资机构、公司涉及什么地区、资金实力如何、知名度如何、已投资了哪些项目、公司有何经营业绩及投资范围等等。

3.3.5 新三板目标企业挂牌前财务问题

财务问题往往直接关系着新三板挂牌的成败。因此，企业需要对挂牌前的财务问题提起重视。

3.3.5.1 货币资金

企业需要调整账务处理错误及账务处理不及时的业务，确保银行存款做到账表、账实、账目与银行对账单相符。

3.3.5.2 其他应收账款

一般要求公司财务人员以公司外部账目为基础进行调整，还原公司真实的其他应收款。对于个人借款部分，需要在正式审计之前全部处理完毕。对于民间借贷资金利息部分，索取正规发票，进行销账处理。对于财政补贴收入符合规定的部分结转至营业外收入。对于企业银行贷款倒账部分，由财务人员与各往来单位逐笔核算，调整还原至真实的往来余额。

3.3.5.3 应收账款

公司财务人员需要逐项梳理应收账款明细，对已回款部分进行销账处理，对已确认的坏账进行核销或计提坏账准备。同时要求公司对应收账款、其他应收款制定相关会计政策，合理确定坏账准备的计提方法。

3.3.5.4 预付账款

企业需要对年预付账款项目进行明细核算，调整以前年度的预付账款。同时要求企业确认是否存在银行贷款套现业务。

3.3.5.5 存货

财务人员需要对公司的存货进行全面盘点清查，已经盘点情况调整账目存货，切实做到账实相符；制定存货减值的核算办法，对存货计提存货跌价准备；对体外循环的存货纳入账内核算；建立健全存货收发计价；存货实物流转制度，完善存货的核算。

3.3.5.6 固定资产

挂牌前需要对公司的固定资产进行全面盘点清查，切实做到账实相符；制定固定资产减值的核算办法，对固定资产计提减值准备；对体外循环的固定资产进行评估入账处理；要求公司减值固定资产台账或固定资产卡片账，便于企业进行实物管理。

3.3.5.7 短期借款

建议要求企业到银行打印企业贷款卡记录，按照企业贷款卡的实际情况，以外部账面数为基础；将企业的短期借款调整为实际的短期借款，将企业民间借贷的款项已经实际调整纳入账内核算。

3.3.5.8 收入确认和成本核算

企业需要严格按照企业会计准则中的收入确认原则进行收入确认，对实际已完工、未开具发票的收入调整计入当期，对于已实现未开票的账外收入纳入账内核算同时补交相关税金。

3.3.5.9 会计基础重视问题

企业需要严格执行相关会计准则，充分认识到规范不是成本，而是收益，养成将所有经济业务事项纳入统一的一套报账体系内的意识和习惯。

3.3.5.10 企业盈利规划问题

虽然新三板挂牌条件中并无明确的财务指标要求，对企业是否盈利也无硬性规定，但对于企业进入资本市场的客观需要来说，企业盈利的持续性、合理性和成长性都至关重要。因此，要对企业盈利提前规划，并从政策适用、市场配套、费用分配、成本核算各方面提供系统保障。

3.3.5.11 资本负债结构问题

以最典型的资产负债率为例，过高将被视为企业偿债能力低、抗风险能力弱，很难满足挂牌条件，但过低也不一定能顺利通过挂牌审核，因为审批部门可能会认为企业融资需求不大，挂牌的必要性不足。因此，适度负债有利于约束代理人道德风险和减少代理成本，债权人可对当前企业所有者保持适度控制权，也更有利于企业挂牌或首次公开募股融资。

3.3.5.12 税收方案筹划问题

对于大多数中小企业来说，多采取采用内外账方式，利润并未完全显现，挂牌前则需要面对税务处罚和调账的影响。主要涉及土地增值税、固定资产购置税、营业收入增值税、企业所得税、股东个人所得税等项目。因此，税收规划一定要提前考虑，并且要与盈利规划结合起来。另外，在筹划中还要考虑地方性税收政策和政府补贴对企业盈利能力的影响。

3.3.5.13 关联交易处理问题

关联交易的正面影响反映在可提高企业竞争力和降低交易成本，负面影响在于内幕交易、利润转移、税负回避、市场垄断等。因此，无论是首次公开募股还是新三板挂牌，关联交易的审查都非常严格。从理想状况讲，有条件的企业最好能够完全避免关联交易的发生或尽量减少发生，但是绝对避免关联交易也可能导致经营受阻、成本增加、竞争力下降。因此，要辩证地看待关联交易，特别要处理好三个方面的问题：一是清楚认识关联交易的性质和范围；二是尽可能减少不重要的关联交易，拒绝不必要和不正常的关联交易；三是对关联交易的决策程序和财务处理务必要做到合法、规范、严格。

案例

分豆教育一直受很多投资机构关注和推崇。财务数据漂亮，从事目前最火热的在线教育，定增屡受追捧。各种光环加身的分豆教育，却遭遇了“黑天鹅”的袭击。一家投资机构发布了《八问分豆教育》的文章，直指分豆教育可能存在财务问题，不仅将分豆教育推向了风口浪尖，而且导致分豆教育遭遇市场抛售，单日盘中最大跌幅超过15%，股价持续下跌。

另外，新三板公司参仙源刚刚停牌筹划重大资产重组，就遭证监会立案调查。从公司公告内容看，调查或与其财务问题有关。公司表示：“近期已对自身财务数据进行自查。公司将根据工作进展，第一时间披露自查结果。如在自查中发现错误，公司将做出更正处理，进而有可能影响公司往年利润。”

3.4 新三板企业公司治理结构

公司治理机制健全、合法规范经营是企业挂牌新三板的必要条件，因而完善公司治理结构对新三板企业来说至关重要。在公司治理结构中法人治理结构是现代企业制度的核心，而管理创新、业绩激励是企业长盛不衰的法宝。公司治理结构，也称法人治理结构、公司治理系统、公司治理机制等，是对公司进行管理和控制的体系，是指由所有者、董事会和高级执行人员即高级经理三者组成的一种组织结构。现代企业制度区别于传统企业的根本点在于所有权和经营权分离，或称所有与控制分离，从而需要在所有者和经营者之间形成一种相互制衡的机制，以对企业进行管理和控制。

3.4.1 公司治理结构的概念

公司在法律上具有独立法人资格，拥有独立的财产，但其财产的运作必须依靠公司内部的自然人。公司在运营过程中，财产所有权和经营管理权相互分离，财产权属于股东，经营管理权属于董事。权利主体和管理主体的不同很可能导致利益冲突。为平衡各方利益，保证公司的良好运行，就需要在公司内部建立一种权力分配制度，这就是公司治理结构。公司治理结构是一种联系并规范股东（财产所有者）、董事会、高级管理人员权利和义务分配，以及与此有关的聘选、监督等问题的制度框架。总体来讲，就是如何在公司内部划分权力。良好的公司治理结构，可解决公司各方利益分配问题，对公司能否高效运转、是否具有竞争力，起到决定性的作用。

3.4.2 公司治理结构中权利的分配

《公司法》要求有限责任公司内部建立三大机构——股东会、董事会和监事会。这三大机构在公司中的地位和职权各不相同。

3.4.2.1 股东会

股东会由公司全体股东组成，是公司的权力机构，即公司的最高决策机构。股东会的主要职权在于对公司的重大事项作出决策，如：决定公司的经营方针和投资计划；选举和更换董事、监事，决定董事、监事的报酬；审议批准董事会、监事会的报告；审议批准公司财务预算、决算方案；审议批准公司的利润分配、弥补亏损的方案；对公司注册资本增减、发行公司债券、变更公司形式、解散和清算方案；修改公司章程等。

3.4.2.2 董事会

董事会由股东会选举出的董事组成，是公司的管理、执行机构。董事会的主要职责是：执行股东会的决议；决定公司的经营计划和投资方案；制定公司财务预算、决算方案；制定公司的利润分配、弥补亏损的方案；制定公司注册资本增减、发行公司债券、变更公司形式、解散方案；决定公司内部管理机构的设置；决定公司经理层和财务人员的聘用及报酬事项等公司经营管理事项。

结合股东会与董事会的职权可以看出，董事会须向董事会报告，董事会制定的方案须经股东会审议批准，董事会须对股东会负责。股东会与董事会之间是决策与执行的关系。

3.4.2.3 监事会

管理执行机构是否能贯彻执行股东会的决议，是否能依法行使职权，不滥用职权，需要相关的监督机构对其进行必要监督，以保证公司良好运行，保证股东利益不受侵害。这正是法律要求设立监事会的目的。

近几年涉及公司的诉讼，尤其是股东与董事、高管人员之间的诉讼日益增多，这与监事会监督权力小、形同虚设不无关系。因此，增强监事会职权是新《公司法》的主要特色之一。其具体职权为：检查公司财务；对董事、高级管理人员执行公司职务的行为进行监督，对违反法律、行政法规、公司章程或者股东会决议的董事、高级管理人员提出罢免的建议；当董事、高级管理人员的行为损害公司的利益时，要求董事、高级管理人员予以纠正；提议召开临时股东会会议，在董事会不履行本法规定的召集和主持股东会会议职责时召集和主持股东会会议；向股东会会议提出提案；在一定的情况下，可根据股东提议，对董事、高级管理人员提起诉讼；对董事会决议事项提出质询或者建议；公司经营情况异常，可以进行调查；必要时，可以聘请会计师事务所等协助其工作，费用由公司承担。

我国公司治理结构是采用“三权分立”制度，即决策权、经营管理权、监督权分属于股东会、董事会或执行董事、监事会。通过权力的制衡，三大机关各司其职，又相互制约，保证公司顺利运行。

3.4.3　公司治理结构中权利的行使

如果说确定各机构的职能是对权利的横向制约，那么纵向的制约则是规范各机构行使权利的方式。

3.4.3.1　股东会的议事规则

- 股东会的召集。旧《公司法》规定，股东会由董事会召集，董事长主持；董事长不能主持的情况下，可指定副董事长或其他董事主持。该规定实质上是将股东会召集的权利全部交给了董事长，只要董事长不能或不愿意召开会议，股东会将难召开，也就难以形成股东会决议。为解决这一难题，新《公司法》规定股东会召集程序为：首先由董事长主持；董事长不主持时，由副董事长主持；副董事长不主持时，半数以上董事共同推举一名董事主持（以上程序，在不设董事会的有限责任公司，由执行董事直接召集和主持）；如果这样还无法操作，则由监事召集和主持；最后，还可由代表1/10以上表决权的股东自行召集和主持股东会。由此可见，新《公司法》对股东会的召集程序规定得详细而全面，希望穷尽一切方式保证股东会召开。

- 股东会的决议方式。过去，股东会只能以会议作为决议的方式，即定期会议和临时会议。而新《公司法》还新增了一种决议方式，即股东以书面形式一致表示同意的，可以不召开股东会会议，直接作出决定，并由全体股东在决定文件上签名、盖章。这种决议方式的确定，减少了股东会召开的经济和时间成本，提高了公司运营效率。更重要的是，确认了实践中多数公司以此种方式形成的股东会决议的效力。另外，临时会议提起的资格条件也有所改变。临时会议可由代表1/10以上表决权的股东或1/3以上的董事、监事会或者不设监事会的公司的监事提议召开。与旧法相比，股东提议资格由1/4以上表决权降低至1/10，这一改变更有利于股东会的召开。

- 表决权的行使。股东按照出资比例行使表决权不再是唯一的股东会表决方式，新《公司法》公司章程可自行规定股东会的议事方式和表决程序。对于修改公司章程、增加或者减少注册资本的决议，以及公司合并、分立、解散或者变更公司形式的决议，必须经代表2/3以上表决权的股东通过。其他事项的通过标准可由公司章程规定，一般超过1/2表决权即可。

3.4.3.2 董事会的形成和议事规则

- 董事会的形成。董事由股东会选举产生，董事长、副董事长的产生方式由公司章程自行规定。任期一般不得超过3年。

- 董事会的召集。董事会由董事长召集和主持；董事长不召集、主持时，由副董事长召集、主持；副董事长不召集、主持时，则由半数以上董事推举一名董事召集和主持。

• 董事会的议事规则。与股东会不同，新《公司法》对董事会的具体议事规则赋予了更自由的制定空间。除董事会须实行一人一票表决方式外，其他如：例会或临时会议的召开，一般问题表决通过规定，特殊问题表决通过规定，代理出席董事会等问题，均可由公司章程规定。

3.4.3.3 监事会的形成和议事规则

• 监事会的人员。除股东代表外，监事会中还须有公司职工代表，职工代表不少于1/3。职工代表由职工代表大会或职工会选举产生，监事会设主席一人，由全体监事过半数选举产生。监事的任期法定为3年。

• 议事规则。监事会每年度至少召开一次会议，监事可以提议召开临时监事会会议。监事会决议应当经半数以上监事通过。其他的事项可由公司章程规定。

可见，为纠正旧《公司法》中对监事会职权规定的不足，新《公司法》在监事会召开程序上采用了强制性的规定，确保监事会职权行使的可行性。

《公司法》在坚持“三权分立”公司治理结构的基础上，更加明确股东会、董事会、监事会行权的方式和程序，实践中可操作性更强，使公司治理结构能够更加充分发挥平衡利益的作用。

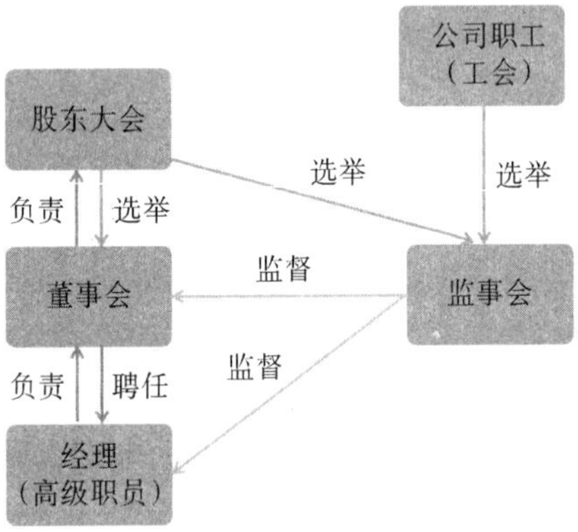

图3－2　企业公司治理结构

3.4.4 企业挂牌新三板对治理结构的要求

（1）公司治理机制健全，是指公司按规定建立股东大会、董事会、监事会和高级管理层组成的公司治理架构，制定相应的公司治理制度，并能证明有效运行，保护股东权益。

①公司依法建立“三会一层”，并按照《公司法》、《非上市公众公司监督管理办法》及《非上市公众公司监管指引第 3 号——章程必备条款》等规定建立公司治理制度。

②公司“三会一层”应按照公司治理制度进行规范运作。在报告期内的有限公司阶段应遵守《公司法》的相关规定。

③公司董事会应对报告期内公司治理机制执行情况进行讨论、评估。

（2）合法合规经营，是指公司及其控股股东、实际控制人、董事、监事、高级管理人员须依法开展经营活动，经营行为合法、合规，不存在重大违法违规行为。

①公司的重大违法违规行为是指公司最近 24 个月内因违犯国家法律、行政法规、规章的行为，受到刑事处罚或适用重大违法违规情形的行政处罚。

第一，行政处罚是指经济管理部门对涉及公司经营活动的违法违规行为给予的行政处罚。

第二，重大违法违规情形，是指凡被行政处罚的实施机关给予没收违法所得、没收非法财物以上行政处罚的行为，属于重大违法违规情形，但处罚机关依法认定不属于的除外；被行政处罚的实施机关给予罚款的行为，除主办券商和律师能依法合理说明或处罚机关认定该行为不属于重大违法违规行为的外，都视为重大违法违规情形。

第三，公司最近 24 个月内不存在涉嫌犯罪被司法机关立案侦查，尚未有明确结论意见的情形。

②控股股东、实际控制人合法合规，最近 24 个月内不存在涉及以下

情形的重大违法违规行为：

第一，控股股东、实际控制人受刑事处罚。

第二，受到与公司规范经营相关的行政处罚，且情节严重；情节严重的界定参照前述规定。

第三，涉嫌犯罪被司法机关立案侦查，尚未有明确结论意见。

③现任董事、监事和高级管理人员应具备和遵守《公司法》规定的任职资格和义务，不应存在最近24个月内受到中国证监会行政处罚或者被采取证券市场禁入措施的情形。

（3）公司报告期内不应存在股东包括控股股东、实际控制人及其关联方占用公司资金、资产或其他资源的情形。如有，应在申请挂牌前予以归还或规范。

（4）公司应设有独立财务部门进行独立的财务会计核算，相关会计政策能如实反映企业财务状况、经营成果和现金流量。

挂牌失败案例4

公司治理结构不健全，运作不规范

某公司老板在淘宝用个人账户收款。公司以实际控制人陈某在淘宝网的个人店铺起家，2012年、2013年、2014年公司线上销售占比分别为62.00%、56.17%、58.00%，且淘宝为主要销售渠道。陈某在淘宝有大量个人交易，存在个人账户收款行为。2015年1月22日，公司计划于2015年6月停止在淘宝以个人账户进行销售收款，截至8月，公司依然未对该事项的最新进展进行披露。因而不符合新三板挂牌条件。

3.4.5 新三板企业公司治理结构的完善

（1）作为公众公司，新三板企业应当有健全的公司治理机制。公司应按规定建立股东大会、董事会、监事会和高级管理层组成的公司治理架构，并按照《公司法》、《非上市公众公司监督管理办法》及《非上市公众公司监管指引第 3 号——章程必备条款》等规定建立相应的公司治理制度，并能规范有效运行，保证股东权益。

（2）章程应当载明保障股东享有知情权、参与权、质询权和表决权的具体安排；公司为防止股东及其关联方占用或者转移公司资金、资产及其他资源的具体安排；公司控股股东和实际控制人的诚信义务；明确须提交股东大会审议的重大事项的范围；载明公司的利润分配制度。

（3）对挂牌公司董事、监事和高级管理人员任职资格方面并无特殊要求，董事、监事和高级管理人员应当遵守法律、行政法规和公司章程的相关规定，对公司负有忠实义务和勤勉义务。挂牌公司应当在挂牌时向全国股份转让系统报备董事、监事及高级管理人员的任职、职业经历及持有挂牌公司股票情况。《公司法》第一百四十六条规定，有下列情形之一的，不得担任公司的董事、监事、高级管理人员：

①无民事行为能力或者限制民事行为能力。

②因贪污、贿赂、侵占财产、挪用财产或者破坏社会主义市场经济秩序，被判处刑罚，执行期满未逾 5 年，或者因犯罪被剥夺政治权利，执行期满未逾 5 年。

③担任破产清算的公司、企业的董事或者厂长、经理，对该公司、企业的破产负有个人责任的，自该公司、企业破产清算完结之日起未逾 3 年。

④担任因违法被吊销营业执照、责令关闭的公司、企业的法定代表人，并负有个人责任的，自该公司、企业被吊销营业执照之日起未逾 3 年。

⑤个人所负数额较大的债务到期未清偿。

3.5 新三板的挂牌流程和费用

3.5.1 挂牌基本流程

公司从决定进入新三板到最终成功挂牌，中间需要经过一系列的环节，可以分为四个阶段进行（见图 3－3）。

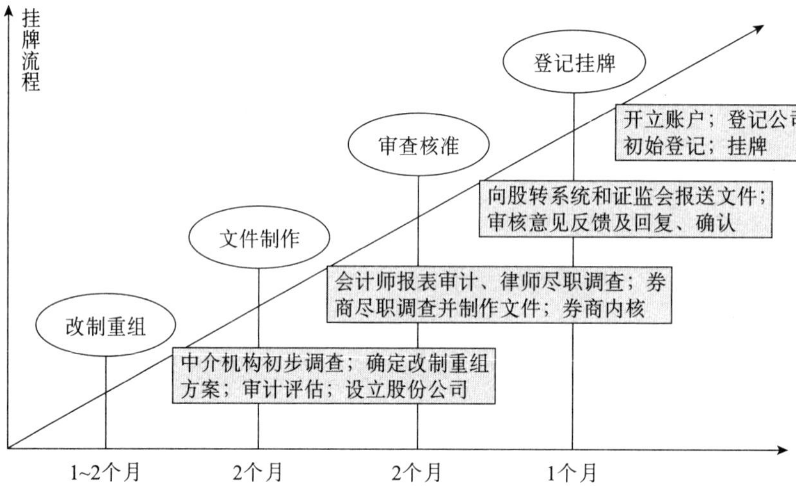

图 3－3　新三板挂牌流程

3.5.1.1 决策改制阶段

决策改制阶段的主要工作在企业决定挂牌之后，选聘中介机构，中介结构尽职调查，选定改制基准日、整体变更为股份公司。根据挂牌上市规则，股份公司需要依法设立且存续满两年。

①依法设立，是指公司依据《公司法》等法律、法规及规章的规定向公司登记机关申请登记，并已取得企业法人营业执照。

②存续两年是指存续两个完整的会计年度。

③有限责任公司按原账面净资产值折股整体变更为股份有限公司的，存续时间可以从有限责任公司成立之日起计算。整体变更不应改变历史成本计价原则，不应根据资产评估结果进行账务调整，应以改制基准日经审计的净资产额为依据折合为股份有限公司股本。申报财务报表最近一期截止日不得早于改制基准日。

整体变更后设立的股份公司应达到以下基本要求：

第一，形成清晰的业务发展战略目标；

第二，突出主营业务，形成核心竞争力和持续发展的能力；

第三，避免同业竞争，减少和规范关联交易；

第四，产权关系清晰，不存在法律障碍；

第五，建立公司治理的基础，股东大会、董事会、监事会以及经理层规范运作；

第六，具有完整的业务体系和直接面向市场独立经营的能力，做到资产完整、人员独立、财务独立、机构独立、业务独立；

第七，建立健全财务会计制度，会计核算符合《企业会计准则》等法规、规章的要求；

第八，建立健全有效的内部控制制度，能够保证财务报告的可靠性、生产经营的合法性和营运的效率与效果。

此外，企业申请新三板挂牌，还需要根据《公司法》、《非上市公众公司监督管理办法》、《全国中小企业股份转让系统业务规则（试行）》、《非上市公众公司监管指引第3号——章程必备条款》等相关法律、法规及规则对股份公司的相关要求，会在后续工作中落实。

3.5.1.2　材料制作阶段

材料制作阶段的主要工作包括：

①申请挂牌公司董事会、股东大会决议通过新三板挂牌的相关决议和方案。

②制作挂牌申请文件。

③主办券商内核。

④主办券商推荐等主要流程。主要工作由券商牵头，公司、会计师、律师配合完成。

3.5.1.3　反馈审核阶段

反馈审核阶段的工作主要是交易所与中国证监会的审核阶段，需45~60天；中介结构会根据情况进行反馈。反馈审查的工作流程如下：

①全国股份转让系统公司接收材料。申请挂牌公开转让、股票发行的股份公司向全国股份转让系统公司提交挂牌（或股票发行）申请材料。申请材料应符合《全国中小企业股份转让系统业务规则（试行）》、《全国中小企业股份转让系统挂牌申请文件内容与格式指引（试行）》等有关规定的要求。

全国股份转让系统公司对申请材料的齐备性、完整性进行检查：需要申请人补正申请材料的，按规定提出补正要求；申请材料形式要件齐备、符合条件的，全国股份转让系统公司出具接收确认单。

②全国股份转让系统公司审查反馈。

第一，反馈。对于审查中需要申请人补充披露、解释说明或中介机构进一步核查落实的主要问题，审查人员撰写书面反馈意见，由窗口告知、送达申请人及主办券商。

第二，落实反馈意见。申请人应当在反馈意见要求的时间内向窗口提交反馈回复意见；如需延期回复，应提交申请，但最长不得超过30个工作日。

③全国股份转让系统公司出具审查意见。申请材料和回复意见审查完毕后，全国股份转让系统公司出具同意或不同意挂牌或股票发行（包括股份公司申请挂牌同时发行、挂牌公司申请股票发行）的审查意见，并将审查意见送达申请人及相关单位。

3.5.1.4 登记挂牌阶段

审核通过之后，公司可以挂牌登记，主要工作包括：（1）分配股票代码；（2）办理股份登记存管；（3）公司挂牌敲钟。这些工作都会由券商带领企业完成。

3.5.2 挂牌的费用

与主板、中小板及创业板相比，企业申请在新三板挂牌转让的费用要低得多。新三板挂牌企业费用可分为挂牌前一次性的支付费用、挂牌后按年收取的持续服务费，及权益分派、信息披露义务人查询费等按此收取的费用三大类。拟挂牌阶段的一次性费用主要涉及公司改制、中介机构尽调、股份登记挂牌等服务，而挂牌后每年需要主办券商持续督导、年报半年报审计、法律意见咨询、日常交易等，挂牌企业须向三大中介机构（主办券商、律师事务所、会计师事务所）和股转系统支付相应的服务费用。挂牌相关费用包括委托备案费、改制费、代收的备案费、信息披露服务费等（见图3－4）。目前这四类机构费用打包合计预计在200万元左右。

3.5.2.1 挂牌前一次支付费用

（1）机构费用（见图3－5）。

（2）转系统费用（见表3－6）。

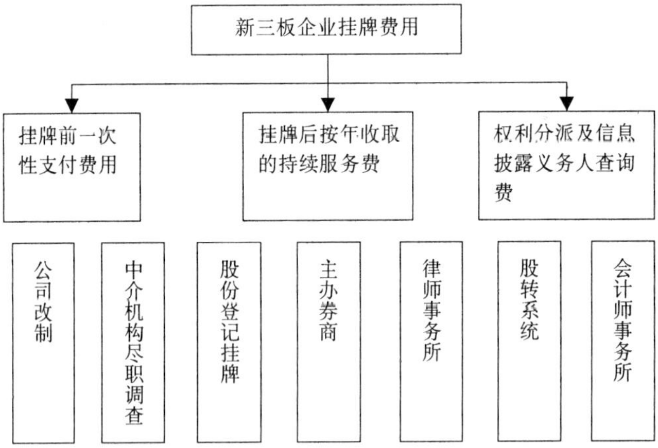

图3－4　企业挂牌新三板所涉及的机构

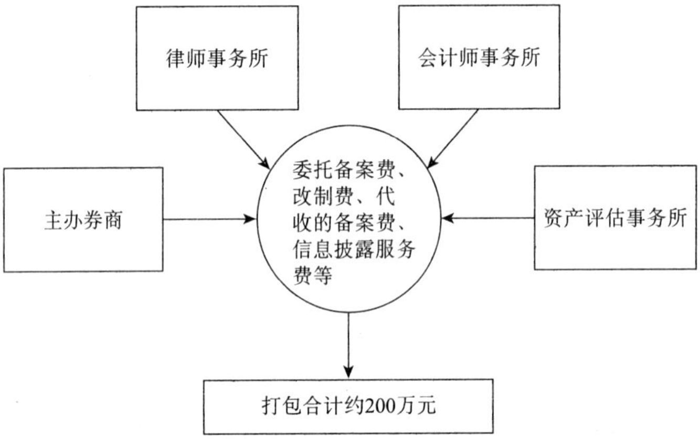

图3－5　新三板挂牌打包费用

表3－6　　股转系统公司根据挂牌公司总股本分类收费标准

挂牌公司总股本数（万股）	股转系统公司收费（万元）
≤2 000	3
2 000～5 000	5
5 000～10 000	8
≥10 000	10

为了鼓励边远地区企业挂牌新三板，全国股转系统规定，自2015年1月1日起，暂免征收注册在内蒙古、广西、西藏、宁夏和新疆5个民族自治区的公司挂牌费用。

（3）中国结算初始登记费=所登记股本面值×0.1‰。

（4）主办券商持续督导费用约为10万元/年。

3.5.2.2 挂牌后每年支付费用

（1）律师所事务所律师费：5万~10万元/年。

（2）会计事务所审计费：10万~15万元/年，如果企业规模较大，可能会高于这个费用。

（3）股转系统挂牌年费：

表3-7 股转系统挂牌年费

挂牌公司总股本数（万股）	股转系统公司收费（万元）
≤2 000	2
2 000~5 000	3
5 000~10 000	4
≥10 000	5

（4）中国结算股票发行登记费=所登记股本面值×0.1‰。

3.5.2.3 挂牌后按次支付

（1）中国结算系统收取权益分派手续费=红股及公积金转增股本面值与红利（股息）总额×0.1‰。

（2）中国结算系统收取名册服务费：100元/次。

（3）中国结算系统信息披露义务人查询费：每个证券账户70元，无开户记录每人10元。

4

新三板股份交易

4.1 交易方式的确定与变更

4.1.1 做市交易还是协议交易

新三板挂牌时，要确定股份的交易方式。新三板目前的交易方式有协议转让和做市转让两种。协议转让是指产权交易双方在交易中心主持下通过洽谈、协商以协议成交的方式。做市商转让是买卖双方通过证券公司的报价进行交易，做市商交易一般遵循“价格优先、时间优先”的原则。挂牌企业需根据自己的实际情况选择做市交易还是协议交易。

如果选择做市交易，则至少要拥有2家以上的做市商为其做市。新三板做市商是证券公司和符合条件的非券商机构，使用自有资金参与新三板交易。持有新三板挂牌公司股票，通过自营买卖差价获得收益；同时，证券公司会利用其数量众多的营业部网点，推广符合条件的客户开立新三板投资权限，从而提高整个新三板交易的活跃度，盘活整个市场。

截至2015年11月底，新三板市场上共有挂牌企业4 385家，其中协议转让的企业有3 388家，约占77%；做市转让的企业997家，约占28%（见图4－1）。

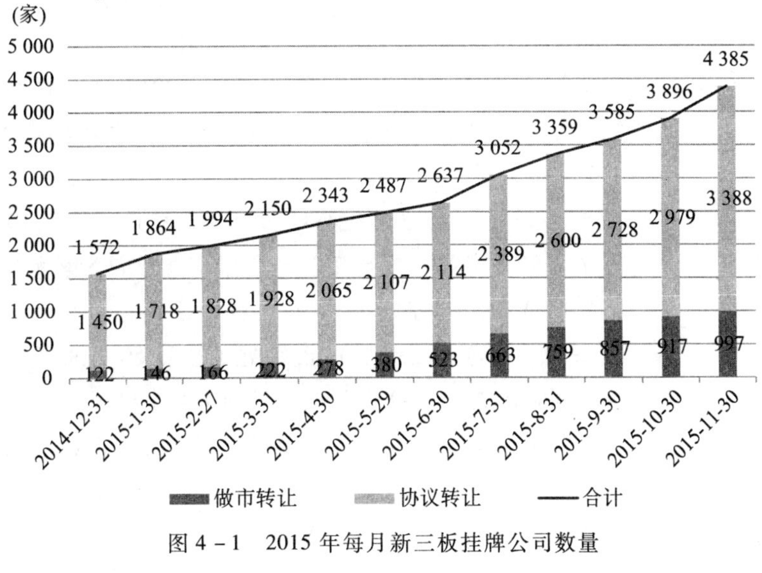

图4－1　2015年每月新三板挂牌公司数量

数据来源：Wind资讯。

4.1.2 交易方式的变更

一般情况下，相对于协议交易，做市交易能够提高股票的流动性，给企业带来更多的益处。因此有不少优质企业将协议转让变更为做市转让。

案例1

2015年6月9日，九鼎投资发布公告，公司股票将于6月11日起由协议转让方式变更为做市转让方式。此次做市商共有5家，分别为华融证券股份有限公司、上海证券有限责任公司、广州证券股份有限公司、天风证券股份有限公司和中山证券有限责任公司。九鼎投资挂牌后一年内，已向“综合性资产管理机构”的战略目标迈出实质性的步伐。一是通过昆吾九鼎（股权投资）在投资业务上不断创新突破。2014年，共助力30家企业成功登陆资本市场，其中独立首次公开募股企业7家，通过重组或借壳方式上市企业5家，新三板挂牌企业18家，独立首次公开募股企业取得了平均10倍以上的账面回报。截至目前，九鼎投资已有5家所投企业登陆A股资本市场，12家挂牌新三板。二是设立九泰基金（公募基金管理）已组建了超过50人的投研、产品团队和超过100人的销售队伍。在投资业务上，重点布局新三板蓝海，已经完成近30亿元规模新三板产品的募集。三是设立的九州证券（全牌照证券业务）已具备证券经纪、证券自营、证券投资咨询、证券承销、证券资产管理、新三板经纪及做市等多项业务资格，未来将摒弃以营业部为主阵地的传统营运模式，全面“触网”。此外，还设立九信金融（互联网金融）和理财产品销售平台武曲星金融，并控股收购了第三方支付公司鹰皇金佰仕70%的股权，在拥有互联网支付、移动支付、预付卡发行、电视支付等第三方支付牌照的基础上，将规划延伸至银行卡清算以及征信业务。

通过案例1可以看出，九鼎投资此次协议转做市，不仅提高了影响力，也使得企业的融资能力更加完善。

案例2

2015年3月19日，中搜网络发布公告称，公司将于3月23日起，由协议转让交易转为做市交易。中信建投、中信证券、安信证券、东方证券、东北证券、齐鲁证券六家证券机构成为中搜网络做市机构。中搜网络是国内领先的第三代搜索引擎技术与服务供应商，掌握着第三代搜索引擎技术、个性化微件、云计算等互联网核心技术。其核心产品中搜搜悦为用户提供基于信息、社区、电子商务为一体的移动互联网入口级服务；同时，以移动云平台的方式为企业客户提供移动互联网服务，是国内领先的云平台服务商。

中搜网络此次转为做市交易，是看好新三板做市制度带来的交易活跃度利好。

中搜网络是新三板最为活跃、交易量最大的几只股票之一，2014年交易规模在新三板中排名第三，转手率高达30%～40%。公司变更为做市交易，将大幅提升公司股价的流动性，使公司产生更大的价值，有利于公司以后并购及增发资本项目。公告发布当日中搜股价上涨80%，收于55.4元。

不少企业在由协议转让转变为做市转让之后都从中获益，特别是互联网企业，如凌志软件、维珍创意等公司成交额均超过4 000万元。

然而，并不是所有转换都能给企业带来好处，公司是否进行做市交易还要视具体情况而定。

案例3

2015年6月24日，在协议转做市交易的7家公司中，宏海科技上涨8.9倍，报收9.90元，而美兰股份则暴跌61%至25.50元。

宏海科技拥有成熟的钣金模具开发技术和钣金改良工艺，主要产品为空调钣金、光电钣金，公司2014年主营业务收入22 929.05万元，其中美的集团武汉制冷设备有限公司1 050.52万元占91.81%，净利润为1 268万元，同比增长115.61%。

美兰股份股价一直波动较大，成交稀少，最低至1.45元，最高至66元。

4.2 做市交易

企业挂牌新三板采取做市转让方式的需要符合的条件见图4-2。

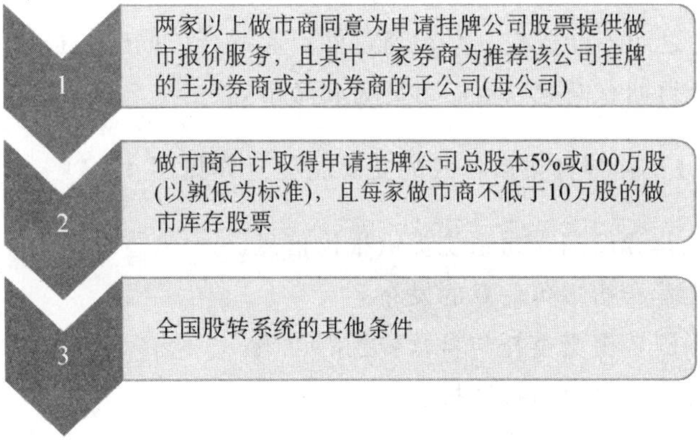

图 4－2　企业挂牌时采取做市交易的条件

4.2.1　做市商制度

做市商制度是欧美金融市场早期在柜台市场条件下，为了促成交易或者降低交易成本而引入的制度安排，现在已经广泛适用于债券、外汇、证券及衍生品等各类场内、场外金融市场。根据竞价制度的共存模式，做市商制度可分为纯粹做市商制度和混合型做市商制度。纯粹做市商制度，是指某一产品的交易完全通过做市商来完成。混合型做市商制度，指某一产品的交易既可能通过竞价交易完成，也可能通过做市商来完成，属于竞价和做市商共存的模式。做市商向市场提供买卖双向报价，投资者根据做市商报价选择是否与做市商成交，投资者委托不直接匹配成交。

目前纯粹做市商模式主要存在于场外市场，少数场内市场也采用纯粹做市商模式。纯粹做市商模式大体上可以分为场外零售市场、场外机构市场、场内市场三种。混合型做市商模式主要存在于场内市场。这种模式的特点是竞价交易和做市商交易同时存在。目前很多场外市场也逐渐具有了这种混合交易的特征。这种模式大体上也可以分为单一做市商、完全竞争多做市商和不完全竞争多做市商三种。

我国新三板市场中的做市商制度为纯粹做市商模式。在该交易模式下，投资者之间不能成交，必须通过做市商进行。同时，选择做市转让的挂牌企业必须拥有两家以上做市商为其做市。

4.2.1.1 纯粹做市商模式的交易流程（详见图4-3）

（1）推荐券商向交易系统提供报价信息。

（2）推荐券商报价信息的发布。

（3）投资者提交委托与自营委托的申报。

（4）委托及自营申报回报。

（5）推荐券商点选成交。

（5）成交信息的发布与清算。

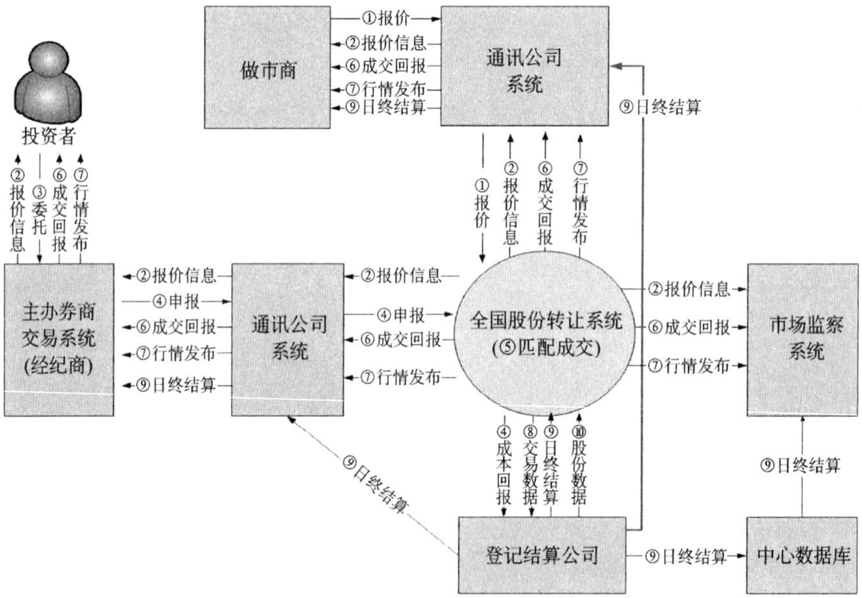

图4-3 做市商交易流程图

4.2.1.2　做市转让交易的具体制度

（1）投资者买入股票当日不得卖出，做市商买入股票当日可以卖出。

（2）开盘价为当日第一笔成交价；收盘价为当日最后一笔成交价，无成交价的以前收盘价为当日收盘价。

（3）做市商双向报价，并在报价数量范围内按其报价履行与投资者的成交义务。

（4）投资者之间不能成交，做市转让撮合时间做市商之间不能成交。

（5）投资者限价申报，做市商做市申报。

（6）接受申报时间：9:15～9:30；做市转让撮合时间：9:30～11:30、13:00～15:00；做市商转让时间：15:00～15:30。

（7）做市商最迟履行报价时间：9:30。

（8）做市商每个转让日双向报价时间不少于做市撮合时间75%。

（9）做市商的做市申报应同时包含买入和卖出，且相对买卖差价不超过5%。

（10）做市商提交新的做市申报后，前次做市申报的未成交部分自动撤销。

（11）做市商前次做市申报撤销或者其申报数量经成交后不足1 000股的，做市商应于5分钟内重新报价。

（12）做市商持有库存股不足1 000股时，可以免于履行卖出申报义务，但应及时向全国股转系统报告并调节库存股数量，并最迟于该情形发生后的3个转让日恢复正常双向报价。

（13）单个做市商持有库存股达到挂牌公司总股本20%时，可以免于买入报价义务，但应及时向全国股转系统报告，并最迟于该情形发生后的3个转让日恢复正常双向报价。

4.2.1.3　成交原则及报价

按照“价格优先、时间优先”原则，将投资者与做市商订单进行连续自动撮合；成交价均以做市申报价格为准。

（1）报价成交原则。

投资者买入委托≥做市商卖出申报

投资者卖出委托≤做市商买入申报

如有2笔及以上限价委托到价的，全国股份转让系统按照价格优先、时间优先原则撮合成交。

投资者限价委托未到价时，做市商不负有成交义务。

因投资者或做市商更改报价使限价委托到价的，全国股份转让系统按照价格优先、时间优先原则将到价限价委托依次与做市申报成交。

（2）做市商报价。

每个转让日9:30开始发布即时行情，内容主要包括证券代码、证券简称、前收盘价、最近成交价、当日最高价、当日最低价、当日累计成交数量、当日累计成交金额、做市商实时最高3个价位买入申报价格和数量、做市商实时最低3个价位卖出申报价格和数量等。每个转让日内，做市商应持续发布双向报价，在报价价位和数量范围内履行做市成交义务。

最迟应于上午9:30发布双向报价，双向报价时间应不少于每个转让日做市转让撮合时间的75%。做市报价价差区间为［0，5%］，同次报价的卖出与买入价格之差应大于零且不超过卖出价格的5%。

做市商前次做市申报撤销，或其申报数量经成交后不足1 000股的，做市商应于5分钟内重新报价。

从2014年8月25日新三板做市转让方式正式实施以来，做市股票的市场表现和做市股票的成交活跃度均有提升。因此，做市商制度对提升订单成交效率、充分体现挂牌企业成长性无疑有明显的推动作用。

4.2.2 做市商的盈利模式

到目前为止，新三板主办券商都已申请了做市商资格。作为新三板的

做市商最低做市期限

挂牌时采取做市转让方式的股票和由协议转让转变为做市转让的股票，其初始做市商为该股票做市不满6个月的，不得退出为该股票做市，后续加入的做市商为该股票做市不满3个月的，不得退出为该股票做市。

做市商豁免双向报价的情形

为了使做市商能够获得一定的时间来调整库存股票，继续履行双向报价的义务，给予做市商在一定情形下的双向报价豁免权力。

当做市商库存不足1 000股时，可豁免卖出报价，做市商库存股达到做市股票总股本20%时，可豁免买入报价，豁免时间为2个转让日。

图 4－4　做市成交的制度安排

主要参与方，券商新三板业务的盈利主要来自于三方面。

4.2.2.1　做市收入（买卖差价收入）

从理论上讲，依靠股份转让经纪业务、双向报价赚取差价及给企业做增发等获得的收入应该成为做市券商的主要收入。因此，能否选取合适的做市企业并对其股票进行合理估值将决定券商做市收入的高低。专业能力突出的券商对挂牌企业股值估价准确，可以实现巨大利润；相反，专业估值和操作能力较差的券商，则可能面临巨大损失。

在选股方面，做市商多以规模、业绩指标为向导，规模大、业绩漂亮的企业成为做市商首选。具体到量化指标，则包括企业基本面、营业收入、净利润、市盈率、资产收益率等指标。此外，企业经营范围、所处行业现状及前景、企业核心竞争优势、团队情况、企业成长性及估值情况等均在考量范围内。

在估值方面，市盈率是一个非常重要的指标。市盈率是具有很高参考价值的股市指针，投资者通常利用该指标估量股票投资价值，或者用该指标比较不同公司的股票，对投资决策至关重要。简单来讲，做市商会通过自己的专业能力，根据企业的业绩以及二级市场的平均市盈率给挂牌企业一个合理的估值。

真正意义上的做市商，是通过专业研究，为相关证券提出合理的价格波动区间，并且进行相应的买卖交易活动，以维持其必要的流动性。好的做市商不会把做市的股票价格抬得很高，也不会使其跌得很惨，更不会试图通过做市交易而大赚其中的差价，它的目的就是为企业合理定价服务，为投资者理性投资服务。能够做到这一点的做市商才是中国资本市场发展过程中不可或缺的力量。

影响做市商买卖报价差额的决定性因素主要有：

第一，股票交易量。就交易量而言，交易量越大，做市商赚取的差额越小。证券流动性的大小取决于交易量的大小。从某种程度上来说，交易量大的证券其流动性也大，缩短了做市商持有的时间，进而可以减小其库存股票的风险。同时，也有可能使做市商在交易时实现一定的规模经济，由此减少成本，报价差额也就相应缩小很多。

第二，股票价格波动性。证券价格波动性越大，其报价差额也会越大。因为在给定的证券持有期间内，波动率变动较大的证券对于做市商所产生的风险大于变动小的证券，作为对这种风险的补偿，其价格差额自然也就越大。

第三，证券市场竞争压力。市场上做市商的数量越多，竞争压力越大，各种约束力量就越是有力地限制着单个做市商报价差额的偏离程度，因而差额越小。做市过程中，做市商为了获得更多的做市价差收入，相互竞争，促使做市商降低成本和利润，最终使得报价价差逐渐缩小。而且证券拥有做市商的数量越多，证券交易越活跃，流动性越大，其中做市商的风险也就越小，风险补偿的差额也就越小。

4.2.2.2 直接投资业务收入

主办券商除取得做市库存股外，通过旗下直接投资子公司、资产管理计划等参与认购挂牌公司股票，也是挂牌公司股票发行的一大亮点。例如，申银万国、国泰君安、中泰证券、国信证券等主办券商的直接投资子公司积极参与所推荐挂牌公司的发行认购，国元直投和海通开元两家券商直接投资子公司认购了挂牌公司佳先股份的股票，中信建投和中泰证券入股挂牌公司新眼光。

主办券商投资于挂牌公司，将丰富券商的业务条线，形成新的盈利空间，也有利于推荐业务与直接投资、资方管理等业务的相互联动，为挂牌公司提供综合性的金融服务。对于做市商来讲，其主要的成本为取得做市库存股所支付的对价，而主要的利润则来自资本利得和买卖价差。通过协议转让或者定增方式取得挂牌企业库存股票，待股价上涨时获取收益。目前，此类收益是券商做市的主要收入来源。

案例 4

新三板扩容后首批参与挂牌的金天地，其主营业务是电视剧的投资和发行，公司业绩良好并且最近三年净利润均超过 2 000 万元。在 2014 年 12 月 26 日转为做市商交易的当天，公司股价便暴涨 501.94%。而当年 11 月的定向增发，6 家做市商对金天地的认购价仅有 4.5 元，因其基准价极低（仅 1.03 元），而以做市交易首日的收盘价 6.2 元计算，这些做市商已然获得近 38% 的浮盈。

4.2.3 做市制度的优越性

4.2.3.1 能够增加企业股票的流动性

新三板市场建立并扩容以来，遇到的最大问题是股票缺乏流动性，导致市场发现价格的功能不能完全发挥作用，企业的融资瓶颈依然没能破解。实施做市商制度以来，做市股票的流动性显著提高，因为做市商承担做市所需的资金，可以随时应付任何买卖，活跃市场。因此，理论上讲，做市商保证了市场不间断的交易活动，即使市场处于低谷也是一样。股票流动性的提高也增强了市场对投资者和证券公司的吸引力。在新三板市场挂牌公司一般规模比较小，风险也比较高，特别是在市场低迷的情况下，广大投资者更容易失去信心。有了做市商为企业“背书”，投资者更倾向于投资做市企业。

4.2.3.2 能够使公司的股票价格更加合理，定价也更加透明

融资是企业挂牌的目的之一，而融资的关键是定价，做市商制度能够为企业股票提供更加合理的定价。做市商所报的价格是在综合分析市场所有参与者的信息以衡量自身风险和收益的基础上形成的，投资者在报价基础上进行决策，并反过来影响做市商的报价，促使证券价格逐步靠拢其实际价值。如果某一做市商的报价距其他竞争对手差别太大，交易量必将受到影响，最终会被淘汰出局。在这一过程中，做市商实现了其价格发现的功能。对于企业来讲，做市之后，一方面投资者对做市股票的价格更有信心；另一方面，当企业需要从银行获得银行贷款或进行股权质押时，股权市场的交易价格也是重要的参考因素。

4.2.3.3 有助于维护股票价格的稳定性

做市商报价有连续性，价差幅度也有限制，做市商出于自身利益考

虑，会有维护市场稳定的强烈动机。而做市商也有责任在股价暴涨暴跌时参与做市，从而有利于遏制过度投机，起到市场“稳定器”的作用。此外，做市商之间的竞争也很大程度上保证了市场的稳定。此外，在新三板做市的公司股票，最少要有两家以上的做市商为其股票报价，而一些规模较大、交易较为活跃的股票的做市商往往更多。因此，市场的信息不对称问题就会得到很大缓解，个别的机构投资者很难通过操纵市场来牟取暴利，市场的投机性大大减少，并减少了传统交易方式中所谓庄家暗中操纵股价的现象。

4.2.4 新三板企业如何选择做市商

公司挂牌时采取做市转让方式的，其主办券商必须是做市商之一，因此可以和主办券商协商选择做市转让方式，并由主办券商推荐其经常合作的主办券商作为做市商，或者挂牌公司也可以自己联系筛选合适的主办券商作为做市商之一。

已挂牌公司欲由协议转让方式转为做市转让方式的，不强制要求其主办券商为其做市，挂牌公司既可以联系自己的主办券商由其寻找合作主办券商，也可以自行联系筛选合适的其他主办券商做市。

做市商对企业的发展是有很大帮助的，但是它也有一定的负面作用。建议不要选择过多的做市商。在选择做市商之前，首先应该对做市商的资质条件、市场上的做市券商概况有所了解。

4.2.4.1 做市商条件

股票挂牌时拟采取做市转让方式应当具备以下条件：

①两家以上做市商同意为申请挂牌公司股票提供做市报价服务，且其中一家做市商为推荐该股票挂牌的主办券商或该主办券商的母（子）公司。

②做市商合计取得不低于申请挂牌公司总股本 5% 或 100 万股（以孰低为准），且每家做市商不低于 10 万股的做市库存股票。

③全国股份转让系统公司规定的其他条件。

股转系统只对初始库存股数量的下限作出规定，而并未规定做市商在做事过程中库存股票的上限。一方面是因为做市商若大量持有做市股票触发全面邀约收购的标准，则由相应的并购办法进行管理。另一方面，当做市商库存股大幅变动时建议可采用延期公告的方式，避免市场投资者对做市商仓位的判断而进行逼仓等投机行为。延期公告的具体办法可另行制定。

4.2.4.2 做市券商概况

截止到2015年3月，已有申银万国、国泰君安 、国信证券、长江证券、银河证券等62家券商成为做市商。做市转让股票个数前20名的券商见表4-1。

表4-1　　做市转让股票个数前20名的券商

券商列表	做市转让股票个数
中泰证券	170
兴业证券	123
天风证券	119
申万宏源证券	118
国信证券	114
广州证券	112
上海证券	107
国泰君安证券	102
光大证券	96
广发证券	96
长江证券	94
海通证券	84
中信证券	83
中山证券	82
安信证券	80

续表

券商列表	做市转让股票个数
山西证券	78
万联证券	77
东方证券	75
世纪证券	75
中原证券	73

4.2.5 做市价格的确定

选择做市商不仅要选择知名的，还要选择能帮企业做好的，特别是要与其利益绑在一起，股份出让多一点没问题，股价低一点也没问题，但是要保证做市商能够帮助企业持续做下去，能实现一定的流动性和市值管理。做市商有内部机制，不能亏损，所以价格不能太低，也不能太高。

例如，做市商的价格，第三轮定增给到投资者 15 元的价格，做市商从 16 元、17 元、18 元一直谈到 20 元，其价格越来越高，但是差距不会很大。有的公司把价格差距拉得过大，上市之后却会导致低价的被尽快卖掉、高价的觉得没钱赚也会出现斩仓的情况，导致公司股价不好维护。

4.3 协议转让

4.3.1 协议转让制度

协议转让是指买卖双方线下议定价格。通常买卖方直接洽谈，然后通过股转系统交易。买方要有比较专业的知识，才能尽可能避免失误。

4.3.1.1 委托方式

投资者委托分为意向委托、定价委托和成交确认委托。

4.3.1.2 申报时间

交易主机接受申报的时间为每个转让日的 9:15~11:30、13:00~15:00。

4.3.1.3 申报类型

全国股份转让系统接受主办券商的意向申报、定价申报和成交确认申报。

意向申报不具备成交功能，只向市场发布，不参与撮合。

定价申报报送时，无须填写约定号，主机系统接受后自动分配约定号。

成效确认申报报送时，必须填写约定号。全国股份转让系统收到拟与定价申报成交的成交确认申报后，如系统中无对应的定价申报，该成交确认申报以撤单处理。

4.3.1.4 协议转让成交确认时间

每个转让日的 9:30~11:30、13:00~15:00 为协议转让的成交确认时间。

9:15~9:30，全国股份转让系统仅接受申报，但不对申报进行匹配成效。

4.3.1.5 成交模式

(1) 点击成交。

点击成交分成交确认申报与指定定价申报成交。

成交原则:

第一，投资者拟与定价申报成交的，可委托主办券商进行成交确认申报。

第二，全国股份转让系统按照时间优先原则，将成交确认申报和该成交确认申报证券代码、申报价格相同，买卖方向相反及成交约定号一致的定价申报进行确认成交。成交确认申报与定价申报可以部分成交。

第三，定价申报之间在协议转让方式内不能成交。

（2）互报成交。

互报成交确认申报之间的成交。

成交原则：

第一，买卖双方达成转让协议后，各自委托主办券商进行成交确认申报，通过全国股份转让确认成交。

第二，全国股份转让系统对证券代码、申报价格和申报数量相同，买卖方向相反，指定对手交易单元、证券账户号码相符及成交约定号一致的成交确认申报进行确认成效。

（3）定价申报自动匹配。

收盘前，系统对未成交定价申报的自动匹配成交。

每个转让日15:00，全国股份转让系统按照时间优先原则，将证券代码、申报价格相同，买卖方向相反且尚未成交的定价申报进行匹配成交。

4.3.2　协议转让中需要注意的问题

（1）协议转让没有涨跌幅限制，因此定价申报时需要准确填写申报价格，谨防出现价格错误被对手方点击成交。

（2）互报成交确认申报双方填报买卖方向相反、数量、价格、约定号等必须完全一致，否则会导致申报失败做撤单处理。

（3）对拟与定价申报成交的成交确认申报，如系统中无对应的定价申报，该成交确认申报会作撤单处理，不会保留在系统中。

（4）定价申报方式可能会被任意投资者点击成交，因此，如投资者欲与确定对手方成交，请选择互报成交确认申报方式。

4.4 新三板的投资者概况

新三板市场的投资者主要有券商、私募股权投资/创业投资（Venture Capital，VC）机构、公募基金和少数个人投资者。

4.4.1 券商投资

做市券商在为企业做市之前有义务购买公司股票，因而券商成为新三板投资的重要主体之一。在投资额方面，从券商初始库存股的角度来看，各做市券商在做市方面拥有的库存股金额达到77.7亿元。其中，东方证券拥有金额最高，超过8.7亿元；其次为中泰证券（4.7亿元）、广发证券（41亿元）；拥有金额超过2亿元的券商有12家（见表4-2）。

表4-2　主要券商总库存股金额排名

排名	券商名称	总库存股金额（万元）
1	东方证券	87 445
2	中泰证券	47 483
3	广发证券	40 727
4	海通证券	34 962
5	光大证券	31 384
6	国信证券	28 196
7	中信证券	26 372
8	华融证券	24 332

续表

排名	券商名称	总库存股金额（万元）
9	申万宏源证券	23 702
10	太平洋证券	21 980
11	兴业证券	21 840
12	天风证券	20 005
13	华安证券	19 089
14	安信证券	18 801
15	中信建投证券	17 110
16	广州证券	16 388
17	国泰君安证券	15 222
18	长江证券	13 513
19	东北证券	12 589
20	中原证券	12 579

数据来源：Wind 资讯。

4.4.2 私募股权投资/创业投资机构投资

截止到 2015 年 10 月末，得到私募股权投资/创业投资的企业达到 290 家（相关资料见表 4－3），累计投资金额超过 53 亿元，其中私募股权投资/创业投资超过 1 亿元的企业有 9 家。超过 10 家投资机构投资的企业有 6 家，分别是现代农装（13 家）、诺思兰德（12 家）、九日新村（12 家）、联瀛激光（11 家）、第六元素（10 家）、天一众合（10 家）。在获得私募股权投资/创业投资的企业当中，做市转让的有 108 家，协议转让的有 192 家。

典型的私募股权投资/创业投资机构如九鼎投资、深创投、同创伟业、硅谷天堂、天星资本、景林投资、达晨创投等。不少私募股权投资/创业投资机构本身就是新三板挂牌的企业，如九鼎投资、中科招商、菁英时代等。不同机构有不同的投资特点，如深创投走的就是基金路线。在新三板的投资实践里深创投主要打造两个平台：一个是推动创投基金已投企业挂牌新三板；另一个是通过红土创新基金管理公司把已挂牌的新三板投资放在里面。目前虽然经过新三板大幅度调整，但所有投资项目没有跌破投资成本，管理的所有产品均为正收益。

表 4-3　2014 年底私募股权投资/创业投资机构投资公司投资资金规模排名

排名	证券名称	累计投资金额（万元）
1	新锐英诚	52 100.0000
2	银丰棉花	50 000.0000
3	好帮手	21 700.0000
4	凯立德	19 999.7200
5	仁会生物	15 000.0000
6	久日新材	12 926.0144
7	达瑞生物	12 600.0000
8	小西牛	10 075.0000
9	乐华文化	10 000.0000
10	恒信玺利	9 000.0000

数据来源：Wind 资讯。

4.4.3　其他机构投资者

除了券商、私募股权投资/创业投资等传统机构以外，公募基金也是实力雄厚的机构投资者。然而，受制于政策限制，公募基金在新三板的布局已然慢了一步。公募投资新三板的细则已经在内部征求意见中。目前，监管层正在积极推动该事宜，2016 年有望出台。而事实上，在 2014 年 4 月末，宝盈基金通过子公司设立发行了公募行业首只新三板专户产品，至今已经有嘉实、华夏、财通、南方、汇添富、海富通、招商、前海开源、红土创新、九泰等近 20 家基金公司完成新三板布局。

4.4.4 个人投资者

当前，个人投资者参与新三板投资有两个途径：一是直接投资；二是购买金融机构发售的相关产品。

个人投资者直接投资新三板必须同时符合两个条件：第一，投资者本人名下前一交易日日终证券类资产市值500万元以上。证券类资产包括客户交易结算资金，在沪、深证券交易所和全国股份转让系统挂牌的股票、基金、债券、券商集合理财产品等，信用证券账户资产除外。第二，具有两年以上证券投资经验，或具有会计、金融、投资、财经等相关专业背景或培训经历。而机构投资者要想参与挂牌公司转让，则必须是注册资本500万元以上的法人机构，或是实缴出资总额500万元以上的合伙企业。

这些政策门槛对于个人投资者来讲相对较高，因而个人投资者目前不是新三板投资的主体。

4.5 新三板企业估值概况

4.5.1 新三板企业估值方法

4.5.1.1 可比公司法

首先要挑选与非上市公司同行业可比或可参照的上市公司，以同类公司的股价与财务数据为依据，计算主要财务比率，然后用这些指标作为市场价格乘数来推断目标公司的价值，比如P/E（市盈率、价格/利润）、

P/S（价格/销售额）。

目前在国内的风险投资（VC）市场，P/E 是比较常见的估值方法。通常我们所说的上市公司市盈率有两种：历史市盈率（Trailing P/E），即当前市值/公司上一个财务年度的利润（或前 12 个月的利润）；预测市盈率（Forward P/E），即当前市值/公司当前财务年度的利润（或未来 12 个月的利润）。投资人是投资一家公司的未来，是对公司未来经营能力给出目前的价格，所以 P/E 估值表示为：

公司价值 = 预测市盈率 × 公司未来 12 个月利润

公司未来 12 个月的利润可以通过公司财务预测进行估算，那么估值的最大问题在于如何确定预测市盈率。

一般说来，预测市盈率是历史市盈率的一个折扣，比如纳斯达克某个行业的平均历史市盈率是 40，那预测市盈率大概是 30，对于同行业、同等规模的非上市公司，参考的预测市盈率需要再打个折扣，为15 ~ 20。对于同行业且规模较小的初创企业，参考的预测市盈率需要在继续打折扣，就成了 7 ~ 10 了。

这就是说，目前国内主流的外资风险投资是对企业估值的大致市盈率倍数。比如，如果某公司预测融资后下一年度的利润是 100 万美元，预测市盈率为 7 ~ 10，则公司的估值就是 700 万 ~ 1 000 万美元；如果投资人投资 200 万美元，公司出让的股份是 20% ~ 35%。对于有收入但是没有利润的公司来说，P/E 没有意义，比如很多初创公司很多年也不能实现正的预测利润，那么可以用 P/S 进行估值，大致方法跟 P/E 一样。

4.5.1.2 可比交易法

挑选与初创公司同行业、在估值前一段合适时期被投资、并购的公司，基于融资或并购交易的定价依据作为参考，从中获取有用的财务或非财务数据，求出一些相应的融资价格乘数，据此评估目标公司。

比如 A 公司刚刚获得融资，B 公司在业务领域跟 A 公司相同，经营规模（比如收入）比 A 公司大一倍，那么投资人对 B 公司的估值应该是

A 公司估值的一倍左右。比如分众传媒在分别并购框架传媒和聚众传媒的时候，一方面以分众的市场参数作为依据，另一方面框架的估值也可作为聚众估值的依据。

可比交易法不对市场价值进行分析，而只是统计同类公司融资并购价格的平均溢价水平，再用这个溢价水平计算出目标公司的价值。

4.5.1.3 现金流折现

这是一种较为成熟的估值方法，通过预测公司未来自由现金流、资本成本，对公司未来自由现金流进行贴现，公司价值即为未来现金流的现值（Pv）。计算公式如下（其中，CFn 是每年的预测自由现金流；r 是贴现率或资本成本）：

$$Pv = \sum CF_n / (1 + r)^n$$

贴现率是处理预测风险的最有效的方法，因为初创公司的预测现金流有很大的不确定性，其贴现率比成熟公司的贴现率要高得多。

寻求种子资金的初创公司的资本成本也许在 50% ~100% 之间，早期的创业公司的资本成本为 40% ~60%，晚期的创业公司的资本成本为 30% ~50%。对比起来，成熟的经营记录的公司，资本成本为 10% ~25% 之间。

这种方法比较适用于较为成熟、偏后期的私有公司或上市公司，比如凯雷收购徐工集团就是采用这种估值方法。

4.5.1.4 资产法

资产法是假设一个谨慎的投资者不会支付超过与目标公司同样效用的资产的收购成本。比如中海油竞购尤尼科是根据其石油储量对公司进行估值。

这个方法给出了最现实的数据，通常是以公司发展所支出的资金为基础。其不足之处在于假定价值等同于使用的资金，投资者没有考虑与公司运营相关的所有无形价值。另外，资产法没有考虑到未来预测经济收益的价值。所以，用资产法对公司估值，估值结果是最低的。

截至2015年10月19日，新三板挂牌公司达到3 721家，总股本为1 964亿股，总市值为1.58万亿元，分别比2014年年末增长了134%、195%和237%。

4.5.2 新三板企业估值的影响因素

估值体系基础框架分成两个部分：行业相对估值体系和个股估值调整体系。首先，通过行业相对估值体系确定行业相对估值区间，再通过个股估值调整体系确定具体公司的相对估值区间，最后根据新三板整体的最新估值结果得到具体公司的绝对估值区间。

行业相对估值体系的指导思想是以历史交易数据测算市场估值运行区间。首先计算新三板市场以及各行业历史市盈率、市净率运行中枢及标准差，并在此基础上计算各行业相对市盈率、相对市净率运行中枢及标准差，因相对指标能够反映市场本身的整体特征且变动区间相对平稳。

个股估值调整体系是通过公司的常规调整系数和特殊调整系数对公司所属行业的相对估值进行调整，从而得到公司估值。常规调整系数从增长性、盈利能力和杠杆三个维度出发，分别选取最具代表性的三个因子——收入增长率（YoY）、净资产收益率（ROE）和权益乘数（D/E）为度量指标。而特殊调整系数则从公司本身出发，根据公司的管理团队因素、公司治理因素、长期发展因素以及其他因素等综合考虑，给出一个主观评定。

估值体系设计之初提出了两条基础设计思路：一是基于新三板自身数据及规律；二是基于A股主板数据及规律向新三板映射。通过大量的实证研究表明暂不采用从主板映射新三板的设计思路。从定性方面来看，新三板市场与主板市场相对割裂；从定量方面来看，新三板市场估值水平相对稳定，而A股市场估值水平波动却较大，因此A股估值无法作为新三板估值的合理参照。当然，未来如果转板机制打通，新三板与A股联动性增强的话，会考虑加入A股映射因素。

4.5.3 新三板企业的估值现状及比较

截止到2015年10月31日，新三板市场共有挂牌企业3 957家，其中有成交的企业1 933家。在有成交量的企业当中，市值超过100亿元的有8家，最高的九鼎投资市值超过1 000亿元；而市值低于100万元的有6家，其中市值最低的只有18万元。在排名前20的企业当中，做市转让企业有6家，做市企业的总市值为1 430亿元；协议转让企业有14家，协议转让的企业总市值为1 840亿元。相关资料见表4－4。

表4－4 新三板企业市值排名前20位（截止到2015年10月31日）

排名	证券简称	总市值（万元）	转让方式
1	九鼎投资	10 246 500.37	做市
2	硅谷天堂	4 432 140.00	协议
3	中科招商	3 114 992.20	协议
4	新产业	1 296 400.00	协议
5	长油5	1 245 803.21	协议
6	天地壹号	1 212 370.00	协议
7	同创伟业	1 136 841.99	协议
8	信中利	1 085 533.66	做市
9	东海证券	948 560.00	协议
10	益盟股份	863 187.50	做市
11	齐鲁银行	852 225.00	协议
12	创智5	815 190.88	协议
13	恒神股份	799 500.00	做市
14	达仁资管	725 814.18	协议
15	成大生物	721 440.00	协议
16	联讯证券	715 893.97	做市

续表

排名	证券简称	总市值（万元）	转让方式
17	垦丰种业	648 765.00	协议
18	参仙源	622 480.00	协议
19	科安达	619 000.00	协议
20	华图教育	607 989.00	做市

数据来源：Wind 资讯。

截止到 2015 年 10 月 31 日，新三板市场有成交量的企业总市值达到 12 158 亿元，其中做市企业的总市值为 6 053 亿元，协议转让企业的总市值为 5 379 亿元；做市转让企业前 20 名的总市值为 1 852 亿元，协议转让企业前 20 名总市值为 1 953 亿元。

总体来看，做市企业的总市值和平均市值都超过协议转让的企业，但总市值排名靠前的企业更倾向于协议转让而不是做市转让。这与做市交易的制度有关，企业股票做市转让会受到更多限制。如中科招商。此前中科招商曾计划做市，但由于公司股东人数累计已超过 200 人，经公司 2014 年年度股东大会审议通过的做市商定向发行需报中国证券监督管理委员会核准，而股东大会审议通过后，公司 35.1 亿元发行尚未完成备案和新增股份登记工作，所以，针对此次做市商定向发行的申请核准工作未按预期实施。

资本运作篇

资本是企业的“血液”，是企业的经营之本、发展之梯，一家成功的企业必须深谙于资本运作的奥秘。资本运作与其说是一门综合科学，不如说是一种经营艺术，包罗万象，不拘一格。成功的资本运作，可以使濒临倒闭的企业起死回生；失败的资本运作，甚至可以导致资产上亿元的企业走向凋敝。何为资本运作？新三板企业资本运作主要有哪些形式？各有什么特点？

资本运作又称资本经营，是指企业通过上市、融资、企业兼并、债务重组和管理层收购等，实现企业价值增值、效益增长。简而言之，资本运作就是利用资本市场，通过买卖企业及资产，实现企业资本以小变大、以无生有的诀窍和手段。让企业资金在不停的流动中实现增值是企业资本运作的根本目的。资本运作的内容，是决定企业资金规模和生产经营规模的基本因素。经营企业是为获取利润，而利润的取得需要通过成功的资本运作才能实现。因此，一家成功的企业必定深谙于资本运作的奥秘。资本运作的形式多种多样，企业需要根据企业内部和外部环境的变化，在适当的时机选择适合本企业的资本运作方式（见表1）。

表1　　　　企业资本运作的主要方式

与企业整体整合有关	兼并、收购、重组、分立、托管、战略联盟
与资产整合有关	剥离、置换、出售、转让、资产证券化
与股权有关	发行股票、债券、配股、增发、送股、回购
与资本融合有关	私募股权投资（Private Equity，PE）、风险投资（Venture Capital，VC）、融资租赁
与经营活动有关	建设—经营—转让（Build-Operate-Transfer，BOT）、建设—转让（Build-Transfer，BT）、特许经营

在众多的资本运作的形式中，新三板企业资本运作出现最为频繁的当属股权激励、并购重组以及定向增发这三种资本运作方式（见图1）。

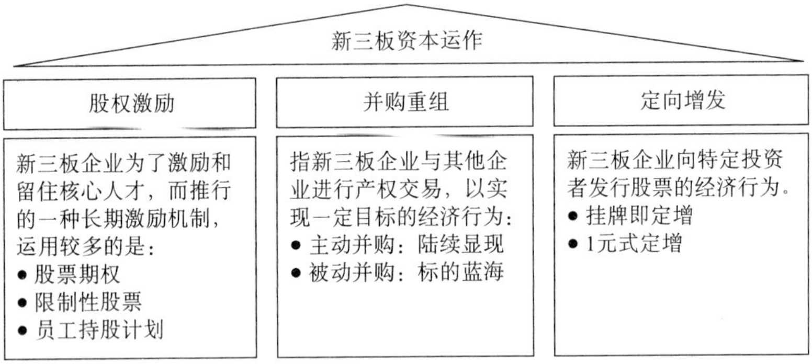

图 1　新三板资本运作模式图

5

新三板企业资本运作：定向增发

新三板定增，又称新三板定向发行，是指申请挂牌公司、挂牌公司向特定对象发行股票的行为。新三板定位于为成长性、创新性中小企业提供股份转让和定向融资服务。对挂牌企业而言，新三板定增具备小额融资豁免、定增储架发行、定增价格定价灵活、定增股份无限售期要求、定增对象灵活等优势。

新三板定向增发作为挂牌企业最常用的融资手段，当前已成为当之无愧的“香饽饽”。2015 年 1 ~ 10 月新三板定增实施次数飞速增长，近年底受市场影响逐步下降。

然而，由于二级市场始终无法取得量价突破，一批新三板定增股票处于“破发”的尴尬境地。原因可能来源于以下几方面：第一，一级市场定增过火挤占了大量新三板资金，且更多企业采用挂牌即定增方式，令机构投资者观望情绪浓厚；第二，定增完以后无锁定期，进一步导致二级市场抛压严重。新三板一级市场吸金过度可能导致二级市场进一步“失血”，加大定增破发风险，增大风险，陷入恶性循环。新三板降温主要与市场预期随着监管趋严、估值激升及新红利期望落空等因素有所调整有关。新三板定增破发频现，震荡期破局仍需政策红利。

5.1 定向增发的融资优势

5.1.1 新三板定增的相关规定

5.1.1.1 挂牌的同时可以进行定向发行

《全国中小企业股份转让系统业务规则（试行》（简称《业务规则》）4.3.5：“申请挂牌公司申请股票在全国股份转让系统挂牌的同时定向发行的，应在公开转让说明书中披露。”该条明确了企业在新三板挂牌的同时可以进行定向融资，允许挂牌企业在挂牌时进行定向股权融资，凸显了新三板的融资功能，缩小了与主板、创业板融资功能的差距；同时，由于增加了挂牌时的股份供给，可以解决未来做市商库存股份来源问题。另外，挂牌的同时可以进行定向发行并不是一个强制要求，拟挂牌企业可以根据自身对资金的需求来决定是否进行股权融资，避免了股份大比例稀释的情况出现。

与企业仅挂牌不同时定向发行相比，同时增发的企业需在公开转让说明书中披露以下内容：(1) 在公开转让说明书第一节基本情况中披露拟发行股数、发行对象或范围、发行价格或区间、预计募集资金金额，同时，按照全国股份转让系统公司有定向发行信息披露要求，在公开转让说明书"公司财务"后增加"定向发行"章节，披露相关信息。(2) 在公开转让说明书中增加一节"定向发行"。主办券商应如实披露本次发行股票的数量、价格、对象以及发行前后企业相关情况的对比。

5.1.1.2 储架发行

储架发行是指一次核准、多次发行的再融资制度。该制度主要适用于定向增资需要经中国证监会核准的情形，可以减少行政审批次数，提高融资效率，赋予挂牌公司更大的自主发行融资权利。

《非上市公众公司监督管理办法》第41条规定，公司申请定向发行股票，可申请一次核准，分期发行。自中国证监会予以核准之日起，公司应当在3个月内首期发行，剩余数量应当在12个月内发行完毕。超过核准文件限定的有效期未发行的，需重新经中国证监会核准后方可发行，首期发行数量应当不少于总发行数量的50%，剩余各期发行的数量由公司自行确定，每期发行后5个工作日内将发行情况报中国证监会备案。

储架发行制度可在一次核准的情况下为挂牌公司一年内的融资留出空间。如：挂牌公司在与投资者商定好500万元增资额度时，可申请1 000万元的发行额度。先完成500万元的发行，后续500万元的额度可与投资者根据实际经营情况再行商议发行或者不发行，并可重新商议增发价格。该制度除了能为挂牌公司节约大量的时间和成本外，还可以避免挂牌公司一次融资额度过大，造成股权过度稀释或资金使用效率低下。

5.1.1.3 小额融资豁免

《非上市公众公司监督管理办法》第42条规定："公众公司向特定对象发行股票后股东累计不超过200人的，或者公众公司在12个月内发行股票累计融资额低于公司净资产的20%的，豁免向中国证监会申请核准，但发行对象应当符合本办法第36条的规定，并在每次发行后5个工作日内将发行情况报中国证监会备案。”由此可见，挂牌公司必须在上述两个条件均突破时，才需要向中国证监会申请核准。

在豁免申请核准的情形下，挂牌公司先发行再备案。一般流程为：参与认购的投资者缴款、验资后两个工作日内，挂牌公司向系统公司报送申请备案材料；系统公司进行形式审查，并出具《股份登记函》；挂牌公司《股份登记函》（涉及非现金资产认购发行股票的情形，挂牌公司还应当提供资产转移手续完成的相关证明文件）在中国证券登记结算有限责任公司办理股份登记后，次一个转让日，发布公告；挂牌公司将股份登记证明文件及此前提交的其他备案材料一并交由中国证监会整理归档；新增股份进入股份转让系统公开转让。

目前，绝大多数新三板挂牌公司的股东人数离200人还有较大差距，这些公司在突破200人之前的所有定向增发都不需要向中国证监会申请核准，只需在定向发行完后，及时备案即可。即使因为定向增发导致股东人数超过200人，也仅在同时触发“12个月内发行股票累计融资额超过挂牌公司净资产的20%”的条件时，才需要向中国证监会申请核准。这种便捷的发行通道让挂牌公司基本可以实现定向融资的“随时用随时发”。

5.1.1.4 定向增资无限售期要求

最新的业务规则不再对新三板增资后的新增股份限售期进行规定，除非定向增发对象自愿做出关于股份限售方面的特别约定，否则，定向增发的股票无限售要求，股东可随时转让。无限售期要求的股东不包括公司的董事、监事、高级管理人员所持新增股份，其所持新增股份应按照《公司法》第142条的规定进行限售：公司董事、监事、高级管理人员应当向公司申报所持有的本公司的股份及其变动情况，在任职期间每年转让的股份不得超过其所持有本公司股份总数的25%；所持本公司股份子公司股票上市交易之日起一年内不得转让。上述人员离职后半年内，不得转让其所持有的本公司股份。

5.1.1.5 定向增发对象

《非上市公众公司监督管理办法》第36条规定："本办法所称定向发行包括向特定对象发行股票导致股东累计超过200人，以及股东人数超过200人的公众公司向特定对象发行股票的两种情形。前款所称特定对象的范围包括下列机构或者自然人：（1）公司股东；（2）公司的董事、监事、高级管理人员、核心员工；（3）符合投资者适当性管理规定的自然人投资者、法人投资者及其他经济组织。公司确定发行对象时，符合本条第2款第2项、第3项规定的投资者合计不得超过35人。"

核心工作的认定，应当由公司董事会提名，并向全体员工公示和征求意见，由监事会发表意见后经股东大会审议批准。这一规定调整了发行对象范围和人数限制。首先，公司在册股东参与定向发行的认购时，不占用35名认购投资者的名额，相当于扩大了认购对象；其次，将董事、监事、高级管理人员、核心员工单独列示为一类特定对象，暗含着鼓励挂牌公司的董事、监事、高级核心人员持股，将董事、监事、高级核心人员的利益和股东利益绑定，降低道德风险；再次，将核心员工纳入定向增资的人员范围，明确了核心员工的认定方法，使得原本可能不符合投资者适当性管理规定的核心员工也有了成为公司股东的渠道和方法，且增资价格协商确定，有利于企业灵活进行股权激励，形成完善的公司治理机制和稳定的核心业务团队。

在此必须提请注意的是，在新三板的定向增资中，要求给予在册股东30%以上的优先认购权，但在册股东可放弃该优先认购权。

合格投资者认定方面，包括了机构投资者、金融产品和自然人投资者。

机构投资者：注册资本500万元以上的法人机构；实缴出资总额500万元以上的合伙企业。

金融产品：证券投资基金、集合信托计划、证券公司资产管理计划、保险资金、银行理财产品，以及由金融机构或监管部门认可的其他机构管理的金融产品或资产。

自然人投资者：投资者本人名下前一交易日日终证券资产市值500万元以上，证券资产包括客户交易结算资金、股票、基金、债券、券商集合理财产品等；且具有两年以上证券投资经验，或具有会计、金融、投资、财经等相关专业背景或培训经历。

5.1.1.6 出资真实性

发行对象用非现金资产认购发行股票的，还应当说明交易对手是否为关联方、标的资产审计情况或资产评估情况、董事会关于资产定价合理性的讨论与分析等。非现金资产应当经过具有证券、期货相关业务资格的会计师事务所、资产评估机构审计或评估。非现金资产若为股权资产，应当提供会计师事务所出具的标的资产最近一年一期的审计报告，审计截止日距审议该交易事项的股东大会召开日不得超过6个月；非现金资产若为股权以外的其他非现金资产，应当提供资产评估事务所出具的评估报告，评估基准日距审议该交易事项的股东大会召开日不得超过1年。资产交易价格以经审计的账面价值为依据的，挂牌公司董事会应当结合相关资产的盈利能力说明定价的公允性。资产交易根据资产评估结果定价的，在评估机构出具资产评估报告后，挂牌公司董事会应当对评估机构的独立性、评估假设前提和评估结论的合理性、评估方法的适用性、主要参数的合理性、未来收益预测的谨慎性等问题发表意见。

新三板定增发行的基本特点见表5-1。

表5-1　　新三板定增发行的基本特点

发行审核	• 豁免核准情形：挂牌公司向特定对象发行股票且发行后股票持有人累计不超过200人的，中国证监会豁免核准，股票发行后向全国股份转让系统公司履行备案程序。 • 需要核准情形：挂牌公司向特定对象发行股票导致股东累计超过200人以及股东人数超过200人的公众公司向特定对象发行股票两种情形，须经中国证监会核准后方可发行股票。

续表

发行对象	• 公司股东。挂牌公司股票发行以现金认购的，现有股东在同等条件下对发行的股票有权优先认购。 • 公司的董事、监事、高级管理人员、核心员工。核心员工的认定应当由公司董事会提名并向全体员工公示和征求意见，由监事会发表明确意见后经股东大会审议批准。 • 符合投资者适当性管理规定的自然人投资者、法人投资者及其他经济组织。
储架发行	• 股票公司申请定向发行股票，可申请一次核准，分期发行。自中国证监会予以核准之日起，公司应当在3个月内首期发行，剩余数量应当在12个月内发行完毕。 • 超过核准文件限定的有效期未发行的，须重新经中国证监会核准后方可发行。首期发行数量应当不少于总发行数量的50%，剩余各期发行的数量由公司自行确定，每期发行后5个工作日内将发行情况报中国证监会备案。
发行对象、发行价格的确定方式	• 挂牌公司董事会确定具体发行对象的，应当与相关发行对象签订附生效条件的股票认购合同。 • 挂牌公司董事会未确定具体发行对象的，挂牌公司及主办券商可以向潜在投资者询价。主板券商按照价格优先的原则并考虑认购数量或其他因素，与挂牌公司协商确定发行对象、发行价格和发行股数。

5.1.2 新三板定向增发的优点

5.1.2.1 与主板的区别

（1）适用法规不同。主板定向增发适用《上市公司证券发行管理办法》、《上市公司非公开发行股票实施细则》、《中国证监会发行监管部再融资审核工作流程》；新三板定向增发适用《非上市公众公司监督管理办法》。

（2）定义不同。主板定向增发是指上市公司向符合条件的少数特定投资者非公开发行股票的行为。新三板定向增发，又称新三板定向发行，是指申请挂牌公司、挂牌公司向特定对象发行股票的行为，其作为新三板股权融资的主要功能，对解决新三板挂牌企业发展过程中的资金瓶颈发挥了极为重要的作用。

（3）中国证监会核准流程不同。主板定向增发经公司董事会、股东会批准经中国证监会核准后实施。审核工作流程分为受理、反馈会、初审会、发审会、封卷、核准发行等环节。新三板定向增发应当按照中国证监会有关规定制作定向发行的申请文件，申请文件应当包括但不限于：定向发行说明书、律师事务所出具的法律意见书、具有证券期货相关业务资格的会计师事务所出具的审计报告、证券公司出具的推荐文件。公司持申请文件向中国证监会申请核准。中国证监会受理申请文件后，依法对公司治理和信息披露以及发行对象情况进行审核，在 20 个工作日内作出核准、中止审核、终止审核、不予核准的决定。

（4）定向发行制度不同。

- 新三板挂牌的同时可以进行定向发行。《业务规则》4.3.5："申请挂牌公司申请股票在全国股份转让系统挂牌的同时定向发行的，应在公开转让说明书中披露。"该条明确了企业在新三板挂牌的同时可以进行定向融资。

- 新三板定增储架发行。《非上市公众公司监督管理办法》第 41 条规定："公司申请定向发行股票，可申请一次核准，分期发行。自中国证监会予以核准之日起，公司应当在 3 个月内首期发行，剩余数量应当在 12 个月内发行完毕。超过核准文件限定的有效期未发行的，需重新经中国证监会核准后方可发行，首期发行数量应当不少于总发行数量的 50%，剩余各期发行的数量由公司自行确定，每期发行后 5 个工作日内将发行情况报中国证监会备案。"该制度可以减少行政审批次数，提高融资效率，赋予挂牌公司更大的自主发行融资权利。

- 新三板定增小额融资豁免。《非上市公众公司监督管理办法》第 42 条规定："公众公司向特定对象发行股票后股东累计不超过 200 人的，豁免向中国证监会申请核准。"

- 定向增资无限售期要求。主板定向增发发行股份 12 个月内（控股股东、拥有实际控制、战略投资者36个月内）不得转让。新三板定增无限售期进行规定，除非定向增发对象自愿做出关于股份限售方面的特别约定；否则，定向增发的股票无限售要求，股东可随时转让。

- 定向增发对象。主板定增对象不超过10人，增发对象为法人、自然人或者其他合法投资组织。新三板人数不得超过35人，增发对象为公司股东、公司的董事、监事、高级管理人员、核心员工，符合投资者适当性管理规定的自然人和法人。

- 定向增发股份定价。主板定向增发股价不得低于定价基准日前20个交易日均价的90%。新三板定增定价依据：定价为参考公司所处行业、成长性、每股净资产、市盈率等因素，并与投资者沟通后确定。

5.1.2.2 新三板定向发行的特点

根据前述与主板的区别，可以总结出新三板企业定向增发有以下五个特点：

（1）企业可以在挂牌前、挂牌时、挂牌后定向发行融资，发行后再备案；

（2）企业符合豁免条件则可进行定向发行，无须审核；

（3）新三板定增属于非公开发行，针对特定投资者，不超过35人；

（4）投资者可以与企业协商谈判确定发行价格；

（5）定向发行新增的股份不设立锁定期。

新三板定增优势见表5-2。

表5-2　新三板定增的优势

制度宗旨	小额、快速、按需融资
发行条件	不设财务指标 新增发行对象不超过35名投资者
限售安排	新增股份不强制限售
发行间隔	每次发行之间没有强制时间间隔
信息披露	不强制披露募集资金用途、盈利预测等信息
发行定价	市场化定价，可以与特定对象协商谈判，也可以进行询价

5.2 定向增发的制度和流程

5.2.1 新三板定增流程

（1）确定发行对象，签订认购协议；
（2）董事会就定增方案作出决议，提交股东大会通过；
（3）中国证监会审核并核准；
（4）储架发行，发行后向中国证监会备案；
（5）披露发行情况报告书。

发行后股东不超过200人或者一年内股票融资总额低于净资产20%的企业可豁免向中国证监会申请核准。新三板定增由于属于非公开发行，企业一般要在找到投资者后方可公告，因此投资信息相对封闭。

5.2.2 企业定增时需要注意的问题

（1）新三板主办券商的参与度还不高，需要提前做好中介机构方面的准备。已取得推荐业务资格的有77家券商，仅有28家券商推荐过定向发行。

（2）应该让老股东优先认购。一方面，保持价格的合理性，不至于损害老股东利益；另一方面，如果老股东不认购，一定要签署放弃优先认购权的声明。

（3）考虑好定价问题。如果认购价格与市场价格、市盈率差异过大，这些挂牌公司则需要考虑定价机制问题。

（4）注意核心员工股权认定的程序，一定要按规定程序走，以免出现问题。

5.2.3 董事会对定增进行决议，发行方案公告

公告主要内容：
（1）发行目的；
（2）发行对象范围及现有股东的优先认购安排；
（3）发行价格及定价方法；
（4）发行股份数量；
（5）公司除息除权、分红派息及转增股本情况；
（6）本次股票发行限售安排及自愿锁定承诺；
（7）募集资金用途；
（8）本次股票发行前滚存未分配利润的处置方案；
（9）本次股票发行前拟提交股东大会批准和授权的相关事项。

5.2.4 召开股东大会，公告会议决议

内容与董事会会议基本一致。

5.2.5 发行期开始，公告股票发行认购程序

公告主要内容：
（1）普通投资者认购及配售原则；
（2）外部投资者认购程序；
（3）认购的时间和资金到账要求。

5.2.6 股票发行完成后，公告股票发行情况报告

公告主要内容：

(1) 本次发行股票的数量；

(2) 发行价格及定价依据；

(3) 现有股东优先认购安排；

(4) 发行对象情况。

5.2.7 定增并挂牌并发布公开转让的公告

公告主要内容：本公司此次发行股票完成股份登记工作，在全国中小企业股份转让系统挂牌并公开转让。

5.3 参与定增的投资者及定价方式

5.3.1 定增对象以机构投资者为主

5.3.1.1 新三板定增的发行对象（见表5-3）

5.3.1.2 参与新三板定增的动机

目前协议转让方式下，新三板市场整体交易量稀少，投资者很难获得买入的机会。定向发行是未来新三板企业股票融资的主要方式，投资者通

表 5-3　　新三板投资者适当性管理

机构投资者	自然人投资者
• 注册资本500万元以上的法人机构。 • 实缴出资总额500万元以上的合伙企业。 • 集合信托计划、证券投资基金、银行理财产品、证券公司资产管理计划，以及由金融机构或者相关监管部门认可的其他机构管理的金融产品或资产，可以申请参与挂牌公司股票公开转让。	• 同时符合以下条件的自然人投资者可以申请参与挂牌公司股票公开转让：（1）投资者本人名下前一交易日日终证券类资产市值500万元以上；（2）具有2年以上证券投资经验，或具有会计、金融、投资、财经等相关专业背景或培训经历。 • 公司挂牌前的股东、通过定向发行持有公司股份的股东等，如不符合参与挂牌公司股票公开转让条件，只能买卖其持有或曾持有的挂牌公司股票。

过参与新三板企业定向增发，提前获取筹码，享受将来流动性迅速放开带来的溢价；新三板定向发行融资规模相对较小，规定定向增发对象人数不超过35人，因此单笔投资金额最少只需十几万元即可参与；新三板定向发行不设锁定期，定增股票上市后可直接交易，避免了锁定风险；新三板定向发行价格可协商谈判来确定，避免买入价格过高的风险。

5.3.1.3　目前市场参与定增的投资者结构

从定增发行对象来看，投资者参与构成结构中机构投资者成为新三板定增的主力军，机构投资者占比达61.77%（见图5-2）。

机构投资者为何成为新三板定增的主力军？原因主要有三个：

（1）新三板企业发展多处于早期，机构投资者大部分投资一级市场。

（2）信息优势，机构投资者的信息获取渠道更宽。

（3）源于新三板市场的定位本身，即机构为主的市场。个人投资门槛是在金融资产500万元以上，个人参与新三板的定增要求非常高。但机构投资者不一样，机构投资者有专业团队，可以跟踪企业成长，因此更有可能和动力参与定增。

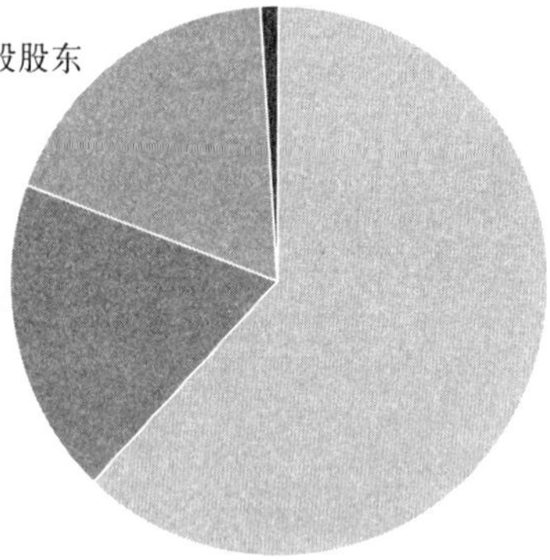

图 5-2 参与定增的投资者结构

5.3.2 定增定价的依据

股票向特定对象转让应当以非公开方式协议转让，新三板定增价格由公司与投资者沟通确定就成为必然。因此，增资价对应市盈率的高低可显示出资金的吹捧程度。绝大部分方案披露了定价依据，几乎所有的公司都披露：定价为参考公司所处行业、成长性、每股净资产、市盈率等因素，并与投资者沟通后确定。部分挂牌公司明确以每股净资产作为定向发行价格的共同点是主要仅针对原股东、高管人员与核心人员进行定向发行，几乎没有外部投资者参与。而有些企业却发出了几百元的天价定向增发。

案例 1

天价定增

事件回顾

2015 年 9 月 28 日，挂牌新三板不足一周的北京联创永宣投资管理股份有限公司（简称“联创永宣”）披露公司第一次股票发行方案，计划以不超过350元/股的价格、通过定向增发募集不超过14亿元的资金。作为新三板的首家创投机构，公司挂牌新三板，有助于扩充融资渠道和转型发展的资本平台。创业投资、私募股权投资似乎都找到了做大规模的法宝。和九鼎投资、中科招商动辄百亿元的融资相比，联创永宣的定增规模有些寒酸，此前的硅谷天堂也公布了67.5亿元的融资计划。但联创永宣每股350元的定增价格令人咋舌。2015年以来，新三板每月的定增融资大致在80亿元，创投、私募股权基金公司已经成为新三板市场的融资主力军。

公司特色——专注早期投资

作为一家创业投资机构，联创永宣成立于2011年，目前总股本1 500万股。截至2015年5月31日，联创永宣累计投资项目91个，累计投资金额21.78亿元，其中5个项目已经退出，在管项目86个，投资行业主要集中在科技、媒体和通信（TMT），节能环保，健康医疗，稀缺资源等。其中，科技、媒体和通信行业57个，占比62.64%。与此前登陆新三板的投资机构更多专注于成长期和成熟期未上市企业相比，联创永宣侧重投资早期项目的投资。联创永宣核心团队来自于永宣创投等中国最早一批的创业投资机构，投资团队的中坚力量有“BAT”、上市公司、投资银行、证券公司、四大会计师事务所等。上述团队的结合带来了项目源的更广泛覆盖及项目判断的交叉性视角。据了解，该机构的项目筛选思路为：通过多重渠道对重点行业进行深度挖掘，以“狙击手”的精准稳健进行项目投资，培养行业龙头企业。

目前，联创永宣在科技、媒体和通信行业的投资占所投项目资金的六成还多，已布局互联网金融、O2O、电商、机器人高端制造业等领域，代表企业包括铜板街、春水堂、暴走漫画、派宝机器人等。在联创永宣投资的128个项目中，123个项目在管中多数是天使轮和A轮投资。根据联创永宣股权转让说明书披露的数据，联创永宣2013年净利润1 555.02万元，2014年净利润为1 742.55万元，增长率为12.05%；已退出的5个项目的内部收益率为30.81%，甚至高于行业内的中科招商，与九鼎投资基本持平。

定增目的

在联创永宣的“第一次股票发行方案”中，公司没有披露确定具体的发行对象。资金用途方面，公司表示募集资金将主要用于补充公司运营资金，扩大业务规模，提升公司市场竞争力和抗风险能力。在增发价格方面，350元/股的超高定价，成为新三板历史上第三高价的定向增发项目。资料显示，2015年以来所有定增项目，增发价格排名第二的同创伟业也只有166.25元/股，不到联创永宣增发价格的一半。联创永宣高定价的背后，与公司本身股本较少有着一定关系。刚刚挂牌的联创永宣总股本为1 500万股，公司计划在这次定增后通过资本公积转增股本。相信类似九鼎投资和同创伟业10转赠90的高转送方案不久也会出现在联创永宣身上。

联创永宣此次增发的总股本为400万股，占现有总股本的26.67%，公司披露将优先安排在册的3名股东认购。此外，联创永宣也计划引入部分外部投资人，但不超过35名。在《公开转让说明书》中联创永宣披露：在完成本次定增后，公司的原有股东比例肯定会被稀释，但是总资产和净资产规模的扩大有利于公司盈利能力的提升，新股东的加入也有利于公司股权结构的优化。但是，无论在册股东有没有认购，联创永宣的实际控制人依然是管理合伙人艾迪。艾迪表示，新三板是长期的价值场地，而不是短期的股票交易板块，公司希望借助新三板的资本平台力量，在未来形成更加强大的投资能力和资源整合能力，从而更好地帮助创业者走向成功，也为投资人争取最大收益。挂牌以后公司仍然会用创业投资的标准去做项目投资，同时打通一级市场和二级市场，向被投企业提供持续的支持，帮助其打通整个资本路径。

案例2

新三板公司"1元"式定增潮涌

据不完全统计，2015年以来，新三板市场已有差旅天下、安威士、天加新材、百特莱德、宝特龙、立高科技、奥美格、电通微电、中兵环保9家公司公布的定增价格为1元/股。值得注意的是，虽然这些公司都没有做市交易，但部分公司已有协议转让成交记录，比如差旅天下曾经有过18.56元/股的成交价，天加新材、宝特龙也有过成交，照此测算，这些公司的定增股价"折价率"十分惊人。

新三板市场最早公布"1元/股"增发且成功实施的公司为优炫软件。该公司2013年12月公布了新三板市场第一份“1元增发”案例，主要从事网络安全软件业务。2014年，由于网络安全产业兴起，公司增发的参与者收获颇丰。2014年年底，优炫软件开始做市交易，目前其股票价格为11.73元/股。

截至目前，新三板市场以1元/股的价格进行定增的公司接近30家，且2014年下半年以来，这样的案例陡然增加。仔细分析这些案例可以发现，持股集中是这些公司的一大特点。由于几乎没有“外部投资者”，增发参与者以公司“内部人”为主。

案例3

中兵环保公告显示，公司拟发行股票不超过2 000万股，募集资金不超过2 000万元，其中自然人姚某和金某各认购750万股，某有限合伙企业认购500万股。资料显示，姚某和金某就是中兵环保的董事长和董事。业内人士认为，认购500万股的某有限合伙企业是“通道”的可能性较大，背后的持股方可能是公司利益相关方。

案例所列举的定价方式显然不够市场化，由于这些公司的股东通常是“内部人”，象征性认购价格意味着一种激励，同时摊薄的权益也是属于“内部人”。新三板公司的增发融资定价，并不依据《再融资管理办法》规定的“发行价格不低于定价基准日前二十个交易日公司股票均价的百分之九十”，原则上只要股东大会通过即可。而新三板公司股东数量很少，且基本都是团队持股，程序上容易达成默契。

值得注意的是，“没有哪家企业在开始做市交易后公布这种定增预案”，做市交易后引入了外部股东，公司发布这种方案，在股东大会上也很难通过。如果定增公司每股净资产低于1元，那么这个定增价格没有问题；如果公司每股净资产高于1元，公司需要向全国中小企业股份转让系统有限公司就定价解释原因。

5.4 新三板定向增发市场分析

5.4.1 2015年定增企业数量和融资规模飞速增长

2015年上半年新三板的火爆不仅体现在行情和交易上，挂牌企业的定向增发也如火如荼（见图5-3）。定向增发作为新三板最常用的融资手段，已成为当之无愧的“香饽饽”。

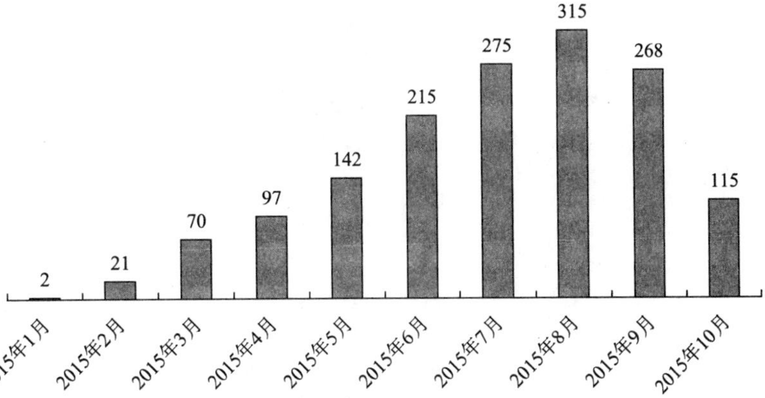

图5-3 2015年以来定向增发企业数量走势图（单位：家）

数据显示，2014年全年发布定增预案518次，实际募资总额达209.66亿元，同比增长近12.5倍。2015年截至10月中旬已经发布1 520次定增预案，融资总额达650.62亿元，超过2014年全年总融资额度的3倍。中科招商以一份50亿元的定增方案刷新了九鼎投资创下的35.3亿元融资记录，联创永宣以350元/股的天价发行价格也刷新新三板发行新高。中科招商和联创永宣的火爆定增仅仅只是新三板定增市场火热的一个缩影。

从定向增发的发行规模来看，以实际募集到资金的976家为样本，绝大部分定向增发规模都在2 000万元以下（见图5-4）。融资规模500万元以下的小规模定增数量为236家，占总数的24%；融资规模500万~1 000万元的定增数量为297家，占总数的30%；融资规模1 000万~1 500万元的定增数量为214家，占总数的22%；融资规模1 500万~2 000万元的定增数量为165家，占总数的17%；融资规模在2 000万元以上的定增数量为64家，占总数的7%。从定向增发的发行价格来看，绝对部分集中在10元以下，占定向增发家数的80%（见图5-5）。

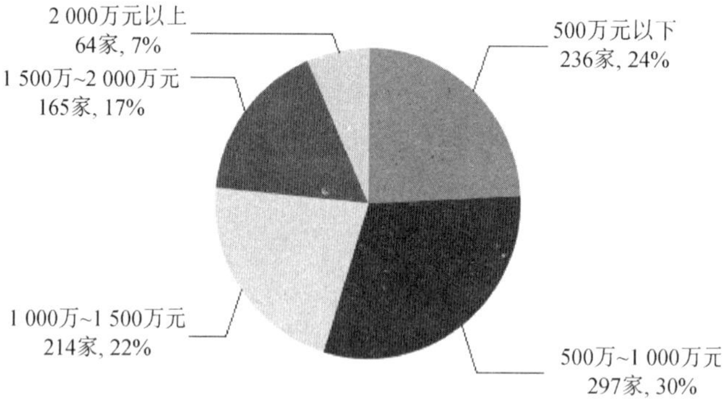

图5-4　融资规模

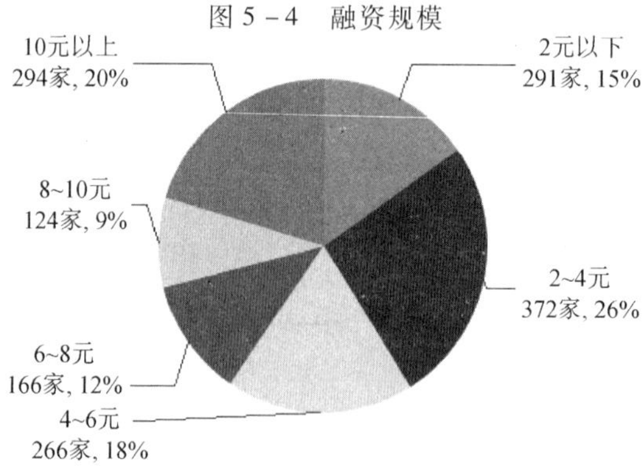

图5-5　定增的发行价格

5.4.2 百家企业“挂牌即定增”

主板市场首次公开募股“上市即融资”的便利性，在新三板市场中也得到了充分展现。越来越多的新三板企业正在采用“挂牌即定增”的融资模式，最大限度地挖掘资本市场的融资功能。该方式能成功启动，充分说明投资者对新三板公司前景看好，也表明新三板投资热度大。“挂牌即定增”模式在业内被称为“小首次公开募股”。随着挂牌企业数量增多，以及未来对于转板制度的预期增强，出于融资和提高股权分散程度等方面要求，会有新三板企业加入“挂牌即定增”大军。

5.4.3 机构投资者定增主力军

从定增发行对象来看，机构投资者成为新三板定增的主力军。

5.4.4 定增冷热不均

2015 年第三季度以来，新三板企业定增公告的数量较此前两个季度有所下降；相反，企业定增延期认购和股票终止发行的公告在增加。据不完全统计，2015 年 7 月以来，122 家企业发布公告称公司定增延期认购，12 家终止股票发行。在延期认购的企业名单中，不乏市场中的一些明星企业，例如先临三维、仟亿达和威力恒等。

仟亿达在公告中称，因投资者未在《股票发行认购公告》规定的缴款截止日前将全部认购资金存入指定账户，经与投资者沟通，公司现对《股票发行认购公告》中缴款截止日期进行延期。诺文科技更是在两个月内多次延期认购，将原本应在 7 月 22 日完成认购的时间顺延至随后的 7 月 31 日、8 月 7 日、8 月 14 日和 9 月 16 日。与诺文科技情况相似的还有塞尔瑟斯，该公司也在 1 个月内连发三次延期认购公告，将认购时间向后延迟。有些公司多次延期之后仍无法完成定增。吉瑞祥、金马科技和柯立沃特等公司因此终止了计划的定增。2015 年 6 月 17 日吉瑞祥发布股票发行方案，以 1.5 元/股的价格定向发行股票不超过 2 474 万股，募集资金不超过 3 711 万元。不过，因投资者未在规定的缴款截止日前将全部认购资金存入指定账户，公司随后将认购时间延期了 3 次，但最终未逃过终止股票发行的命运。

随着定增市场愈发冷却，部分公司甚至直接终止定增。2015 年 7 月 23 日，苍源种植抛出股票发行方案，以 10 元/股的价格定增 1.5 亿元；时隔不到两个月，公司于 9 月 2 日发布公告表示，投资者受目前市场环境的影响，决定暂时不认购公司此次定向增发的股份，决定终止此次股票发行。海明威和益通股份亦遭遇了上述情况。数据显示，从定增完成情况来看，2015 年 9 月完成定增的新三板公司数量总计 287 家，募资金额总计 496.11 亿元，环比下跌 25.96%。

此外，截至 2015 年 9 月 30 日，新三板挂牌企业已达 3 585 家，远远超过沪、深两市 2 800 家上市公司总和，成为中国挂牌企业数量最大的基础性证券市场。截至 2015 年 8 月 31 日，已与券商签约、正在改制、完成股改、通过券商内核的拟挂牌企业还有 6 000 家左右。投资中国研究院指出，与挂牌企业数量高速增长不匹配的是，新三板市场流动性较低，将面临泡沫、流动性危机和长期投资考验三大挑战。2015 年 4 月中旬以来，随着二级市场大幅调整，新三板在流动性遇到瓶颈后，其融资功能也遇到挑战。

5.4.5 现阶段定增价格企业与机构预期分歧大

新三板交投一直处于低迷，挂牌企业的数量却不断增加，在这种僧多粥少的局面下，企业的融资环境变得很艰难。此前谈好定增的机构，在冰冷的市场环境下迅速翻脸，停止认购，这让企业的处境很尴尬。在延期这段时间，公司只能另寻投资者。另外一家正在筹备股票发行方案的企业高层表示，此前公司欲以 18 元/股的价格发行股票，近期在与投资者交流后，已经将发行价格下调至12元/股，但与理想的募集金额仍然有较大距离。

投资方也有自己的看法。“明明用三四千万元就能搞定的事情，一些企业却狮子大开口募集七八千万元，随着投资者的心态日益趋于理性，这种定增必定难发。”新三板这些企业其实可以通过降低价格完成再融资，但可能因为不接受估值下降而选择终止发行。新三板公司的企业家应该调整心态，不应将A股公司作为自身估值的对标，毕竟新三板的流动性与主板、创业板无法比拟。

对于市场调整对新三板融资功能的影响，全国股转公司副总经理、新闻发言人隋强此前称，这既有全国股转系统作为初创市场发育不成熟带来的制度效应未充分发挥的原因，也反映出市场快速发展的同时还存在着结构性失衡，市场创新和制度完善进度与市场预期还存在差距。

案例4

定增王之争

中科招商投资管理集团股份有限公司（简称“中科招商”，证券代码832168）于2015年3月27日在全国中小企业股转系统发布公告称，拟对不超过35名特定投资人定向增发股份不超过2.8亿股，募集资金不超过50.4亿元，发行价格为每股18元。本次发行的股票无限售安排，也无自愿锁定的承诺；发行股票的目的主要为增加公司资本金，壮大公司资本实力。募集的资金主要用于设立新的基金并增加一般合伙人（General Partner，GP）出资额、实施项目投资及补充流动资金等。

中科招商是中国首家经政府批准设立的大型人民币创业投资基金专业管理机构，主要从事私募股权投资基金管理业务以及股权投资业务。公司投资的企业先后已有近50家在国内外资本市场成功上市，拟上市的企业接近300家，同时拥有6 000余家遍布各产业的实业企业有限合伙人（Limited Partner，LP）集群，汇集了超过10万项发明创新成果。中科招商集团已投企业覆盖了各行各业，并在各个重点领域实现了产业链布局投资。

如果成功实施的话，此次50.4亿元的定增金额将创新三板定增新纪录。新三板2014年已实施的定增总额一共才209.46亿元。如果算上中科招商已完成的两笔合计23.42亿元的定增，中科招商累计定增金额已高达73.82亿元。比新三板另一个私募股权投资巨头九鼎投资57.87亿元的定增总额高出27.57%。

此次定增的主要目的是以巨额融资加速公司战略推进。从中科招商的公开信息得知，中科招商将推进“设基金、建基地、兴基业”的“三基工程”发展战略，主打“区域经济”牌，下沉渠道，聚焦战略性新兴产业。该战略折射出中科招商打造大平台的野心——中科招商不仅仅是个私募股权投资机构。这一浩大的工程需要大量资金推进。此外，中科招商及旗下北京创客网络科技有限公司，推出了一种新形态的“互联网私募股权投资”业务——微天使联盟。微天使联盟和另一个业务速普创新孵化器都是中科招商全方位布局互联网私募股权投资的渠道，都是种子期项目。中科招商将延伸至创业投资领域乃至企业种子期。根据控股股东的想法，中科招商不是单纯的私募股权投资，中科招商要搭建的是全资本链平台，还包括天使基金、创业投资基金、私募股权投资基金、并购基金、证券基金五种资本。该战略推动也需要大额资金支持。

根据《公开转让说明书》，中科招商旗下大部分基金的设立时间是 2010 年、2011 年和 2012 年。该三年设立的基金实际到账约 224 亿元，占比约 81.75%。截至 2014 年 8 月 31 日，公司在管项目约 201 个，投资金额 166.29 亿元。相当部分已经进入理论上的退出期。大额的定增资金也能够为公司提供充足流动性。

中科招商总裁单某曾在公开场合表示，挂牌新三板会让中科招商的市值超过 600 亿元，而转板之后“至少翻番”到 1 200 亿元。由此可见，中科招商未来存在转板的伏笔。

表 5－4　中科招商截至 2015 年 10 月定向增发募集资金情况

增发公告日	增发价格（元）	增发数量（万股）	实际募资总额（万元）
2015 年 8 月 5 日	18.00	19 500.00	351 000.00
2015 年 5 月 15 日	18.00	27 957.60	503 236.80
2015 年 3 月 20 日	18.00	10 260.98	184 697.61
2015 年 3 月 20 日	10.83	4 570.64	49 500.00
合计		62 289.22	1 088 434.41

5.5 融资方式的创新方向——优先股

2015 年 9 月 21 日晚，全国中小企业股份转让系统有限公司根据《国务院关于开展优先股试点的指导意见》、《优先股试点管理办法》、《非上市公众公司监督管理办法》等有关规定，以及全国中小企业股份转让系统的相关业务规则，制定了《全国中小企业股份转让系统优先股业务指引（试行）》（以下简称《优先股业务指引》），把优先股制度正式引入了新三板，给新三板的融资市场注入了一剂强心剂。

5.5.1 新三板企业优先股的特色

虽然股转系统官方的公告显示，目前公司不支持在试点期为优先股提供转让服务，但从《优先股业务指引》细则来看，新三板优先股制度结合了新三板固有的特色，并且从保护投资者的角度出发，在发行、转让服务、信息披露、监管措施和违规处分等方面加强了风险防范和融资效应。

新的《优先股业务指引》维持了早前中国证监会在优先股制度方面"放松管制"的市场化改革方向，进一步规定："普通股股东人数与优先股股东人数合并累计不超过200人的挂牌公司，按照本指引的规定发行优先股的，应当向全国中小企业股份转让系统有限责任公司履行备案程序。"从发行模式看，相对于主板的公开与非公开发行并存，三板市场优先股发行均为非公开发行。在细则规定的信息披露要求上，要求企业参照《优先股试点管理办法》公布披露优先股方案、发行对象、发行影响等六方面的内容，披露内容相对于主板得到了大幅简化。此外，在持续信息披露方面，企业也需要及时披露对优先股转让价格会产生较大影响的信息，在临时公告中予以专门说明。

5.5.2 新三板优先股的优势

作为多层次资本市场的一环，新三板对中小企业融资起着至关重要的作用，而在做市成交量陷入低迷的窘境下，新三板融资似乎只剩下了定增一条路。如今融资市场火热，长远看优先股制度的放行准入能进一步加强企业的融资能力。优先股和普通股主要有三大不同：第一，优先股相对于普通股而言有着优先分配利润红利和对剩余财产进行分配的权利；第二，作为优先股股东其本身对于公司的决策是没有参与权的，即没有选举和被选举的权利；第三，优先股股东并不能像普通股股东那样直接退股，只能通过优先股的赎回条款由公司赎回。

对于挂牌企业而言，优先股制度解决了企业核心高层对于失去企业控制权的担忧。新三板上挂牌的企业多为处于发展期的中小企业，而对于初创期的企业来说，它的创始人和核心管理层往往不太愿意股权稀释，从而失去公司的控制权。优先股制度的出台不仅能保证其股权不被稀释，还能帮助企业顺利融资，可谓是一举两得。

5.5.3 什么样的公司适合发优先股

第一，银行类金融机构，可以发行优先股补充一级资本，满足资本充足率的监管要求。

第二，资金需求量较大、现金流稳定的公司，发行优先股可以补充低成本的长期资金，降低资产负债率，改善公司的财务结构。

第三，创业期、成长初期的公司，股票估值较低，通过发行优先股，可在不稀释控制权的情况下融资。

第四，进行并购重组的公司，发行优先股可以作为收购资产或换股的支付工具。

目前挂牌新三板居多的金融机构主要有小贷公司、城市商业银行、私募公司。这些金融机构相比于其他行业对资金的需求量较大，尤其是在一些主板上市的商业银行已然发行优先股充当资本金的背景下，新三板的金融机构对于优先股制度的推出如饥似渴，这类企业将会是新三板优先股制度的“先锋”。

案例5

首例优先股登陆新三板

2015年11月2日晚间，新三板公司鑫庄农贷（830958）在股转系统官网上发布《非公开发行优先股预案》，成为新三板首例优先股发行。公告显示：鑫庄农贷采取非公开发行的方式，本次拟发行的优先股数量不超过220万股，每股票面金额为人民币100元，以票面金额平价发行，计划融资规模不超过2.2亿元人民币，发行对象为符合《优先股试点管理办法》规定的合格投资者。本次优先股所募集资金将在扣除发行费用后，全部用于补充其他一级资本，提高公司资本充足率。

作为新三板小贷行业的龙头公司，鑫庄农贷于2014年7月挂牌，并于2015年5月初将转让方式由协议转为做市。在公司中长期发展战略中，金融创新、跨界并购和发展互联网金融是三大方向。随着金融市场化改革进程加快，小贷公司经营环境正发生深刻变化，面临持续的资本压力。为此，鑫庄农贷正考虑积极实施金融创新，大力发展开鑫贷、中小企业私募债等创新业务。此外，为巩固和加强行业龙头地位，鑫庄农贷已经着手开展以小额借贷和涉农小微企业股权融资需求为基础的互联网金融布局。鑫庄农贷正处于发展创新的关键时期，各项业务的持续发展需要增强资本实力。

对于为何采用发行优先股而非定增的方式融资，鑫庄农贷的副总经理王某解释道："目前新三板交投清淡，市场走低，很多企业定增发不出去。目前鑫庄农贷的每股只有1.5元，已经接近净资产，企业也不愿意发定增。”

优先股对于鑫庄农贷而言是一种“可进可退”的选择：鑫庄农贷属于类金融企业，与高科技企业爆发式的利润增长模式不同，其采用发行优先股的方式，既没有稀释原有股东股权，又可以让优先股股东拿到固定收益，公司到期可赎回这些股份。在主板上发行优先股的企业绝大部分是银行类金融企业。可见，优先股特别适合类金融企业。

据了解，由于鑫庄农贷股东人数超过200人，优先股的发行必须得到中国证监会的审核批准。按照目前的流程进度，预计最早将于2016年年初通过审核。

6

新三板企业资本运作：并购重组

以下五大因素推热了新三板的并购重组市场：

（1）2013 年以来，A 股上市公司并购重组风起云涌，而新三板有不少属于具有技术优势和模式创新的公司，为上市公司谋求外延扩张或者跨界转型提供了可选择的标的范围。

（2）新三板公司并购重组制度逐步完善，政策面支持有关新三板公司的并购重组。包括：引入做市商制度和可能的竞价交易制度（流动性的提升将带来连续的价格曲线，所形成的公允价格将为企业未来并购重组提供价格依据），颁布《非上市公众公司收购管理办法》、《非上市公众公司重大资产重组管理办法》、《并购重组私募债券试点办法》等。

(3) 新三板公司的并购成本较低，新三板公司具有较高的信息披露要求和财务透明度，较好的公司治理有利于上市公司降低并购成本。

(4) 套利动机，注册制渐行渐远，优质新三板公司转板预期强烈，上市公司提前布局。

(5) “曲线上市”，部分新三板公司有创投背景，创投通过推动并购重组实现退出。

案例 1

史上最快的新三板收购

——挂牌不足两周即被华润三九收购

2015 年 8 月 7 日，华润三九（000999）公告：拟以自有资金收购众益制药 100% 股权，交易价格 13 亿元，对应 2015 年 19 倍的市盈率，收购价格合理。众益制药于 2015 年 7 月 29 日在新三板正式挂牌，距离本次收购仅仅相隔 12 天，创新三板并购速度之最。

2015 年 8 月 11 日，新三板挂牌公司众益制药（833097）发布公告称：为实现公司快速平稳发展，浙江众益制药股份有限公司（以下简称“公司”）全体股东拟向深圳华润九新药业有限公司（华润三九医药股份有限公司全资子公司）出让其所持公司全部股权，本次交易总价款共计人民币 13 亿元，交易完成后，华润九新将直接或间接持有本公司 100% 股权。

从华润三九的未来发展战略上考虑，众益制药拥有数个潜力品种，研发实力较强。众益制药产品以口服制剂为主。(1) 阿奇霉素肠溶胶囊和红霉素肠溶胶囊均为基药品种、医保甲类，众益市场份额分列第三位、第一位，三九原有抗生素为粉针制剂，收购后补充口服剂型，符合未来发展方向；（2）其他品种中镁加铝咀嚼片为独家产品、汉防己甲素市场规模较大，具备较好的市场潜力。众益研发实力较强，在研品种中氨酚羟考酮用于治疗癌痛，应用广泛，目前国内仅原研药、众益产品有望率先获批，市场前景良好。同时，众益还拥有缓释微丸技术平台，具备缓释剂型的研发能力。

从华润三九的财务战略上考虑，并购业绩增厚自2016年开始体现。众益2015年承诺净利润6 700万元，但预计四季度开始并表，对2015年业绩增厚有限，预计财务影响主要产生于2016年，初步预估2016年利润增厚6%左右。华润三九为华润集团下优质的OTC和处方药平台，未来有望借国企改革东风完善管理层激励和加大外延整合步伐。而众益制药作为新三板挂牌企业，经营规范，研发能力强，是产业对接的最佳标的，受到产业资本的追捧合情合理。

新三板市场曾在2014年下半年有过一波并购热潮，但很快趋于平淡，2015年以来也稍显清淡，不知此次众益制药挂牌后迅速被上市公司并购，是否会激发新三板市场的并购热情。

6.1 并购重组的制度

6.1.1 制度体系

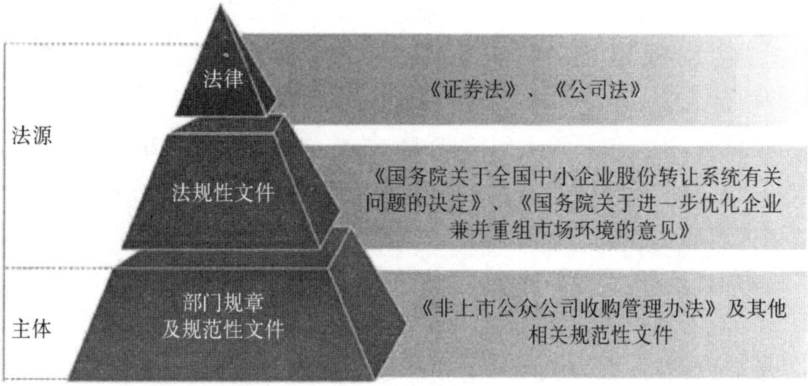

图 6－1　新三板企业并购重组制度

2014 年 7 月 25 日，为规范股票在全国中小企业股份转让系统公开转让的公众公司重大资产重组的信息披露和相关业务办理，全国股转系统发布了《全国中小企业股份转让系统非上市公众公司重大资产重组业务指引（试行）》（以下简称《业务指引》）。《业务指引》对公司重大资产重组的具体操作流程作出细化规定，主要体现在以下三个方面：一是全面落实《上市公司重大资产重组管理办法》（以下简称《重组办法》）的要求。《业务指引》及配套指南严格按照《重组办法》的要求，对公司申请暂停转让、提交内幕知情人信息、发行股份购买资产等具体环节作出明确规定。二是注重可操作性。鉴于大部分公司此前缺乏重大资产重组的实操经验，《业务指引》及配套指南重点对重大资产重组的各环节进行了较为详细的拆解，具有较强的可操作性，能够起到“重组流程说明书”的作用。三是与股票发行等业务规则衔接。由于公司在重组实操中经常涉及发行股份购买资产，《业务指引》明确了发行股份购买资产构成重大资产重组的规则适用及操作程序，避免同一行为重复适用股票发行规则及重组规则。

对于涉及发行股份购买资产构成重大资产重组行为的监管问题，股转系统表示，公司向特定对象发行股份购买资产后股东累计超过200人的，应当在经股东大会决议后向中国证监会申请核准；发行股份购买资产后股东累计不超过200人的，需要在验资完成后10个转让日内向全国股份转让系统申请备案。

在对公司重大资产重组的信息披露监管方面，股转系统在信息披露审查理念上，将主要遵循完备性审查原则，重在对信息披露文件的完整性、合规性进行审查。同时，为落实《重组办法》中自律监管职能的要求，将在原有信息披露程序基础上增加一道审查环节。具体来说，公司在申请暂停转让时，会事先确定最晚恢复转让日，且首次董事会召开之日（T日）与最晚恢复转让日间应当有至少9个转让日的时间间隔（即最晚恢复转让日不早于T+9日），从而保证首次信息披露的时点（T+2日）与最晚恢复转让日（T+9日）之间至少相距7个转让日。由于公司从申请证券恢复转让到实现证券恢复转让还需2个转让日，上述时间安排保证了股转系统有5个转让日的时间对信息披露文件的完备性进行审查。如5个转让日内股转系统未提出异议，则视为默示同意，公司可以正常进行信息披露并申请恢复转让；如股转系统发现信息披露文件的完备性存在问题，则有权要求公司进行相应调整，公司应当视情况申请推迟最晚恢复转让日。

《业务指引》对退市公司重大资产重组的规则适用进行了单章规定，明确了退市公司进行重大资产重组应当遵守《重组办法》及《业务指引》

的有关规定，并注意执行《重组办法》关于退市公司重大资产重组的特别规定。此外，《业务指引》还对退市公司重大资产重组的风险提示作出特别要求，要求退市公司在披露重大资产重组报告书时应当同时发布特别提示，对本次重大资产重组是否符合《重组办法》的要求以及公司在信息披露、公司治理方面的规范性进行说明。

6.1.2 制度特点

（1）不设行政许可，以信息披露为核心，强化自律监管；
（2）调整权益变动的披露要求和触发比例；
（3）自主约定是否实行强制全面要约收购制度；
（4）调整自愿要约收购制度；
（5）简化披露内容；
（6）加强责任主体的自我约束和市场自律监管。

具体资料见表6－1。

表6－1　在并购重组方面挂牌公司和上市公司的制度对比

并购行为	挂牌公司制度要求	上市公司
发布收购报告书	信息披露	备案
全面要约收购	不设强制全面要约	强制、豁免
发行股份购买资产	超过200人，中国证监会核准；不超过200人，股转对信息披露文件进行审查	核准
单纯重大资产重组	信息披露、监管	审批

6.1.3 重组流程（见图6-2）

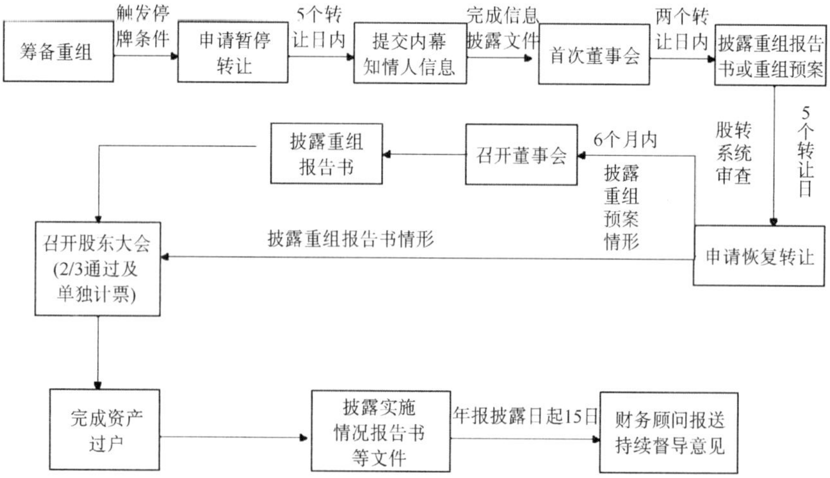

图6-2 现金购买资产方式下的重组流程图

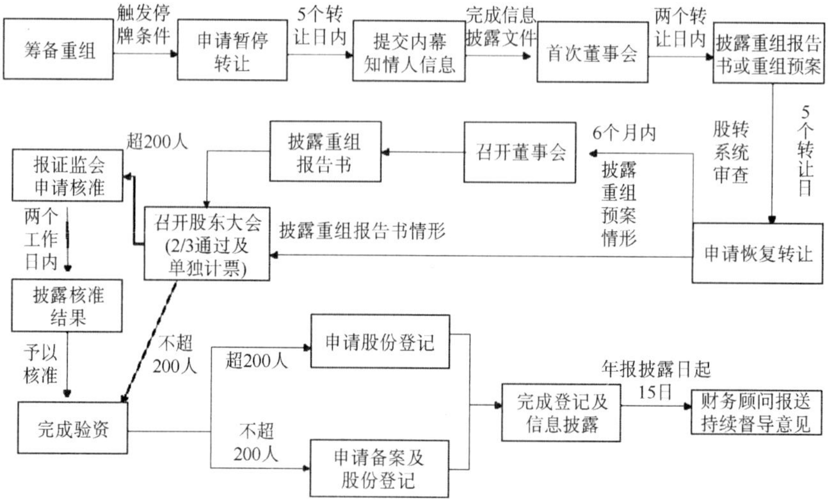

图6-3 发行股份方式下的重组流程图

6.2 新三板并购与被并购企业的特征分析

6.2.1 新三板成为上市公司的选秀池

截至2015年10月中旬，共发生了42笔上市公司收购新三板企业股份的交易，其中已经完成了收购的16家，失败的1家，其余正在进行中。从并购方来说，主板上市公司参与最活跃，有26笔交易，占交易数量的62%；创业板次之，10笔交易，占交易数量的24%；中小板6笔交易，占交易数量的14%（见图6-4）。从并购发生的时间来看，2015年第二季度是并购重组的高峰（见图6-5），这和我国A股市场的走势相符。

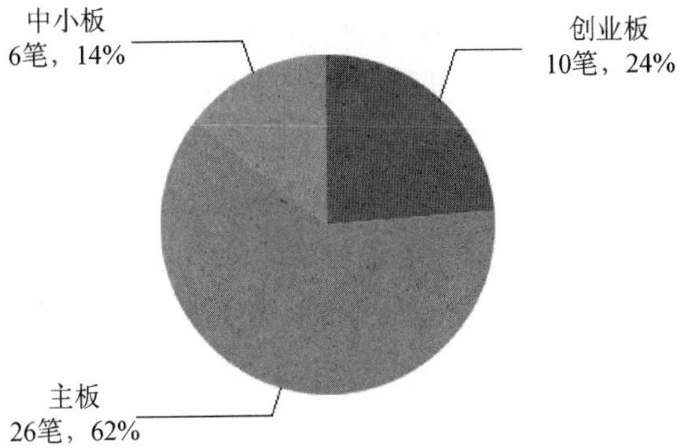

图6-4 并购方上市公司的结构

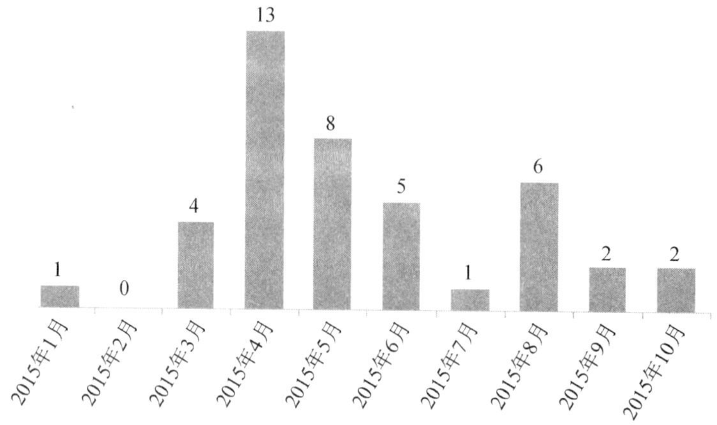

图 6-5　上市公司收购新三板企业的时间走势

6.2.2　新三板企业主动并购趋势明显

2014 年，诸如“新三板成为上市公司选秀池”类的标题经常出现。新三板挂牌企业多数为规模较小且具有技术优势和模式创新的公司，在 2014 年备受上市公司的青睐。但是到了 2015 年上半年，新三板中的不少挂牌企业崭露头角，纷纷出手并购各类企业，成为并购方的重要角色。而九鼎投资高溢价拿下中远集团的股份，入主上市公司，也成为新三板企业选秀上市公司的一道亮丽风景。2015 年，众多新三板公司开始主动出击进行外延式并购。从 2015 年并购的时间分布来看（见图 6-6），主动并购交易主要集中在 4 月、5 月、6 月和 7 月，与新三板企业第二季度的定向增发的高峰期基本同步，但稍微滞后 1 个月左右，说明众多新三板企业通过定增募集资金后，现实了企业跨越式发展。

总体说来，经济产业的转型促使产业链重新整合，并购市场火爆成为必然。2015 年上半年新三板定增火爆，不少新三板企业募集到了可观的资金，有了并购的底气。新三板公司并购重组制度逐步完善，颁布《非上市公众公司收购管理办法》、《非上市公众公司重大资产重组管理办

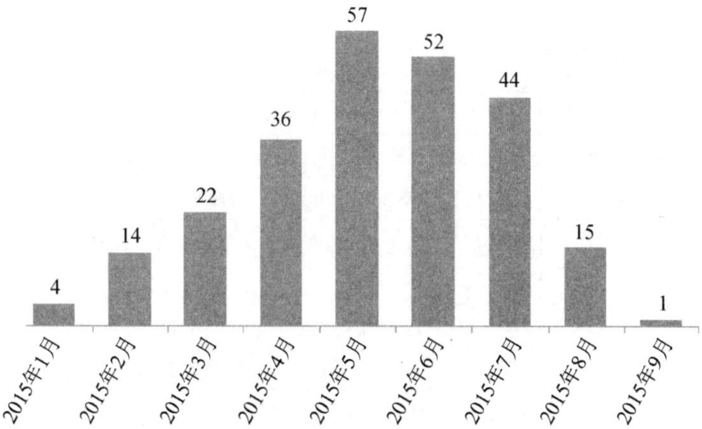

图 6－6　新三板企业主动并购时间趋势图

法》、《并购重组私募债券试点办法》等；政策面支持有关新三板公司的并购重组。表 6－2 列举了部分金额较大的战略性并购，大部分新三板企业的并购动机都是出于横向整合，扩张自己的行业地位。

表 6－2　　2015 年新三板重大并购事件

股票代码	股票名称	重组事件	重组目的
833330	君实生物	君实生物换股吸收合并众合医药	横向整合
831930	和君商学	和君商学以 14 亿元收购汇冠股份 23.08% 股权	战略合作
430217	申石软件	申石软件发行股份及支付现金购买掌众信息 100% 的股权	垂直整合
430580	云天软件	云天软件发股收购中建网络 100% 股权	横向整合
430127	英雄互娱	塞尔瑟斯发行股份及支付现金购买畅游云端 100% 股权	战略合作
430684	杰通股份	杰通股份发行股份购买厚扬投资，怡扬投资 100% 股权	多元化战略
430757	天翔昌运	天翔昌运发行股份收购深圳普瑞达，惠州天翔昌运 100% 股权	多元化战略

续表

股票代码	股票名称	重组事件	重组目的
831386	风华环保	风华环保以2 800万元收购梅州太兴100%股权	其他
831973	саa为影业	善为影业发行股份并支付现金购买千朗传媒100%股权	横向整合
831889	天信投资	天信投资以981.9805万元向控股股东购买无形资产	横向整合
831505	朗顿教育	朗顿教育7 500万元收购尊天文化、费伦基石100%股权	横向整合
430109	中航讯	中航讯发行股份购买网智运通100%股权	横向整合
430054	超毅网络	超毅网络发行股份购买金昊矿业100%股权	多元化战略
831692	杰科股份	杰科股份发行股份购买深圳仕佳、河南仕佳100%股权	垂直整合
831277	钢钢网	钢钢网5 000万元认购杭钢股份946.97万股非公开发行的股份	多元化战略
831018	大族能源	大族能源发行股份购买能联科技52%股权	多元化战略
430476	海能仪器	海能仪器以最高不超过5 916万元收购上海新仪100%股权	横向整合
831076	展博股份	展博股份21.39万元收购沃尔曼有限，嘉佑有限公司各100%股权	横向整合
430173	ST鼎讯	鼎讯互动发行股份购买广东欧美100%股权	多元化战略
430158	北方科诚	北方科诚发行股份购买科跃信投98.27%股权	获取资质
430522	超弦科技	超弦科技发行股份购买安联美嘉100%股权	横向整合
430175	科新生物	科新生物1.02亿元收购金豪制药85%股权	横向整合
430051	九恒星	九恒星发行股份及支付现金购买中网支付100%股权	横向整合
430463	春茂股份	汽牛股份4.8922亿元收购春茂集团100%股权	多元化战略
830851	骏华农牧	骏华农牧发行股份及现金购买姜岳华所持有的部分资产	横向整合

资料来源：Wind资讯。

从收购方新三板企业的财务状况来看，一般资产规模都在5亿元以上，以1亿~5亿元的规模企业并购最为活跃，说明新三板企业发展到一定规模，自身有了较强的并购动机。

从收购方的支付方式来看（见图6－7），现金支付为207笔，占交易的86%，股权支付为32笔，占交易的13%；其他资产等并购方式较少，仅为6笔，占3%。

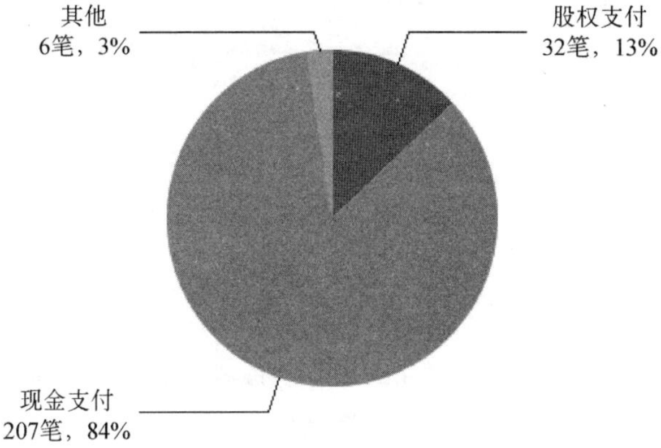

图6－7　新三板企业主动并购支付方式结构图

从收购方新三板企业的行业分布来看（见图6－8），信息技术业的并购热度最高，符合时下科技、媒体和通信火爆的行业特征；工业类的企业次之；金融业和医疗保健业也相对活跃。

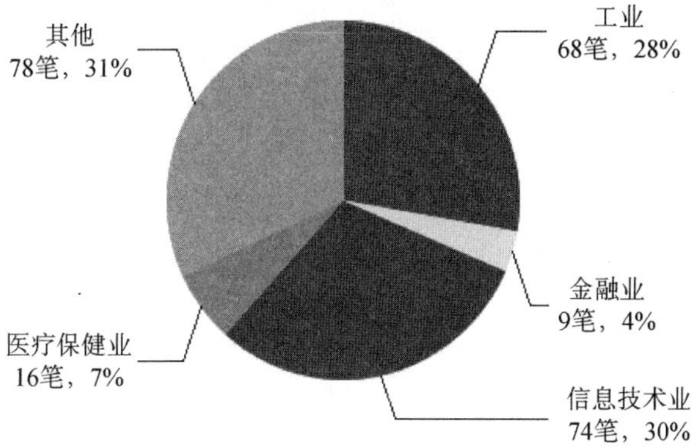

图6－8　收购方新三板企业的行业分布

6.3 新三板企业并购模式和案例

6.3.1 现金收购

案例2

新三板私募股权投资的饕餮盛宴
——九鼎大鳄构建全牌照的金控平台

布局证券——从资产管理到投资银行

2014年10月20日，九鼎投资出资36 371.70万元对天源证券进行增资，增资后持有天源证券51%的股份，正式控股天源证券。根据公告，九鼎投资本次对天源证券进行现金增资，确定为每元出资份额作价1.90元。其中1.91亿元作为注册资本，1.72亿元计入资本公积。增资完成后，天源证券的注册资本由1.84亿元增至3.75亿元，并且更名为九州证券。

标的特征：中国证券业协会发布的数据显示，截至2013年底，天源证券总资产仅为9.07亿元，行业排名第102位，净资产2.48亿元，行业排名第112位（纳入统计范畴共115家券商），净资本为1.97亿元，排名也是第112位。截至2013年底，天源证券共有17家营业部，分别位于辽宁、广东、青海等地。2013年度，天源证券实现营业收入1.10亿元，排名第108位；净利润为-347万元，排名第105位。而这已经是天源证券连续第三年亏损。2011年、2012年，公司各亏损2 786.9万元和2 510.15万元。随着券商创新业务的发展和互联网金融对业态的迅速渗透，资金缺乏将成为证券公司未来发展的最大掣肘。

天源证券官网资料显示，2014年1月9日，广州证券才刚刚从南方航空集团公司处受让天源证券有限公司80.47%股权，成为公司控股股东。

并购后：增资、新设子公司、收购期货公司，动作频频

2015年5月18日，九鼎投资（430719）对外发布公告，拟投资设立九州国际金融控股（香港）有限公司（暂定名，以下简称“九州香港公司”），注册地为中国香港，注册资本5亿元港币。注册完成后，九州香港公司向香港证券及期货事务监察委员会申请证券期货业务相关牌照。此次设立九州香港公司是九鼎投资证券经营业务实际国际化的关键步骤。九鼎投资将在九州证券取得中国证监会与香港证券及期货事务监察委员会的批准，有资格在香港设立子公司时，将持有的九州香港公司的股权转让给九州证券。

2015年8月13日，九鼎投资发布公告：其控股子公司九州证券有限公司近日签署协议，出资人民币8 000万元收购深圳市富通实业有限公司、深圳市海富通创业投资有限公司持有的华海期货有限公司（以下简称“华海期货”）100%股权。交易完成后，九州证券持有华海期货100%的股权。

公开资料显示，华海期货成立于1993年，目前注册资本金7 000万元人民币，是经中国证监会批准，北京市工商行政管理局核准注册登记的从事商品、金融期货经纪业务的专业性期货公司，总部设在北京，在上海、沈阳、合肥等地设有分支机构。华海期货成立至今，已有二十多年历史，经历了中国期货市场从起步、试点到规范发展的全过程，在期货业务管理、风险控制、市场研究和客户服务等方面积累了丰富经验。目前，华海期货是大连商品交易所、上海期货交易所、郑州商品交易所、中国金融期货交易所会员单位，是北京市海淀区重点企业，是北京期货商会理事单位，是中国证监会国产密码应用试点专项发起工作唯一一家期货公司。收购华海期货后，九州证券业务领域将拓展至期货行业，从而可以为客户提供期货经纪服务和风险管理解决方案。

2015年8月，九鼎投资再度出手，出资人民币112 813.22万元完成对子公司九州证券有限公司的增资，其中人民币54 763.7万元计入注册资本，人民币58 049.52万元计入资本公积。增资完成后，九州证券注册资本增加至人民币109 527.40万元。2015年6月，九州证券获得监管部门关于设立15家分公司的批复，仅两月有余，筹建工作已基本完成，其中包括四川、湖南、深圳等在内的7家分公司已经顺利开业，另外8家分公司将于近期开业。

九鼎投资同时公告称，九州证券近日拟另申请设立19家分公司，分公司的设立尚需获得监管部门批准。"如果顺利获批设立，九州证券将拥有34家分公司和1家营业部，覆盖除西藏外的全国各省区市。"未来九州证券将以营运总部北京为大本营，以35家分支机构为分阵地，形成辐射全国、经纬交织的强大业务开发体系和营销服务体系，为客户提供专业、专属的金融服务。

九州证券在被九鼎投资兼并收购之后，不仅仅注册资本和净资产实力急速扩张，构建了国内多家分公司及营业部，支持其传统证券公司业务发展；同时，也收购华海期货和设立香港期货子公司，补充了其期货业务的短板。

布局互联网金融——新设为主，借力并购

自建互联网金融平台：作为私募大鳄，九鼎投资一样关注互联网金融。由于互联网金融的门槛较低，监管要求不高，九鼎投资采取了自己新设子公司为主，借力并购的方式。其标志事件为2015年5月4日，斥资20亿元设立全资子公司九信投资管理有限公司，拟将九信投资构建成为国内专业、安全的互联网金融平台，通过九信金融网站（www.jiuxinfinance.com）及相关应用软件，为客户提供低成本、高效率的融资渠道，为广大投资者在传统的投资渠道之外提供多元的金融服务。九信金融平台运营初期主要为公司所管理基金的出资人、公司所投企业之股东、公司股东的借款需求提供相应服务，后续会逐步扩大融资主体的客户范围，包括但不限于公司旗下公募基金、证券公司客户、其他合作机构客户等，打造符合互联网精神的创新金融产品。

其后，对深圳市武曲星网络科技有限公司（以下简称“武曲星”）进行增资，直接及间接持有武曲星100%的股权，尝试构建一个网上平台，帮助金融产品销售人员开设网上门店销售金融产品。

支付通道借力并购：对于支付业务等需要中国人民银行批准的业务扩张，则采用了兼并收购的套路。2015年3月23日，九鼎投资披露，其通过控股子公司昆吾九鼎投资管理有限公司之全资子公司嘉兴嘉源九鼎投资管理有限公司（以下简称“嘉源九鼎”）出资人民币7 000万元收购鹰皇商务科技有限公司（以下简称“鹰皇商务”）持有的鹰皇金佰仕网络技术有限公司（以下简称“金佰仕”）70%的股权。金佰仕持有中国人民银行批准的非金融机构支付业务许可证，包括互联网支付许可、移动支付许可、预付卡发行许可，正在申请电视支付许可和跨境支付许可。收购金佰仕股权后，将利用九鼎投资拟开展的互联网金融业务支持金佰仕做大做强，金佰仕也将依托其支付业务方面的经验为公司拟开展的互联网金融业务提供相应支持。

同时，通过全资子公司拉萨昆吾九鼎产业投资管理有限公司对象云（北京）网络技术有限公司（以下简称“象云”）进行增资，共出资2 000万元，占象云增资后股权的42%。本次对外投资不构成关联交易。增资象云的主要目的：一是看好云计算服务行业的发展前景；二是通过投资与象云进行战略合作。象云及其股东北京企商在线数据通信科技有限公司将为九鼎投资的互联网金融业务提供云计算服务和互联网数据中心相关的专业服务。

布局保险——海外并购一掷千金

九鼎投资在保险领域的布局也一样不含糊，在国内保险的布局都是以新设为主的尝试。起先是为全资子公司昆吾九鼎投资管理有限公司（以下简称“昆吾九鼎”）出借自有资金不超过2 000万元，参与发起设立相互保险组织，暂定名称为众惠财产相互保险总社(以下简称“众惠保险”)。众惠保险的组织类型为相互制，主要经营范围有：与中小企业和个人等直接相关的信用保证保险、责任保险、货运保险、短期健康和意外伤害保险、企业和家庭财产保险，以及上述业务的再保险业务。

2015年8月24日，九鼎投资与石建华、罗小林签署《股权转让协议》，出资人民币5 000万元收购石建华、罗小林持有的中捷保险经纪股份有限公司（以下简称“中捷保险”）100%股权。收购中捷保险后，将业务领域拓展至保险经纪、保险咨询和服务领域，公司将可以开展互联网保险经纪和互联网保险咨询等金融服务。

海外布局大手笔：在保险布局中的最大手笔应该是“落子”海外，以现金107亿港元收购欧洲富通集团位于香港的全资子公司富通保险（亚洲）有限公司。2015年9月26日，九鼎投资发布公告，公司拟以现金支付的方式向Ageas International收购其所持有的富通亚洲控股有限公司（Ageas Asia）全部8.44亿股普通股股份，占富通亚洲控股有限公司已发行股份总额的100%。

自2015年8月14日收购中捷保险经纪股份有限公司100%股权后，九鼎投资在作为核心战略的保险业务板块再下一城。

并购目的：完善九鼎投资保险产业链，保持富通亚洲充足偿付能力，互利共赢。对于九鼎投资而言，富通亚洲是香港领先的寿险公司，拥有既深谙香港本土市场、又具有国际视野的管理团队，和多元广泛的业务网络。通过收购富通亚洲，九鼎投资可获得立足于香港市场的保险金融平台，并依托该平台面向国际资本市场，推进九鼎投资的国际化布局，富通亚洲将成为九鼎投资正在构建的保险产业链中的关键一环。对于富通亚洲而言，通过利用九鼎投资在投资管理业务方面的突出优势、与企业家和高净值个人客户的广泛关系网络以及在互联网金融领域的丰富经验，不仅可以提高自身可持续的长期价值创造能力，也可以利用九鼎投资的资本实力保持充足的偿付能力。通过此次收购，双方可实现互利共赢。

谋求上市——顺应国企改革，入主中江地产

2015年5月15日，九鼎投资以126.8%的溢价率，挫败了其他7家实力买家，一举拿下了中江集团100%的控股权，购买总成本近41.5亿元，从而间接控制了主板上市公司中江地产（600053，SH）。交易完成后，公司将持有中江集团100%的股权，并通过中江集团间接持有上市公司江西中江地产股份有限公司72.37%的股权。这是新三板公司吞下A股上市公司的首个案例。

并购过程：2014年11月以来，中江地产多次披露了母公司中江集团100%股权转让事宜，拟转让方为中江控股、江西中医药大学、大连一方和24个自然人股东，但一直未果。5月15日上午，8家意向受让方齐聚江西省产权交易所，准备竞标中江集团100%股权，起拍价近18.3亿元。作为配套部分，竞拍人须以1 299.46万元拿下江中投资100%股权，转让方为中江控股。历经82轮报价激战，九鼎投资一举拿下中江集团，溢价率126.8%，成交价近41.5亿元，从而间接控股中江地产。值得一提的是，“吃下”中江地产之后，未来5年内（含5年），九鼎投资按照约定应保持对中江集团的实际控制人地位不变，保证中江地产注册地不变，也不能转让中江地产实际控制权，须督促中江集团分期偿还江中集团3.09亿元债务等。

未来的整合：2015年9月23日晚间，中江地产（600053.SH）公告详解了这一方案，九鼎投资将剥离昆吾九鼎的业务，中江地产以9亿元的代价将其纳入上市公司。值得注意的是，在九鼎投资登陆新三板之时，昆吾九鼎实际上便是九鼎投资的经营主体。2013年报显示，九鼎投资99%以上的营业收入来自于昆吾九鼎。此外，中江地产同步发布定增预案：中江地产拟以10元/股的价格非公开发行不超过12亿股，合计拟募集不超过120亿元资金。

九鼎投资自挂牌以来，一方面在新三板频频定增融资，疯狂吸金；另一方面，利用资金优势，在市场上“买买买”，其高频率多领域的并购运作一直是新三板并购市场的“暴风眼”，其综合资管全盘布局的霸主雄心已显，在基金、银行、券商、期货、保险、地产、互联网金融等诸多领域已逐一落子，这映射出九鼎投资正为走上大资管的发展道路而精心布局。

6.3.2 定增+现金

案例3

点点客收购微巴信息

收购方背景

点点客是一家专业从事移动信息服务产品研发、销售和服务的企业。通过一系列标准化的在线软件、客户端软件、嵌入式软件等，企业可以更方便地管理运营自己的微信、微博等社交账户。2014年上半年，点点客在原有产品的行业通用版上，推出了20套行业定制化版本，并对各版本进行深挖，每周迭代每月更新。现在，点点客的产品方案覆盖餐饮金融、教育、房产、美容、汽车、地产、婚庆等30多个行业的移动营销方案。

定增引入大牌私募股权投资机构

2014年7月和9月的两次定增，为点点客募集到4 000万元，也为点点客引入了深创投、红土创投等知名机构。2014年7月，点点客向上海艾云慧信创投有限公司（以下简称“艾云慧信”）和上海张江浩成创投有限公司（以下简称“张江浩成”）分别定增150万股和100万股，价格为10元/股，募集到2 500万元。其中，张江浩成是张江高科下属的股权投资机构，主要投资高新技术项目。2014年9月，点点客再次抛出定增方案，向深创投和浙江红土创业投资有限公司（以下简称“红土创投”）分别定增50万股和100万股，价格仍然为10元/股。此次定增为点点客募资1 500万元。深创投是目前国内综合实力领先的创投机构，而红土创投则是由浙江清华长三角研究院和深创投发起，并由浙江省政府、嘉兴市政府的创业风险投资引导基金以及台州市产业投资有限公司等共同出资组成，同样实力不俗且具有国资背景。

标的企业和并购的基本情况

点点客因筹划重大资产重组自2015年1月13日开市起暂停转让，后于2015年1月30日就重大资产重组事项进行首次信息披露。点点客披露重大资产重组报告书显示，公司将以“定增+现金”的方式收购杭州微巴信息技术有限公司（简称“微巴信息”）100%股权。交易对价为8 000万元（增值率约400%），其中以14元/股价格向交易对象发行416.91万股股票，并以现金2 163万元支付剩余对价。

微巴信息为国内首批微信第三方应用开发商，其旗下微信营销系统品牌“微信生意宝”在全球范围内拥有1 500多家代理商，共计9 000多名从业伙伴，服务了全国范围内的10多万家商户，其中包括盾安集团、银泰百货、宝马、奥迪、沃尔沃、奔驰、万科等全国知名企业。此外，2013年底“微信生意宝”品牌成功入驻马来西亚、新西兰等多个海外市场。财务方面，截至2014年末，微巴信息资产总计1 886万元，净资产为

1 596 万元。2013 年和 2014 年，微巴信息分别实现营业收入 762 万元和 2 644 万元，实现净利润分别为 313 万元和 1 143 万元，净利润率超过 40%。交易对手方同时承诺：2015～2017 年，微巴信息营业收入分别不低于3 000 万元、4 500 万元和 6 750 万元；净利润分别不低于 800 万元、1 200 万元和 1 600 万元。若在承诺期内任一年度实际净利润低于目标，则点点客有权书面通知业绩补偿方以股份补偿的方式进行利润补偿。

并购后的市场反应

点点客通过本次重组将微巴信息纳入体系内，成为其全资子公司，并希望能够在未来微信平台的不断变化中发挥协同效应，进一步提升点点客的综合竞争力。这种产业链的扩充与延伸得到资金的青睐，即便 3 月 11 日大涨之后，由于看好并购后整合效应，点点客股价依然震荡上扬，从停牌时的 24 元/股上探到 76 元/股。

从更宽泛的角度去审视，点点客的并购与股价暴涨，不仅对该公司具有重大意义，而且会引发其他新三板公司通过这个市场募资，再去收购优质公司。从这个角度而言，点点客的此次运作，俨然是二级市场的做法。

6.3.3 私募股权投资 + 上市公司

“私募股权投资 + 上市公司” 模式下的并购基金指的是有丰富的私募股权投资基金管理经验的机构充当普通合伙人（GP），与上市公司或上市公司大股东或其关联公司一同作为并购基金的发起人，成立有限合伙制并购基金。该并购基金担当上市公司产业整合的主体，通过开展投资、并购、整合等业务推动上市公司既定的战略布局，扩张上市公司的业务以及提高行业地位。对于并购基金投资的项目，由上市公司并购作为退出的主要渠道，提高投资的安全性。因此，该并购基金模式可实现上市公司与私募股权投资互利共赢的良好局面。该模式的优势可以总结为以下三点：

第一，优势互补，实现双赢。上市公司可通过并购基金提前了解目标企业，减少并购的信息不对称风险。另外，私募股权投资在项目挑选、交易架构设计、并购流程操作方面有着很强的专业性，上市公司的专业团队则可对目标企业进行专业管理和运作。两者可以优势互补，提高并购项目的成功率。

第二，杠杆收购，节约资金，提高效率。上市公司独立做并购，需要进行再融资、定向增发等，而且需独立对并购项目进行调查，耗时巨大，有时会因此而错过一些良好的并购机会。如果上市公司参与设立并购基金进行收购，只需支付部分出资，剩余资金由外部募集，同时借助私募股权投资的专业性，大大提高并购效率。

第三，提升投资效益，保证投资退出的安全性。借助上市公司的经验，私募股权投资可以提高对项目质量的判断；通过上市公司的管理和运作，提升业绩，壮大公司实力。当项目达到一定盈利能力时，私募股权投资可以将项目卖给上市公司，实现套利退出。

2015 年作为“私募股权投资 + 上市公司”模式的首创者，在 2011 年 9 月与大康牧业（002505）的合作中，硅谷天堂设立的产业基金在帮助大康牧业进行产业布局和外延扩张方面发挥了重要作用。随后，硅谷天堂复制这一模式，先后与广宇集团（002133）、京新药业（002020）、合众思壮（002383）等上市公司签订了共同设立产业基金的框架协议。

2015 年并购基金风起云涌。仅从 A 股层面来看，根据不完全统计，截至 2015 年 10 月 15 日，共有 130 只并购基金，涉及 125 家上市公司。上市公司的野心大多围绕产业链整合，新三板标的亦是“香饽饽”。万年青2015年6月出资成立的宁波鼎锋明道投资管理合伙企业（有限合伙），重点投资已挂牌新三板公司的定向增发、并购机会、期权、优先股、可转债以及拟在新三板挂牌的未上市公司。冠农股份同月第一期新兴产业并购基金　　“华富资管—涌泉1号资产管理计划”亦主要投资新三板挂牌的创新型、成长型优质企业。同时，“私募股权投资+上市公司”模式也被复制到新三板企业。

案例4

“私募股权投资+上市公司”模式的新三板首秀

2015年3月10日，亿童文教与硅谷天堂签署《财务顾问协议》。据协议，硅谷天堂将就公司资本运作事项提供顾问服务，包括但不限于：提供收购与兼并等资本领域的财务顾问服务；成立独立项目组，为公司进行并购标的筛选；提供资本市场咨询服务与资本市场战略规划；双方以文化艺术相关行业设立并购基金。协议期限为3年。目前，作为亿童文教的股东，硅谷天堂持有其4%股份。此举意味着，在新三板市场筹谋已久的硅谷天堂有了实质性动作。

协议签署完成后，亿童文教的做市交易成交金额大大增加，由协议签署前一个月的日均成交额255.28万元增加到协议签署之后一个月的日均成交额1 885.40万元。股价则在协议签署完后快速上涨，在3月19日当天，股价上涨幅度高达19.32%。可见，与硅谷天堂的合作使得亿童文教备受市场看好（见图6-9和图6-10）。

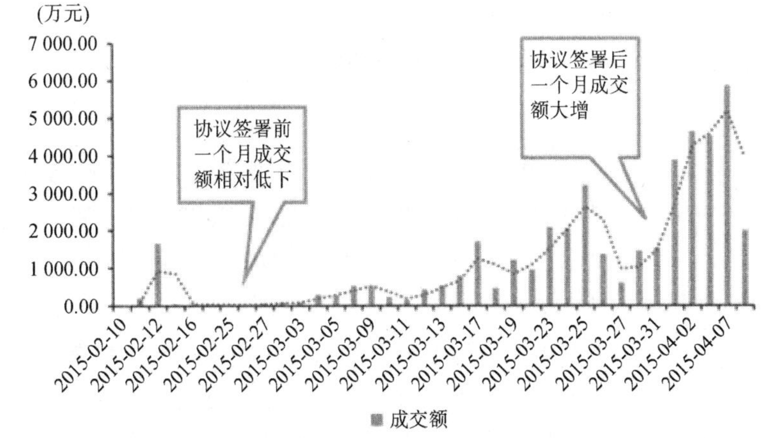

图 6－9　交易前后亿童文教的成交额

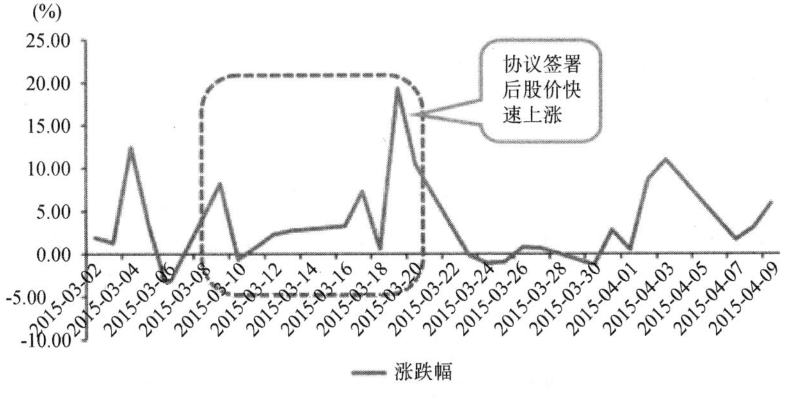

图 6－10　交易前后亿童文教股价走势图

与亿童文教的合作是硅谷天堂首度在新三板出手。从协议内容来看，与硅谷天堂和 A 股上市公司的合作模式并无二致。究竟“私募股权投资＋上市公司”的并购模式在新三板接下来的发展是否会如在 A 股市场般风靡，市场静候佳音。

案例5

凌志软件牵手毅达资本:“私募股权投资+上市公司”模式再复制

2015年6月5日凌志软件公告，与毅达资本签署了《战略合作框架协议》。协议约定，毅达资本成立独立项目组，根据凌志软件发展战略，在毅达资本已投资或者拟投资的项目中为公司建立备选合作项目清单，为公司进行并购标的筛选或者提供跟随投资机会，为公司资本战略提供专业意见和指导。简而言之，毅达资本为自己的投资标的绑定了一条退出途径。同时，凌志软件有股权融资计划时要通知毅达资本，这也说明不排除未来毅达资本会通过定增直接入股凌志软件，享受并购带来的股价升值。

凌志软件同日还发布对外投资公告，称公司拟向江苏毅达成果创新创业投资基金（有限合伙）投资2 000万元，占基金总规模约3%。毅达基金规模5亿~6亿元，重点投资基于数字诊疗大健康、互联网+、清洁技术等新兴产业。凌志软件表示，公司对外投资的基金项目是与毅达资本战略合作项目之一，基金项目的重点投资基于数字诊疗大健康、互联网+、清洁技术等新兴产业，坚持在专业团队对上述新兴产业透彻了解的基础上，分析产业全貌，挖掘价值点，系统开拓有价值的案源，实现行业研究指导下的案源开发。

6.3.4 换股并购

换股并购对于合并方有着诸多优势：如上市公司作为合并方不必以现金来购买被合并方的全部资产和股份，避免吸收合并过程中大量的现金流出，避免由于合并而使存续公司背上沉重的债务负担，有利于企业的长远发展。相比有“以大吃小”特征的现金方式，换股合并在一定程度上可以摆脱合并中资金规模的限制，所以它通常适用于不同层次规模的合作，特别是大规模层次上的强强合作。

以美国为例，现金合并是在企业合并史初期的主要方式。随着并购规模扩大换股合并日渐流行，在现金合并与换股合并的基础上，包含认股权证、可转换债券等混合合并方式逐渐出现，现金合并方式在并购中的比重逐年下降，以股票为支付方式的换股合并比重则逐渐上升。据有关资料显示，美国市场的现金支付比重由 1976 年的 52% 下降到 1995 年的 27%，股票支付方式所占比重由 1976 年的 26% 上升到 1995 的 37%。

案例 6

新三板首例换股并购出现

2015 年 11 月 11 日，上海君实生物医药科技股份有限公司（以下简称“君实生物”，股票代码 833330）在股转系统发布公告称，将实施向上海众合医药科技股份有限公司（以下简称“众合医药”，股票代码 430598）全体股东发行 735 万元人民币普通股股票用于换股吸收合并众合医药。本次换股吸收合并的股权登记日和换股实施日为 11 月 12 日，标志着新三板首例换股吸收合并案例即将完成。

此次事件中，君实生物为吸收合并方，众合医药为被吸收合并方。并购双方控股股东存在关联关系，公司存在潜在的同业竞争情况。君实生物成立于2012年12月27日，公司主营业务为生物医药的研发，并提供相关的技术开发、技术咨询、技术转让、技术服务。熊凤祥、熊俊父子直接持有公司25.80%的股权，是公司的实际控制人。众合医药成立于2008年7月28日，公司主营业务为新药的研发及相关技术的转让和服务，新药的生产和销售。控股股东是熊俊，直接持有公司52.85%的股权。显而易见，两家公司控股股东具有关联关系。此外，两家公司均从事单克隆抗体新药的研发及产业化，且在研品种均处在临床前研究阶段向临床研究阶段过渡的关键时期，因此存在潜在的同业竞争情况。在此背景下，两家公司决定通过换股方式进行吸收合并。

本次换股吸收合并方案将消除同业竞争问题，优势互补。君实生物通过向众合医药全体股东发行735万元人民币普通股股票用于换股吸收合并众合医药。本次合并的换股比例为0.05:1，即换股股东所持有的每1股众合医药普通股股票可以换得0.05股君实生物本次发行的人民币普通股票。经双方管理层协商后，决定依据众合医药2015年4月末每股净资产，确定众合医药本次换股价格为1.30元/股。在此基础上，确定君实生物换股发行价格为25.90元/股。本次换股吸收合并后，众合医药所拥有的全部资产、负债、业务、人员、合同、在研项目及其他一切权利与义务均有君实生物承继与承接，众合医药将终止挂牌并注销其法人资格。

本次换股吸收合并完成后，君实生物和众合医药将合并为单一法人主体，从而消除君实生物与众合医药的潜在同业竞争，两家公司也将实现人才、技术、资金、管理等各种资源的共享和优势互补，提高管理效率，研发实力、资金实力、管理能力和抗风险能力都将得到进一步加强。

目前新三板的收购方式还是以现金收购为主，不过随着新三板的快速发展，现金收购的比重逐步下降，已经从2015年5月30日的88%下降至10月30日的83%。相反，采用定增股份直接收购以及采用定增和现金混合收购方式的占比逐渐提升。此次换股吸收合并案的成功实施体现了新三板的创新性、收购方式的多样化。日后或许有更多合适的挂牌企业选择换股吸收合并的方式做大做强，未来新三板或将涌现更多适合新三板中小企业的收购方式。

7

新三板企业资本运作：股权激励

“千军易得，良将难求。”伴随着市场竞争日益加剧，企业为吸引和留住人才、充分发挥人才的潜力，采取了各式各样的激励手段和措施。股权激励作为一种重要且有效的激励手段，越来越受到企业的重视。通过股权激励，公司可以建立一套与激励对象实现利益捆绑、双方共赢的长效激励机制，实现人力资源与物力资本完美结合，达到个人与企业共同发展、持续双赢的目的。

7.1 新三板企业股权激励方面的法律法规

全国中小企业股份转让系统有限责任公司发布的《全国中小企业股份转让系统业务规则（试行）》（简称《业务规则》）4.1.6规定，在全国中小企业转让系统挂牌的公司可以实施股权激励。根据全国中小企业股份转让系统有限责任公司发布的《全国中小企业股份转让系统业务制度解读》（简称《制度解读》），股权激励是为了增强市场制度包容性，充分适应中小企业。股权激励不仅能优化中小企业的公司治理结构，也可提升企业的市场竞争力，提高投资者对企业的投资兴趣。在我国，关于上市公司的股权激励规定已经比较完善，这次在非上市公司中提及，不仅反映出股权激励对于上市公司的积极作用已经得到了认可，也反映出国家希望通过股权激励等方式鼓励中小企业优化公司治理提高自身核心竞争力。

新三板挂牌公司实施股权激励受到的政策限制很少，且允许存在股权激励未行权完毕的公司申请挂牌。根据《上市公司员工持股计划管理暂行办法》《上市公司证券发行管理办法》《国务院关于全国中小企业股份转让系统有关问题的决定》《非上市公众公司监督管理办法》规定，主板和新三板在股权激励方面差异见表7－1。

表7－1　　主板和新三板在股权激励方面差异

要素	主　板	新三板
核准要求	向中国证监会核准	不超过200人豁免核准
激励方式	多采用股票期权	灵活多样
财务条件	财务状况良好	不设财务指标

续表

要素	主　板	新三板
间隔要求	原来的募集资金须使用完毕	无发行间隔要求
资金来源	最近12个月公司应付薪酬	无限制
金额限制	不高于现金薪酬的30%，不高于员工家庭金融资产的1/3	无限制
数额限制	单个员工不超过股本的1%，累计不超过股本的10%	无限制
发行价格	不低于前20个交易日均价的90%	无限制
持股期限	不低于36个月	不强制限售
流通性	高	较差

7.1.1　新三板企业实施股权激励的必要性

7.1.1.1　优化股权结构的需要

挂牌企业多为处在成长初期的中小企业，往往存在一股独大的现象，股权结构较为单一。随着企业的发展、壮大，公司的股权结构也需要优化和规范。股权的分散程度，未来也可能成为衡量挂牌企业是否适合引入竞价交易的标准之一。

7.1.1.2　吸引人才，增强行业竞争力的需要

新三板企业以高科技领域为主，比如科技、媒体和通信，行业竞争日趋激烈，人才流动频繁，吸引和激励人才成为高科技企业致胜关键。股权激励是现代企业员工薪酬制度的有力补充，可以帮助高科技挂牌企业留住人才。

7.1.1.3 提高公司的管理效率的需要

股权激励将公司业绩的增长与个人的收益水平紧密结合，使得拥有公司经营权的公司高管及核心员工通过持有股份提高参与公司管理的主动性和积极性，促进公司管理提升。

7.1.2 新三板企业股权激励的可行性

7.1.2.1 新三板价格发现机制日趋完善

新三板做市商交易制度已于2014年8月25日正式实施，未来分层之后，竞价交易制度也将逐步引入，最终新三板挂牌企业股票转让将形成协议转让、做市转让及竞价交易三种交易方式相结合的交易体系，新三板市场的挂牌企业股票价格发现功能将日趋完善。

7.1.2.2 新三板交投活跃度逐步增强

随着新三板交易制度的不断完善，新三板股票交易较2014年已经活跃不少。未来分层制度的落实，挂牌企业根据分层的情况可能实行差别交易制度。同时，投资者准入门槛在未来也极有可能进行部分调整，将有更多的机构和个人投资者进入新三板市场，这都将推动新三板股票交易活跃度。

7.1.2.3 以市场为导向的监管政策

不同于规范上市公司股权激励的《上市公司股权激励管理办法》，全国中小企业股份转让系统已明确表示原则上不出台专门针对挂牌企业股权激励的相关政策，支持挂牌企业股权激励市场化运作，大大加强了新三板挂牌企业实施股权激励计划的可操作性及灵活性。

案例1

联讯证券开券商股权激励先河

联讯证券2014年正式登陆新三板，其作为第一家挂牌金融企业备受市场关注，从几轮火热的定增到最新的签约做市商可见一斑。2015年1月30日，联讯证券做市签约仪式正式举行，东方证券、华安证券、齐鲁证券、安信证券、财达证券、国都证券、恒泰证券、华鑫证券、中投证券、广州证券、江海证券、东莞证券、国信证券、兴业证券14家券商为其做市，做市商数量刷新纪录。

2015年8月26日，联讯证券公布面向1 025名员工的第一期员工持股计划（草案）（简称“持股计划”），拉开证券公司员工持股计划序幕。与其他企业推出的针对高管和核心员工的股权激励计划不同，这是新三板挂牌公司首次推出面向所有在册员工的持股计划。该员工持股计划份额合计不超过8 345.36万份，认购价格1元/份，资金总额不超过8 345.36万元；全部份额对应标的股票总数不超过5 716万股，占公司现有股本总额不超过4.71%。参加员工持股计划的员工总人数不超过1 025人，包括公司董事、高级管理人员和其他员工。

与直接持股不同的是，此次员工持股计划设立后将委托中信信诚资产管理有限公司管理，并全额认购由中信信诚资产管理有限公司设立的中信信诚联讯启航1号专项资产管理计划（简称“启航1号资管计划”）的次级份额。启航1号资管计划份额上限为21 250万份，资金总额不超过21 250万元，按照1:1.5的比例设立次级份额和优先级份额。启航1号资管计划主要投资于联讯证券在全国中小企业股份转让系统定向发行的股票，以及银行存款和货币市场基金等低风险高流动性现金管理工具。该计划所获标的股票的锁定期为12个月，自本员工持股计划通过本次定向发行所认购标的股票完成股份登记手续之日起计算；本员工持股计划的存续期为24个月。

联讯证券在业内首家实施股权激励，开创了券商股权激励的先河。在联讯证券此次股权激励计划之前，券商股权激励计划都只在其基金子公司或资管子公司实施。据不完全统计，共有13家基金子公司和资管子公司实施了股权激励，其中包括中欧基金、易方达基金、财通基金财通资产管理、国泰基金国泰元鑫资产管理等。同时，该计划规避从业人员持股限制，通过资管计划认购定增股票。中国证监会2013年发布《证券公司股权激励约束机制管理规定（征求意见稿)》，对可实施股权激励的证券公司、受激励对象、持有形式、信息披露等作出了明确要求。但意见征求后并未发出正式稿。股权激励的常规持股方式有员工直接持股和建立持股平台间接持股两种。但《证券法》第43条规定，证券公司从业人员不得直接或以化名、借他人名义持有、买卖股票，因此直接持股方式对证券公司股权激励而言是不可行的。持股平台涉及新公司的注册设立，程序相对较复杂。联讯证券此次股权激励计划委托中信信诚管理，全额认购启航1号资管计划的次级份额，绕开了对从业人员的持股限制，并实现了所持股份的市场化投资运作。

联讯证券推出的创新股权激励计划，充分体现了新三板制度红利，与主板交易所较为严苛监管环境相比，新三板宽松的备案制土壤无疑将扛起金融改革试验的大旗，未来会有更多的创新试点之举出台。券商作为专业机构，自己选择登陆新三板，公信度更高一些，已经表明看好新三板的发展，对其他企业更有示范作用。新三板的环境相对宽松，为企业创新发展提供了更为广阔的土壤，未来在新三板的制度创新会更多。

7.2 股权激励的实务要点

股权激励是一种以公司股票为标的，对其董事、高级管理人员、核心员工及其他人员进行长期激励的方式。股权激励的核心宗旨是通过激励对象与企业利润共享、风险共担，使激励对象有动力按照股东利益最大化的原则经营公司，减少或消除短期行为。股权激励的理论基础源于委托人与代理人之间的信息不对称，委托代理的存在客观上要求对管理层实施激励，让管理层持有一定的股权可以缓解管理层与股东之间的利益冲突，减少代理成本。

7.2.1 股权激励实施的注意事项

新三板是高新技术或新兴业态企业主导的市场，这类企业更多是靠人才的竞争，而灵活有效的激励制度对稳定高管和核心员工具有积极作用，近期新三板公司出现的高管离职潮愈发凸显股权激励的重要性。股权激励的实施过程中应重点注意以下四点（见图7-1）：

（1）定人。激励对象的选择通常是依据职级、工作年限及对公司利润的贡献高低等因素来确定。激励对象一般主要为公司的决策层与核心骨干，有时是全体员工，需根据企业自身情况灵活运用。

（2）定量。总量方面，挂牌公司股权激励总量一般占公司股权总量的5%～10%；个量方面，基于“二八原则”，核心对象重点激励，真正做到激励的的公平性。

（3）定时。锁定期过长或过短都难以取得良好的激励效果，因此应注意长期激励授予期限等问题。

（4）定价。一般激励对象受让股权的价格由企业自身决定，实践中主要有零价格转让、以每股净资产的价格转让或在此基础让给予一定折扣转让、做市价和协议定价。

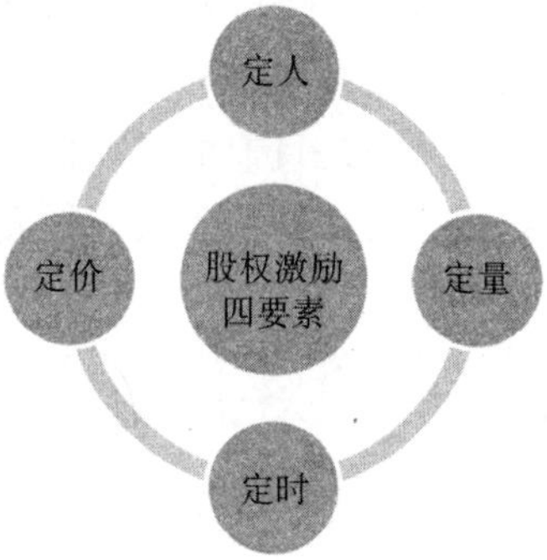

图7－1　股权激励四要素

7.2.2　现阶段股权激励方案的关键点

一个成功的股权激励方案首先考虑企业的发展周期，选择适合企业的方法，然后才开始设计方案。企业现阶段设计股权激励方案的关键点主要有以下八点：

7.2.2.1　股票来源

根据目前市场上的操作情况来看，股票的来源渠道较为可取的主要有：公司提取激励基金，经营者、骨干等受益人开设个人账户，用公司分配的激励基金和个人出资等以个人名义购买流通股票，公司委托管理，在规定时间内限制流通，受益人享有除流通权以外的其他一切权利；在公司净资产增值部分中确认一块，用于高科技人员和管理层的期权计划；公司在发行新股时，预留一部分额度作为未来经营者行权时的股票来源。这部分股份额度，发的是认股权证，只有经营者在未来行权购买股票时，才需要交钱，才带来公司注册资本的变化。

7.2.2.2 股票定价

股票谁来定价，有的公司由董事会确定，有的由股东大会确定，更多的是由薪酬委员会或认股权管理委员会确定。行权价怎么定相当关键。目前，国内的做法大致为五种：一是目前的市场价乘以折扣；二是每股净资产的价值；三是净资产乘以系数；四是股票原始发行价格；五是股权的一种均衡价格。

7.2.2.3 激励对象

激励对象也就是股权的受益者，一般有三种方式：一种是全员参与，这主要在初创期；第二种是大多数员工持有股份，这主要适用于高速成长期，留住更多的人才支持企业的发展；第三种是关键员工持有股份，受益者主要是管理人员和关键技能人员。对于激励对象的选择也要有一定的原则，对于不符合条件的员工不能享受股权激励。

7.2.2.4 激励方式

常用的中长期激励方式有三类：股权类、期权类和利益分享类。每一种方法都有它的优点和缺点，也有具体适用的前提条件。对于非上市公司新三板企业来说，股权类和利益分享类比较适合。但是无论采取哪种方法，都要考虑激励机制与约束机制的有机结合，真正发挥员工的积极性。如果只考虑激励机制，不考虑约束机制，股权方案就有可能失去效用。

7.2.2.5 员工持股总额及分配

员工持股总额及分配是确定股权激励的总量、每位收益人的股权激励数量、用于后期激励的预留股票数量。如何确定，每个公司有其特殊性，可根据实际情况来定。对于每位收益人的股权数量基本上是按照职位来确定。如果公司在职位评估上相对公平，年收入水平基本上考虑职位在公司的价值和体现了个人能力，就可以根据年收入来确定股权比例。对于新就职的员工，特别是高管，一般进入公司就需要享受中长期激励方案，但可采取分步实施的方针，在试用期过后的一年里先享受 50% 的比例，一年之后再 100% 享受。

7.2.2.6 购股方式

购股方式也就是购买股票的资金来源，一般有员工现金出资、公司历年累计公益金、福利基金、公司或大股东提供融资、员工用股权向银行抵押贷款。有些方式会产生财务支出，要重复交税。股票投资要交投资经营税，期权所得要支付投资所得税，而且在股票回购时不能算作成本费用来抵消税负。如果不考虑财务方面，有些公司会更多采用员工出资购买的方式，每个月从工资中按比例扣钱，这样公司不仅实现了融资，节约了成本，还从一定程度上提高了员工的退出成本，有利于留住人才。

7.2.2.7 股票处理

行权持有股票后，关键是这些股票如何流通变现。就期权计划实现最大激励效果而言，建议行权的股票立即可以流通，从流通数量上限制，采用逐步兑现的方式来解决。

7.2.2.8 管理机构及操作

实施股权激励项目一般都需要设立一个专门的小组或者部门来管理方案实施的日常操作。这个常设小组或部门不仅要保证公开、公正、公平地实施股权激励制度，也要宣扬共同分担风险、共同享受成果的理念。股权激励的目的是调动员工的积极性和发挥主人翁精神，共同谋求企业的中长期利益，避免只追求短期利益而损害了长期利益。所以，只有贯彻这一理念才能激励和留住人才。

但任何一个工具和方法都是一把双刃剑，股权激励会稀释产权，所以，在设计股权激励方案的时候，一定要充分考虑企业的中长期战略目标、企业文化和行业特点，设计出系统的、有针对性的和易于操作的方案。

7.3 新三板股权激励模式

7.3.1 员工持股型

员工持股是指让激励对象持有部分数量的本公司的股票，这些股票是公司无偿赠予激励对象的，或者是公司补贴激励对象购买的，或者是激励对象自行出资购买的。激励对象在股票升值时受益，股票贬值时则受到损失。通过员工持股方式实行股权激励计划，一般为限制性股票。

公司预先设定了公司要达到的业绩目标，当业绩目标达到后则公司将部分数量的本公司股票无偿赠予或低价售与激励对象。授予的股票不能任意抛售，而是受到一定限制。一是禁售期的限制：在禁售期内激励对象获授的股票不能抛售。禁售期根据激励对象的不同设定不同的期限。如对公司董事、经理的限制规定的禁售期限长于一般激励对象。二是解锁条件和解锁期的限制。当达到既定业绩目标后激励对象的股票可以解锁，即可以上市交易。解锁一般是分期进行的，可以是匀速也可以是变速。

案例 2

定向增发直接持股方式：南京旭建（430485. OC）

2015 年 4 月 4 日南京旭建发布定增信息，发行对象为 32 名自然人。其中，公司的核心员工 24 人，在公司长期任职董事、监事和高级管理人员 8 人。发行情况：公司以 2014 年未经审计的归属于母公司股东的每股净资产 1.44 元为基础，定价每股人民币 2.00 元。公司以定向发行的方式发行 1 000 万元普通股，认购人以现金认购，公司本次定向发行募集资金金额为 2 000 万元。本次股票发行募集资金用途为补充公司流动资金，使新投产的两条生产线产品尽快占领国内外市场，新增产能迅速释放，提升公司经济效益。上述股票有限售期，新增股份自股份登记之日起 6 个月内不得转让。

这种方式简单明晰，参与的主要管理通过定向增发，以较低的价格获取了企业的股份，与股东产生了一致的利益，有一定的长期激励作用。

案例 3

定向增发间接持股方式：盛世大联（831566. OC）

2015 年 4 月 23 日盛世大联发布定增信息。本次发行对象为一家机构投资者：宁波盛宁投资合伙企业（有限合伙）出资额 800 万元，发行后持有公司股份 400 万股。宁波盛宁的合伙人为盛世大联的管理人员、员工合计16名自然人及一家机构投资者上海盛大汇通企业服务有限公司。激励对象按照2元/股的价格通过宁波盛宁向公司增资的方式获得激励股权，为无限售条件普通股。本次募集资金主要用于补充公司流动资金，公司资产负债率将降低，财务状况更加趋于健康。本质上，此次股权激励计划采取员工间接持股的激励方式，即激励股权通过宁波盛宁投资合伙企业（有限合伙）授权。盛宁投资为持股平台，是公司的股东，激励对象通过作为有限合伙人间接持有公司的股票。

直接持股给予员工完整的股东权利，但导致股权分散降低决策效率；间接持股制公司可统一管理决策权，可预留股份，还可自由选择公司制平台或有限合伙制平台持股。相比而言，有限合伙制平台的间接持股形式，更适合尚处发展期的新三板挂牌公司。

案例4

转让持股方式：航天检测（832007.OC）

2015年4月28日航天检测发布激励计划：有资格通过间接持股的方式，获授一定数量限制性股票的公司员工，包括公司高层管理人员、中层管理人员、核心技术人员。授予价格：

每股授予价格=上年度截至12月31日公司经审计的每股净资产×50%

2014年度本公司经审计的每股净资产为2.50元，

2015年股权授予价格为1.25元/股，激励对象应交付的股权认购款总额为321.50万元，分别分二期或三期交付，第一期股权款133万元已交存至云南君致投资合伙企业（有限合伙）银行基本账户。本激励方案分三年实施，经考核，2014年度核心员工持股激励方案于2015年执行，2015年实施8%的股份共计257.20万股。

和前面几种情况不同的是，其股份来源是大股东刘浩先生转让持有公司21.99%的股份至云南君致投资合伙企业（有限合伙）持有，计707万股，作为实施激励计划的股份来源。激励对象依照本激励计划所取得的公司限制性股票，将通过持有云南君致投资合伙企业（有限合伙）的出资份额从而实现间接持有，激励对象以自然人的身份在云南君致投资合伙企业内持股，即间接持股公司股份的方式。

这种股权激励方式不需要定增新股，股票来源都是大股东转让的部分股票，企业本身无法从股权激励中融资，但是公司原有的股权结构可能将得到一定改善。

7.3.2 股票期权型

股票期权，指股份公司赋予激励对象购买本公司股票的选择权。具有这种选择权的人，可以在规定的时期内以事先确定的价格（行权价）和条件购买公司一定数量的股票，也可以放弃购买股票的权利，但股票期权本身不可转让、抵押、质押、担保和偿还债务。激励对象一般没有分红权，其收益来自股票未来股价的上涨，收益实现与否取决于未来股价的波动。

案例5

股票期权计划第一例：仁会生物（830931. OC）

上海仁会生物制药股份有限公司是第一家挂牌前开始实施股权激励计划而后成功挂牌的新三板企业。2014年2月，仁会生物通过了股权激励方案。激励计划有效期为自股票期权首次授予日起10年，公司分四次授予股票期权，股票期权总数为317万股，占当时股本总额3.52%，股票来源为公司向激励对象定向发行普通股股票。

首次授予股票期权情况：授予日为2014年2月24日，授予股票期权76万份，行权价格为1元/股。此次行权条件为公司在2015年12月31日前获得“谊生泰注射液”新药证书、“谊生泰注射液”生产批件、“谊生泰注射液”通过GMP认证并获得相关证书。如在2015年12月31日前未达到上述“三证齐全”的目标，则首次期权激励对象所获得的期权数量按一定比例进行折扣后分期行权。此次激励对象为7人，均系在公司工作满6年且为公司主要产品“谊生泰”研究和开发工作做出重大贡献的高级管理人员、中级管理人员及核心研发技术人员。此次激励计划的可行权日为首次授予日起满24个月后。

2014年11月20日，首次授予的期权已在中国证券登记结算有限责任公司完成登记。截至目前，首次授予股票期权约定的行权条件中的期限未到。2015年5月，公司通过了该次股票期权激励计划二次授予方案，确定了第二次股票期权授予的行权条件。

对于企业而言，股票期权优势有以下几点：

（1）调动员工的积极性，规范公司的治理机制，提高公司的整体效率。该次股权激励的对象均为公司的经理、主管等，属于公司的中高级管理人员，这些“中坚力量”正代表公司的管理效率，股票期权带来的财富以及“主人翁”心理必定提高他们的积极性，使激励对象在心理上从“员工”变成“老板”，进而提高公司的凝聚力与效率。这一效率直接体现在加快公司实现短期目标。首次股票期权授予的行权条件为公司在2015年12月31日前实现“三证齐全”。虽然截至目前仍无法确定该目标是否能够实现，但是至少该股权激励方案潜在的巨大利差对该目标的实现起到了加速作用。

（2）固定并约束现有人才，吸收并引进外来人才。该次股权激励将一批管理者变成了股东，使他们在享有公司剩余价值分配权的同时也承担公司的经营风险，对于激励对象既是诱惑（股价上涨），也是约束（股价下跌）。同时，公司巨大的股权激励力度势必会吸引更多的人才前来，不断优化公司人力资源，成为公司加速发展的不竭动力。

（3）获得资金，客观上增加了公司的注册资本。相比其他激励模式，股票期权成本较低。仁会生物首次股票期权授予的股票来源于公司向激励对象以1元/股的价格定向发行普通股股票，员工购买该股票的款项来源于自有资金，公司不提供任何资金保障或担保服务。虽然公司的初衷不在于这些少量资金，但是毋庸置疑的是，这批新增股东将是公司遭遇危机时的资金保障，“股东和员工”双重身份正是他们选择与公司共存亡的关键。

股权激励最大的弊端是股权分散，公司决策效率降低，可能导致企业价值的减损。决策效率的降低是因股权的分散，企业价值的减损是因管理者持股比例的增加，即所谓的“管理防御假说”。截至目前，仁会生物公司股东已超过150个。显然，每次股东大会的召开以及对重要事项的审议都较难形成集中的意见，这一大弊端是该次股权激励的股票来源方式（定向发行）造成的后果。故现在大多挂牌企业选择成立有限公司或者合伙企业（须符合股转系统关于合格投资者的规定，注册资本须500万元以上）作为股权激励的员工持股平台（例如三星股份、同兴股份等），这样可有效避免该弊端。而且股权激励的效果可能较为短暂，一旦员工行权后成为股东，则无从限制，其势必可能依仗股东身份，谋取个人私利，背弃公司价值目标。

对于员工而言，优势也很明显：

（1）直接获得财富。首次股票期权授予确定的行权价格为1元/股，其他三次的预留股票期权的行权价格为5元/股，而根据公司目前最近的一次股票发行价格（2015年6月公司定向发行400万股，发行价格为25元/股，且股票价格一直处于稳步上升阶段），员工可以直接获得股票价格之间巨大的利差；如果股票发行价格跌破行权价格，员工可以自主放弃行权。

（2）管理地位更加牢固，可一定程度上通过自己的想法实现价值。作为股东可以提出自己的想法，作为员工可以执行自己的想法，如执行不力，股东的身份还可以保障自己的地位与报酬。股权激励具有一般奖励无法比拟的优势，其不只是激励员工“尽本分”，更是鼓励他们敢于“不安分”地实现自己的价值。

股权激励固然是公司给予员工的福利，但是该类福利的特殊性在于其具有风险，可能最终“不得其利，反受其害”。股票期权授予一般设置行权条件。例如：仁会生物的“三证齐全”目标，如未能按时实现条件可能获得的股权比例将大打折扣；可行权日开始时股价跌破行权价格，员工可能放弃行权，到头来也只是空欢喜一场；员工按原计划行权，用自有资金购买股权后股价跌破行权价格，对于员工来说就是“卖力又折本”的生意。

7.3.3 复合期权型

限制性股权是指挂牌公司以低于二级市场上的价格授予激励对象一定

数量的本公司股票，激励对象以自筹资金购买公司股票。限制性股权一般会设定股票锁定期（即持有股票但不能出售），在公司业绩达到预先设定的考核指标后，方可按照约定的期限和比例将股票解锁。很多新三板企业选择了股票期权与限制性股权混合使用的复合期权模式。

案例 6

复合期权：百华悦邦（831008. OC）

北京百华悦邦科技股份有限公司于 2014 年 10 月 9 日披露了《股票期权与限制性股权激励计划》，是股权激励模式混合使用的代表性案例。对于股票期权部分此处不再赘述，集中详细分析其中限制性股权部分。该计划授予限制性股权 100 万股，占当时公司股本总额 2.5%。

激励对象：包括董事、监事、高管、中层管理人员、主要业务（技术）人员，以及董事会认为对公司有特殊贡献的其他人员，共 112 人。

方案内容：本激励计划拟向激励对象授予权益总计 200 万份，涉及的标的股票种类为公司普通股，约占本激励计划签署时公司股本总额 4 000 万股的 5%。其中首次授予权益 147.7 万份，占目前公司股本总额 4 000 万股的 3.69%；预留 52.3 万份，占目前公司股本总额 4 000 万股的 1.31%。本激励计划授予的股票期权行权价格为 15 元，限制性股票的授予价格为 7.5 元。股票期权激励计划的股票来源为公司向激励对象定向发行公司股票。

股票期权激励计划：公司拟向激励对象授予 100 万份股票期权，涉及的标的股票种类为公司普通股，约占本激励计划签署时公司股本总额4 000万股的2.5%。其中，首次授予73.85万股，占目前公司股本总额4 000万股的1.85%；预留26.15万股，占目前公司股本总额的0.65%。在满足行权条件的情况下，每份股票期权拥有在有效期内以行权价格购买1股公司股票的权利。预留部分的股票期权在首次授予后的18个月内授予，应自相应的授权日起满12个月后，激励对象应在未来24个月内分两期行权，每期行权50%。

各年度绩效考核目标如下：

第一个行权期：2015年归属于公司股东的扣除非经常性损益后的加权平均净资产收益率不低于20%；公司2015年实现营业收入相比于2013年增长不低于20%；公司2015年归属于公司股东的扣除非经常性损益的净利润相比于2013年增长不低于20%。

第二个行权期：2016年归属于公司股东的扣除非经常性损益后的加权平均净资产收益率不低于20%；公司2016年实现营业收入相比2013年增长不低于40%；公司2016年归属于公司股东的扣除非经常性损益的净利润相比2013年增长不低于40%。

第三个行权期：2017年归属于公司股东的扣除非经常性损益后的加权平均净资产收益率不低于20%；公司2017年实现营业收入相比2013年增长不低于60%；公司2017年归属于公司股东的扣除非经常性损益的净利润相比2013年增长不低于60%。

限制性股票激励计划：公司拟向激励对象授予100万股公司限制性股票，占本激励计划签署时公司股本总额 4 000 万股的 2.5%。其中，首次授予 73.85 万股，占目前公司总股本 4 000 万股的 1.85%；预留 26.15 万股，占目前公司股本总额的 0.65%。

除具有股权激励的共性利弊外，限制性股权具有独特利弊。对于公司而言，优势在于：

（1）时间短，效果明显。限制性股权的特殊性在于方案一经通过，员工在数月之内一般就能成为公司股东，只不过他们的股份存在漫长的锁定期。这对于员工的心理压迫非常强烈，员工要变成股东须投入自有资金，且这些行为不可逆转（股票期权可放弃），员工只能竭尽全力去实现解锁条件（这就是所谓的“限制性股权具有一定的惩罚性”，如股价下跌，一损俱损）。百华悦邦 10 月 9 日开始实施股权激励计划，15 日即开始增加注册资本，激励对象在 1 个月内便快速获得股份。

（2）风险小。股权激励主要为了固定并约束现有人才，那限制性股权激励模式是最好的选择，因为限制性股权极大地降低了股权激励行权获益的风险。百华悦邦在开展股权激励计划 1 个月内，便“绑定”了所有激励对象，且无论以后公司业绩好坏、股价上涨或下跌，这些激励对象都无法自主放弃，而且还必须努力实现解锁条件。

相比较其他股权激励模式，限制性股权的弊端便在于实现战略目标的成本和手段不经济，导致偏离激励初衷。因限制期限较短，员工获得股份后容易背弃公司利益最大化目标。

对于员工而言，限制性股权风险较大，能够快速获得股份的代价便是快速被“绑定”。如购买股份后遭遇股价跌破购买价，因缺乏退出机制，势必损失惨重，除非刻意不实现解锁条件，由公司回购股份。

7.3.4 虚拟股权型

虚拟股权是指公司授予激励对象一种虚拟的股票，激励对象可以据此享受一定数量的分红权和股价升值收益，但没有所有权，没有表决权，不能转让和出售，在离开企业时自动失效。虚拟股权享有的收益来源于股东对相应股权收益的让渡。

虚拟股权分为股份增值权和分红权，属虚拟股权类激励工具，两者也可结合使用。股份增值权模拟股票期权工具，激励对象获得一定期限后认购公司虚拟股权的选择权。一般以授予时的每股净资产作为虚拟行权价格，激励对象行权时公司直接支付基于每股净资产的增长额作为其行权收入。而分红权的激励对象则以自有资金购买公司虚拟股权，得到股权后可享受分红权，并可持续投入多次购买。目前，公司多采用“股份增值权+分红权”结合方式，进行虚拟股权激励。

案例7

虚拟股权：精冶源（831091. OC）

北京精冶源新材料股份有限公司（以下简称“精冶源”，代码831091）于2015年5月披露虚拟股权激励方案，开创了新三板挂牌企业股权激励模式的先河，目前也仍是唯一一家实施虚拟股权实施激励的挂牌企业。

公司主营业务为不定形耐火材料的研发、生产、销售。2014年，公司实现主营收入7 584万元，同比下降16%；实现净利润1 287万元，同比大幅增长213%。公司2015年5月6日发布新三板首份虚拟股权激励计划。

授予对象：此次激励计划的有效期限为3年，即2015～2017年，激励对象无偿享有公司给予一定比例的分红权。授予对象范围包括公司高管、中层管理人员、业务骨干以及对公司有卓越贡献的新老员工等。

业绩条件：公司以年度净利润作为业绩考核指标。设定的每年业绩目标为：年度净利润增长率不低于20%（含20%）。

授予方式：在实现公司业绩目标的情况下，按照公司该年度净利润和虚拟股权占比核算和提取股权激励基金。即：（1）当年激励基金总额＝考核年度净利润×加权虚拟股权总数/加权实际总股本；（2）虚拟股权的每股现金价值＝当年激励基金总额÷实际参与分红的虚拟股权总数；（3）个人实际可分配虚拟股红利＝虚拟股权每股现金价值×虚拟股股数；（4）虚拟股权的授予数量，根据虚拟股权激励对象所处的职位确定股权级别及其对应基准职位股数（经董事会表决同意后基准职位股数可按年度调整），根据个人能力系数和本司工龄系数确定计划初始授予数量，根据年终绩效考核结果确定当年最终授予虚拟股权数量。

虚拟股权的初始授予数量＝基准职位股数×能力系数×本司工龄系数

虚拟股权的最终授予数量＝虚拟股权的初始授予数量×绩效考核系数

本次激励计划授予股权共分为四个级别，基准股数区间为1万～2.5万股。是否授予年度分红权激励基金的基准指标是公司年度净利润增长率是否达到20%。公司处于收购、兼并或转板上市阶段的，虚拟股权可以通过一定的对价方案转化为股票或者现金补偿，具体转换方案另行制定。

从激励方案来看，虚拟股权的实质在于以虚拟股权形式取代传统的“绩效等级”给予员工分红权。只是该种虚拟股权在特定条件下有转为股票的可能，且分红额度与企业效益息息相关。截至目前，精冶源针对该激励计划未作进一步披露，预估需2016年5月进行第一次年度分红。

虚拟股权相对于其他股权激励模式是最特殊的一种，因为其实质为一种年度分红凭证，缺乏股权变动的实质性内容。对公司来说，其主要优势在于：

（1）操作简便。虚拟股权方案的制定、操作均只需公司内部通过即可，且未有相关法律法规限制，其实质为公司绩效考核制度，属于公司内部管理问题。

（2）效果持久。相对于其他激励模式，虚拟股权的影响可以一直延伸下去，并不因为股票价格、行权、解锁等事项而受到影响，其最大的制度价值在于利用虚拟股权给予的分红权，调动企业员工为公司长远发展而共同努力的积极性。

虚拟股权的主要弊端也很明显，因为虚拟股权并不是股权，所以激励力度相对较小，无法实现固定人才的作用，激励对象也可能过分关注企业短期效益获得分红，不支持企业资本公积金的积累。因虚拟股权激励模式主要以分红为激励手段，所以对于公司的现金支付压力较大。

对员工来说，该种激励模式实质只是一种分红政策，对于员工而言是纯奖励的措施，没有任何风险。员工较容易理解，无须自主支付资金，较易接受。但相对于其他激励模式而言，诱惑力较小，员工的积极性不会太高。

7.3.5 不同模式特点对比（见表7-2）

表7-2 不同模式特点对比

	员工持股型	股票期权型	复合股权型	虚拟股权型
激励力度	短期内激励	较弱	集合了两种常规方式的优点，激励对象在两类时间点均可	较弱，契约形式约束力小
风险收益对称性	对称	不对称，只有行权获益的权利	买入股票，获得多次价差收入	对称
公司承担风险	较低	高		较低
价值评估体系	授予日的股票市场价格扣除授予价格	较为复杂，期权定价模型		当年激励基金总额÷参与分红的虚拟股权总数
会计核算	简单，且没有等待期	复杂，按照授予日确定的公允价值计入当期的成本费用和资本公积		简单
对公司的影响	分散股权，稳定公司管理	减少企业利润		不稀释股权
适用情况	成熟型企业	成长初期或扩张期	设计灵活	设计灵活

未雨绸缪篇

8

新三板分层通道的铺设

新三板的跨越式发展，离不开相关政策的推进。2015 年，新三板迎来了规模性扩张，而对于推动市场发展更为优先且关键的是实施市场分层制度。在市场各方的千呼万唤之下，2015 年 11 月 20 日，中国证监会出台了《关于进一步推进全国中小企业股份转让系统发展的若干意见》，紧接着出台了分层方案的征求意见稿，明确提出新三板将实施内部分层。将来，竞价转让、投资者门槛调整、转板退市等制度，都需要以分层作为基础和统筹。市场分层是新三板接下来大发展的基础。

新三板分层，不仅将显著加强投资者对公司规模、资质和发展前景的认识，也满足了处于不同发展阶段公司的需求，有利于上市公司在不同发展阶段吸引不同风险偏好的投资者，对当前流动性困局的破解，具有诸多积极意义。而企业要关心的是，分层制度是什么？将给企业带来什么？企业要做些什么准备？

8.1 新三板分层的制度安排

8.1.1 新三板分层：基础层+创新层

新三板参考了纳斯达克的分层改革经验。纳斯达克的分层经历了35年才完成，于1982年、2006年进行了两次分层制度的变革，先分两层，再过渡到三层。第一次分层主要考虑到上市公司的数量规模持续扩大，对不同质地的企业分开管理；同时，投资者对于信息披露、交易制度的需求不断提高，为了吸引优秀企业、提升交易所竞争力，第二次分层也水到渠成。

新三板分层也采取渐进模式。未来全国股转系统将由多个层级的市场组成，每一层级市场分别对应不同类型的公司，现阶段首先将挂牌公司划分为创新层和基础层。随着市场不断发展和成熟，可能会从基础层中筛选出一批资质较高的企业，分化出第三层。

8.1.2 分层的依据：三套并行标准

新三板的分层标准也参考了纳斯达克各个层次的上市标准，以“财务标准+流动性标准”为分层依据，将财务质量较好、流动性较好以及规模较大的企业挑选出来，形成了创新层，以逐步提供更为灵活的交易制度及服务。同时，采取差异化标准和共同标准结合的方式，在满足共同标准的基础上，制定三套差异化标准，企业只要满足其中一套标准，即可进入创新层。基础层主要针对挂牌以来无交易或交易极其偶发且尚无融资记录的企业，还包括有交易或者融资记录但暂不满足创新层准入标准的企业。具体资料见表8－1。

表8－1　　进入新三板创新层的标准

指标	标准一：净利润＋净资产收益率＋股东人数	标准二：营业收入复合增长率＋营业收入＋股本	标准三：市值＋股东权益＋做市商家数
经营年限	存续2年以上		
主营业务	业务明确		
盈利	最近2年盈利：2年净利润不少于2 000万元； 最近2年平均净资产收益率不低于10%	最近2年营业收入连续增长，且复合增长率不低于50%； 最近2年平均营业收入不低于4 000万元	
市值			最近3个月日均市值不少于6亿元
股本		不少于2 000万元	
股东数量	最近3个月日均股东人数不少于200人		
股东权益（最近一年末）			不少于5 000万元
做市商数量			不少于6家
流动性标准	最近3个月内，实际成交天数占可成交天数的比例不低于50%，或者挂牌以来（包括挂牌同时）完成过融资		
公司治理	（1）符合《挂牌公司章程指引》的规定； （2）制定三会议事规则、关联交易管理制度、投资者关系管理制度、利润分配管理制度和承诺管理制度； （3）设立专职董事会秘书，董事会秘书应当为公司高级管理人员。		

续表

违规记录	（1）挂牌公司或挂牌公司的控股股东、实际控制人、董事、监事和高级管理人员在最近12个月内不得存在以下情形：因信息披露违规、公司治理违规等行为被采取纪律处分以上自律监管措施；受到中国证监会的行政处罚或其他部门的罚款以上行政处罚；受到刑事处罚；或者公司丧失经营资质；被采取约见谈话、提交书面承诺、出具警示函、责令改正、限制证券账户交易等自律监管措施3次以上的。 （2）挂牌公司或挂牌公司的控股股东、实际控制人在最近12个月以内不得存在：重大未决诉讼、正在接受重大违法违规立案调查或者存在其他重大未决事件的。

注：1. 净利润以扣除非经常性损益前后孰低者为计算依据；
2. 平均净资产收益率以扣除非经常性损益前后孰低者为计算依据。

8.1.3 分层程序：能上能下，降层有1年缓冲期

该分层标准将于已挂牌公司2015年年报披露截止日（2016年4月29日）后，由全国股转系统根据分层标准，自动筛选出符合创新层标准的挂牌公司，于2016年5月正式实施。

此后新挂牌的企业，在申报挂牌时，全国股转系统根据分层标准就该挂牌公司是否符合创新层标准自动判断。符合创新层标准的挂牌公司，直接进入创新层。其中，选择适用标准一进入创新层的企业，须取得中国证监会核准在全国股转系统公开转让的批复。选择适用标准二进入创新层的企业，应补充提交一年期审计报告。选择适用标准三进入创新层的企业，应当在挂牌前一次性向6家（含）以上的做市商发行股票或者挂牌同时发行股票，以本次发行价格作为市值的计算标准。

与纳斯达克一样，分层标准必然伴随着层级的流动，能上能下才能流水不腐，保证层级的筛选功能。今后每年4月30日股转公司将进行层级调整，从基础层挂牌公司中自动筛选出符合创新层标准的挂牌公司。没有前置性的审核、没有比例的限制、没有进度的控制，只要企业达到相应分层标准即可进入创新层。

从创新层降至基础层的条件并没有对等的严格：（1）有1年的缓冲期。如果第一年不符合维持标准的，公司应当及时发布风险揭示公告，第二年仍不符合的，则将被调整到基础层。（2）维持标准的净利润、净资产收益率、营收增长率、市值等指标要求低于分层标准的相应要求（见表8-2）。

表8-2　　新三板分层后的维持标准

要素	以标准一进入创新层的企业	以标准二进入创新层的企业	以标准三进入创新层的企业
净利润	最近两年连续盈利，且平均净利润不少于1 200万元		
净资产收益率	最近两年平均净资产收益率不低于6%		
股东人数	最近3个月日均股东人数不少于200人		
营业收入复合增长率		最近两年营业收入连续增长，且复合增长率不低于30%	
营业收入		最近两年平均营业收入不低于4 000万元	
股本		股本不少于2 000万元	
市值			最近3个月日均市值不少于3.6亿元
股东权益			最近一年年末股东权益不少于5 000万元
做市商家数			不少于6家
公司治理	公司治理符合创新层的准入要求		

续表

违规记录	最近12个月内未出现以下情形： (1) 挂牌公司或挂牌公司的控股股东、实际控制人、董事、监事和高级管理人员因信息披露违规、公司治理违规等行为被采取纪律处分以上自律监管措施；或者受到中国证监会的行政处罚或其他部门的罚款以上行政处罚；或者受到刑事处罚；或者公司丧失经营资质。 (2) 挂牌公司或挂牌公司的控股股东、实际控制人、董事、监事和高级管理人员因信息披露违规、公司治理违规等行为被采取约见谈话、提交书面承诺、出具警示函、责令改正、限制证券账户交易等自律监管措施3次以上的。 (3) 挂牌公司或挂牌公司的控股股东、实际控制人存在重大未决诉讼、正在接受重大违法违规立案调查或者存在其他重大未决事件的。
交易要求	最近3个月内，实际成交天数占可成交天数的比例不低于50%

8.1.4 各层次之间实行差异化制度安排

挂牌公司分层的本质是挂牌公司风险的分层管理，其实现方式是制度的差异化安排。股转系统对不同层级挂牌公司实施差异化的服务和监管。依标准分入创新层的公司，可优先享受包括储架发行、授权发行、并购贷款及并购基金等在内的制度供给（见表8-3）。

表8-3 创新层和基础层的差异化制度安排

	创新层	基础层
融资制度	加强融资定价的指导	维持现有规则不变
发行方式	(1) 建立一次审批、分期实施的储架发行制度和挂牌公司股东大会一次审议、董事会分期实施的授权发行机制； (2) 加强低价发行的限售指导	维持现有规则不变

续表

	创新层	基础层
募集资金用途管理	（1）进一步强化募集资金用途的披露； （2）募集资金实行专户管理； （3）主办券商应当对募集资金使用情况纳入持续督导范围； （4）改变募集资金用途的，应当履行约定的决策程序并予以披露； （5）定期报告中详细披露募集资金的使用情况	维持现有规则不变
融资方式	先行试点发行公募债等融资方式	维持现有规则不变
董秘资格	董事会秘书应当取得创新层资格证书，并要求董事会设立专门的管理机构	董事会秘书或信息披露事务负责人应当取得基础层资格证书
主办券商对公司培训	主办券商应当参照《主办券商持续督导工作指引》规定，每年至少对督导的挂牌公司的董秘或者信息披露负责人进行两次培训	主办券商应当参照《主办券商持续督导工作指引》规定，每年至少对督导的挂牌公司的董秘或者信息披露负责人进行一次培训
信息披露要求	（1）要求披露业绩快报或业绩预告； （2）提高定期报告、临时报告披露及时性的要求； （3）鼓励披露季度报告； （4）实施严格的违规记分和公共披露制度	在执行现有监管规则的同时，适度降低定期报告和临时报告披露要求

8.2 企业在分层预期下的机遇

8.2.1 分层有利于不同发展阶段的企业吸引不同风险偏好的投资者

当前新三板挂牌公司数量突飞猛进，公司分化情况严重。新三板挂牌公司数量已突破 5 000 家。在信息高度不对称、更为接近注册制的环境下，众多挂牌企业资质差异较大。从财务指标来看（见图 8 – 1），根据新三板挂牌企业的 2015 年中报（除去未报告企业），营业收入前 10 家的企业平均达到了 20 亿元，前 100 家企业平均为 7.3 亿元，而后 10 家企业平均仅有 8.5 万元，后 100 家企业平均仅有 105.9 万元。净利润前 10 家的企业平均达到了 5.7 亿元，前 100 家企业达到了 1 亿元；而后 10 家企业平均亏损 6 亿元，后 100 家企业平均亏损1 600 万元。从市值指标来看（见图 8 –2），根据新三板挂牌企业的 2015 年中报，市值前 10 名的企业平均达到了 189 亿元，前 100 名的企业平均达到了 41 亿元，同时还存在大量市值为 0 的企业。挂牌企业的财务资质良莠不齐，分化较大。分层制度的出台，对不同层级实行差异化管理，能够改善信息不对称的情况，降低投资决策的成本，有利于挂牌企业在不同的发展阶段吸引不同风险偏好的投资者。

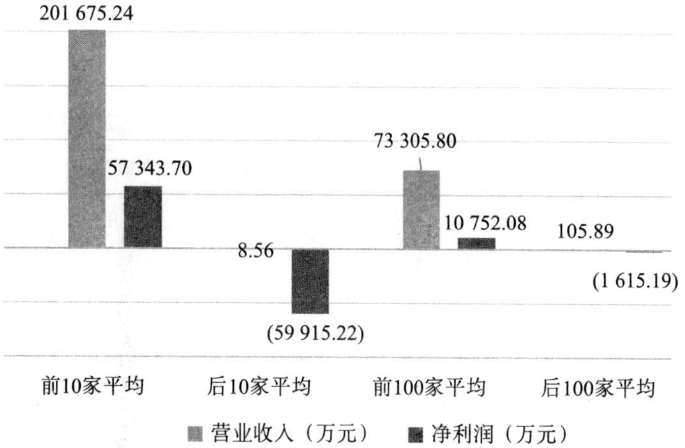

图 8－1　新三板企业财务指标分化情况（2015 年中报）

数据来源：Wind 资讯。

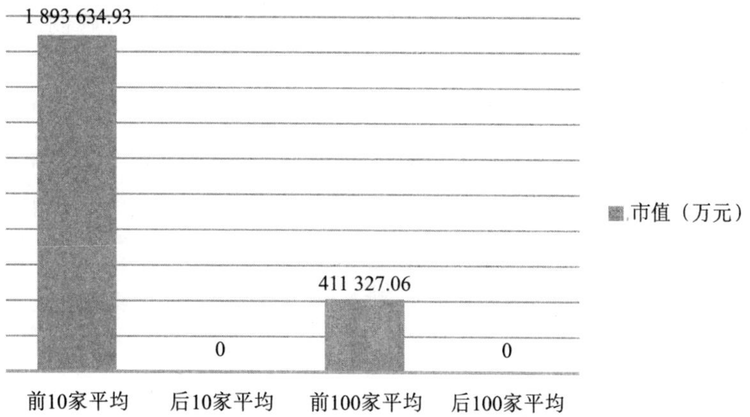

图 8－2　新三板企业市值分化情况（2015 年中报）

数据来源：Wind 资讯。

8.2.2 分层有利于从长远上提高市场交易活跃度

新三板面临流动性大幅萎缩的尴尬局面，流动性分化明显。2015 年 4 月以来，新三板日成交额从此前最高的 52 亿元跌至 9 月日均 2 亿 ~3 亿元水平，甚至不如一只 A 股一天的成交额。分层制度的出台，将为整个市场带来“鲶鱼效应”，不仅有利于改善优质企业的流动性，而且可以使企业估值得到充分挖掘。分层制度之后，有可能进一步推行转板制度，从长远上增加市场交易活跃度，从根本上解决新三板的流动性危机。

8.2.3 分层给进入较高层级的企业带来估值溢价

分层作为一种筛选机制，在创新层为投资者挑选出更具有稀缺性和确定性的企业，吸引风险偏好较低的增量资金入场，进一步提振市场对创新层企业的信心，带来创新层企业的估值提升。因此，在摘牌制度出台之前，短期内建议关注创新层的潜在标的企业，挖掘这些企业进入创新层所带来的估值溢价。未来，如果新三板市场交易活跃、企业估值能得到充分挖掘，定价融资功能畅通，优秀的公司很可能会选择积淀在新三板的高层级中，为投资者带来长期收益。

8.3 企业如何铺设创新层通道

距离分层制度正式实施还有几个月缓冲期，然而分层制度颁布的时间点明显没有为企业预留可以影响 2015 年年报的可能。对于一些已经满足了标准三其他指标的企业来说，在半年内增加 1～2 家做市商是可能的，这些企业要抓紧机遇，努力达到进入创新层的标准。

现阶段仅设置了从创新层降为基础层的制度，尚未出台从基础层摘牌的制度。纳斯达克的每个层级都设置了持续上市标准，不满足最低层级标准的，会被强制摘牌，每年有大约 8% 的公司退市。新三板如果没有摘牌制度，随着挂牌企业无限制增加，大量无法满足创新层标准的企业堆积在基础层，投资者争抢创新层企业，将进一步造成市场流动性分化。为了保证市场分层制度的筛选功能，使得基础层不成为垃圾企业的回收场，分层制度理应有摘牌制度作为配套。因此，可以预见，下一步股转系统还将推出基础层的维持标准，资质不好的企业不仅无法进入更高层级的市场，还可能会在将来遭遇强制摘牌。因此，无论是创新层的企业，还是基础层的企业，都面临降层乃至摘牌的风险，不能高枕无忧。对于企业而言，关键还要从企业的盈利能力、成长性、市值管理、流动性管理的角度修炼“内功”，在维持企业层级的基础上，铺设未来的升级创新层通道。具体而言要考察表 8－4 所列的几个构成要素：

表 8－4　　新三板企业持续经营能力的构成要素

要素	具体要素
行业	企业所处行业是否属于国家政策允许、扶持、鼓励的行业； 是否存在行业周期性风险； 行业竞争主要存在的其他外部风险。
股东、管理层	管理层的管理能力； 管理层是否稳定； 是否存在利用优势地位损害公司利益的动机和风险（如关联交易、同业竞争等易诱发利益输送的风险点）； 管理层的管理理念、管理模式； 管理层是否具有因个人业绩束缚而追求短暂财务指标的可能性（如个人收入为指标与公司的对赌协议）。

续表

要素	具体要素
资源要素	是否取得经营发展的必要资质； 是否掌握必要的生产技术，且该技术尚在保护期内； 是否具有必要的设备、土地、厂房，权属是否清晰； 是否具有核心团队； 对上下游客户是否具有依赖性； 是否具有独立的渠道。
财务状况	企业现金流是否充足； 是否具备健全的内控制度； 企业的经营收益是否稳定增长； 企业对于研发等成本投入是否具有持续性，是否与收入、规模相匹配。
产品或服务	产品的市场占有率和可替代性； 产品及服务的品种结构。
纳税	对税收优惠政策、财政补贴的依赖性（享有税收优惠或财政补贴的企业）。
重大诉讼仲裁	是否存在重大诉讼、仲裁。

资料来源：北大瑞银，《新三板股改上市案例全程指引》。

8.4 未来转板的展望

分层之后，新三板的市场功能将更加丰富与完善，具备了向多层次资本市场转板制度发展的基础。在实践中，已经有9家企业成功在创业板和中小板上市，这一做法的主要依据是2013年国务院颁布的《关于全国中小企业股份转让系统有关问题的决定》（49号文）。该决定规定，在全国股份转让系统挂牌的公司，达到股票上市条件的，可以直接向证券交易所申请上市交易。到目前，所谓的“转板”均是通过首次公开募股方式实现的，并非真正意义上的转板。

表 8-5　　新三板企业成功转板上市情况一览表

转板前			转板后	
股票代码	公司名称	转板日期	股票代码	板块
400003. OC	粤传媒	2007 年 11 月 16 日	002181	中小板
430007. OC	久其软件	2009 年 8 月 11 日	002279	中小板
430006. OC	北陆药业	2009 年 10 月 30 日	300016	创业板
430001. OC	世纪瑞尔	2010 年 12 月 22 日	300150	创业板
430023. OC	佳讯飞鸿	2011 年 5 月 5 日	300213	创业板
430008. OC	紫光华宇	2011 年 10 月 26 日	300271	创业板
430012. OC	博晖创新	2012 年 5 月 23 日	300318	创业板
430045. OC	东土科技	2012 年 9 月 27 日	300353	创业板
430030. OC	安控科技	2014 年 1 月 6 日	300370	创业板

数据来源：Wind 资讯。

中国证监会正在对直接转板制度进行研究，即将来新三板的企业有可能直接对接其他上市板块。根据最新的政策走向，我们认为将来最有可能直接和新三板对接的是深圳证券交易所的创业板。中国证监会已明确表示，将允许符合一定条件尚未盈利的互联网和科技创新企业在新三板挂牌满一年后到创业板发行上市；深圳证券交易所也着重提出要丰富创业板层次，推动新三板与创业板转板试点（见图 8-3）。

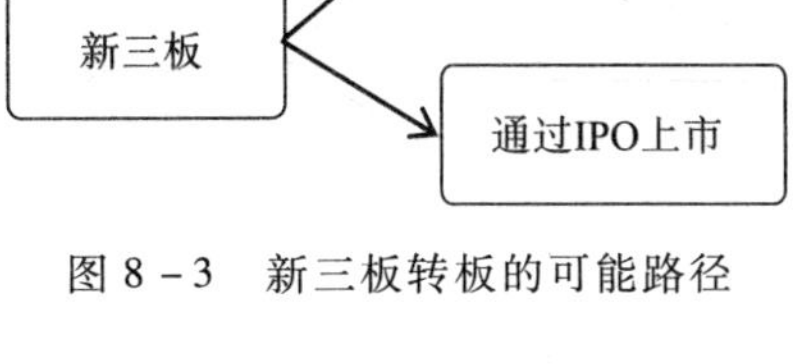

图 8-3　新三板转板的可能路径

分层制度出台后，由于创新层更为优越的企业孵化环境，企业的转板意愿已有所减弱，然而，进入创新层的企业，仍然可以未雨绸缪，谋划铺设转板通道。将来能够实现转板的企业，首先应该来自于新三板创新层。以目前创新层的标准来看，很多单项指标已经超过或者接近了创业板，如标准一在净利润这一单项指标上的要求（近2年2 000万元）已经超过了创业板（近2年1 000万），标准二在营业收入（最近2年平均不低于4 000万元）、股本（不少于2 000万元）等单项指标的要求已接近创业板要求。但无论哪套创新层标准，均没有包含资产要求，这是由于股转系统服务于高新技术产业、具有轻资产特征企业的定位。创业板的上市条件对盈利要求较高，具有资产要求，与新三板的评价体系不对接，且要求企业通过首次公开发行上市，目前还难以与新三板直接对接。企业未来可能面临不止一种转板路径。IPO抑或等待直接转板政策的出台，究竟选择哪一种，一是取决于企业的自身条件，二是有待于观察注册制的政策推进。

9

挂牌新三板的可能风险及其防控

9.1 大股东控制权旁落的风险及其防控

一般中小企业都采取有限责任公司的形式，股东的人数通常较少，而股东之间往往是较为熟悉的合作伙伴。企业在新三板挂牌上市，意味着公司的股份具有了一定程度的流通性。对于公司的大股东而言，一方面，股份公司的股东对外转让公司股份时不再需要得到其他股东的同意，其他股东也没有优先购买权；另一方面，作为新三板挂牌企业，其股份通过股转系统进行转让交易是比较便利的，因而公司的大股东将难以控制其他公司股东对外转让股份的行为。在这种背景下，如果公司大股东自身没有一定的资金实力维持较高的持股比例，其他觊觎公司控制权的主体就可能通过股份转让系统的公开交易甚至是全面要约收购而取得公司的控制权。

对于大股东而言，有六种手段可以避免控制权旁落的风险。

9.1.1 一致行动人协议

一致行动人协议，是指投资者通过协议或者其他安排，与其他投资者共同扩大其所能支配的上市公司股份表决权数量的行为。当公司无控股股东，也没有实际控制人，大股东可以和其他股东签署一致行动人协议，保证自己对公司的控制力。

新三板已经有不少企业认识到控制权的问题并开始采取措施。就如案例佳创科技，控股股东虽然持股比例低于30%，但是通过和其他四位股东签署“一致行动人协议”，掌握佳创科技的60.26%股份，从而保证对公司的控股权。

案例1

根据厦门佳创科技股份有限公司（简称“佳创科技”）的公开转让说明书，截至公开转让说明书签署之日，岱朝晖持有28.75%的股份，陈建杰持有9.75%的股份，关光周持有8.13%的股份，王金城持有8.13%的股份，颜财滨持有6.72%的股份，关光齐持有6.25%的股份，颜蓉蓉持有5.50%的股份，其他12位股东共计持有26.77%的股份，任何单个股东持有的股份均未超过总股本的30%，均无法决定董事会多数席位，均不能单独对佳创科技的决策形成决定性影响。因此，理论上佳创科技无控股股东。为了维持对佳创科技的共同控制，保证控制权的稳定性和重大决策的一致性，岱朝晖、陈建杰、关光周、王金城和颜蓉蓉五人于2014年10月26日签署了“一致行动人协议”，成为公司的实际控制人。

9.1.2 定向增发

对于控股比例较低的大股东而言，通过定向增发可进一步强化对公司的控制力。当公司估值尚处于较低位置时，大股东采取定向增发能获得更多股份，从未来减持的角度考虑也更有利。对于新三板股本太少的公司，可以通过巧妙运用定向增发，实现对外融资功能，保证大股东对企业的控股权。

案例2

新疆阳光电通科技股份有限公司（简称“阳光电通”）通过定向增发发行200万股，发行对象为阳光电通的控股股东、实际控制人章某。发行前，章某持有480万股，占比48.00%；发行后，章某持有680万股，占比56.67%。通过此次定向增发，章某进一步增加其持股比例并且超过了公司总股本的50%，从而加强其对阳光电通的控制力。

智华信总股本为600万，任某、徐某夫妻二人持有公司570万股（95.1%股权），公司计划融资840万元。

如果按照直接融资，按公司最终7元/股的定增价格，融资840万元需定增120万股，定增后夫妻二人持有公司股权稀释为79.16%。但是如果可以巧妙地运用定向增发，同时实现对外融资功能以及保证大股东对企业的控股权。夫妻二人以1元价格向自己定增350万股，将公司股本扩充至950万股，此时二人持有公司股权变为96.84%。随后再以7元/股价格定增120万股融资840万元，采用此改进方案，公司在完成融资后，夫妻二人持有公司股权变为85.98%。

9.1.3 资产重组

资产重组是指企业资产的拥有者、控制者与企业外部的经济主体进行的，对企业资产的分布状态进行重新组合、调整、配置的过程，或对设在企业资产上的权利进行重新配置的过程。举例说明如何通过资产重组保证大股东对公司的控制权。当大股东在A公司所掌握的股权较低时，可以与另一家自己控制的B公司进行资产重组，可以对B公司发行股份，由B公司持有A公司的股份。由于大股东本身持有A公司股份，也是B公司的实际控制人，那么大股东便增强了对A公司的控制权。

案例3

贵州安凯达实业股份有限公司（简称“安凯达”）以定向发行股份的方式，购买安凯达石灰公司600吨/日活性石灰回转窑BOT项目经营权及相关配套固定资产、债权和债务。本次发行股票前，安凯达实际控制人为葛某，持有 1 530 万股，占比 51%。本次发行完成后，安凯达石灰公司持有安凯达 4 000 万股，占总股本的 57.14%，成为安凯达第一大股东。由于安凯达实际控制人葛某持有安凯达石灰公司 60% 的股权。因此，本次资产重组后，葛某仍为安凯达的实际控制人，直接或间接持有安凯达 79% 的股份。

9.1.4 管理层收购

“管理层收购”（Management Bay-Outs，MBO）指公司的管理者与经理层利用所融资本对公司股份的购买，以实现对公司所有权结构、控制权结构和资产结构的改变，实现管理者以所有者和经营者合一的身份主导重组公司，进而获得产权预期收益的一种收购行为。管理层收购可以激励内部人员积极性、降低代理成本、改善企业经营状况。

案例 4

上海帝联信息科技股份有限公司（简称“帝联科技”）在 2012 年 12 月实施管理层收购。北京电信通将其持有的帝联科技 1 800 万股份全部转让给峪捷科技，帝联科技实际控制人由杨某、陈某变更为康某。变更前，康某为帝联科技的总经理，变更后职位未变。变更后，帝联科技实现管理层与所有者的统一，产生了良好的激励效果。

管理层收购完成后，帝联科技管理层在 2013 年底制定了公司发展规划：以内容分发网络（Content Delivery Network，CDN）全内容加速产品为帝联的拳头产品，持续扩大其业务规模，2014 年及未来多年内企业加大 CDN 技术服务收入比重。由于 CDN 行业扩张迅速，公司规模进一步扩大，公司营业收入在 2013 年和 2014 年分别增长 18.83% 和 12.89%。营业利润和净利润在 2013 年分别增长 205.10% 和 567.75%，在 2014 年则分别增长 130.91% 和 97.19%。可以看出，经过这次管理层收购后，帝联科技加快发展，其经营状况大大改善。

在本次案例中，康某虽然并非大股东，但他通过管理层收购取得了公司的控制权进而实现管理者和所有者的统一。而对于作为管理者的大股东而言，也可以透过管理层收购进一步提高自己的控股股份，掌控公司的控股权，从而实现管理者和所有者的统一。

9.1.5 修订公司章程

修订公司章程指大股东通过修改公司章程来增加外部竞争者收购难度和时间成本，进而确保自身的实际控制权。例如，在公司章程中对股东的界定增加“连续持股时间需要达到 12 个月以上才有提案权和投票权”等限制，限制新增股东的提案权与投票权，从而减低敌意收购的风险。

案例 5

无锡常欣科技股份有限公司（简称“常欣科技”）于 2014 年 12 月 9 日修改公司章程，在原来章程中的第二十八条第二款中增加内容“公司董事、监事、高级管理人员在离职后半年内，不得转让其所持有的本公司股份”。

常欣科技通过修改公司章程，限制公司的高层人员离职后半年内，不得转让其所持有的本公司股份来保证公司的股份不会因为高层人员的人事调动在短时间内发生剧烈变化，这有利于稳定控股股东掌握公司的控制权。

9.1.6 双层股权结构

双层股权结构主要适用于允许“同股不同权”的一些境外市场。在这种股权结构下，企业可以发行具有不同程度表决权的两类股票，因而创始人和管理层可以获得比采用“同股同权”这种股权结构下更多的表决权，从而使其他机构投资和个人投资者更难掌管公司决策权。

例如，当企业上市后，可以将股票分为 A、B 两类，向外部投资人公开发行 A 类股，每股只有 1 票的投票权，管理阶层手上的 B 类股却能投 10 票。这种股权结构可以让管理层放心大胆地出击，不用担心会被辞退或面临敌意收购。因为，即使持有约 1/3 B 类股的创办人以及重要内部人失去多数股权，也能掌控公司的命运。

从目前来看，采用双重股权结构的多为互联网/科技企业、传媒企业，如谷歌、Groupon、百度，以及新闻集团（News Corp.）、纽约时报等。中概股中，百度、唯品会就采取了这种股权结构防止被外资控制。虽然阿里巴巴采取的是合伙人制度，但其实质内涵依然是双层股权结构，因为阿里的股权结构推翻了通常采用的同股同权、股权平等原则，和双层股权结构一样推出了高于普通投票权的第二类或超级投票权。

美股实行双层股权结构，扎根于其特有的市场土壤环境，包括其特殊股市规则、完善的信息披露制度、机构投资者为主的市场结构、完善的法律法规、刚性执法氛围、集体诉讼制度等。目前，在我国短期内要复制美股市场环境可能性较低，因为市场的各类主体依旧缺乏契约精神，同股同权的思想尚未形成。而且，在很多情况下，散户难以集合使用它们的投票权，这让大股东可以集中使用其投票权坐享控制权收益。也就是说，A股市场的控制权具有丰厚的价值，而控制权又是以投票权为基础的；所以，若实行双层股权结构，让大股东和创始人拥有更多投票权和控制权，控股股东就可利用关联交易等方式，获取更多隐性收益。

我们将双层股权结构提出来，作为将来可能实行的一种现实选择。如果要推行双层股权结构，应该选择合适对象先行试点。新三板创新型企业、高科技企业多，且实行投资者适当性管理制度，参与者主要是机构投资者或高净值的个人投资者，这些投资者与公司创始人的博弈能力较强，在某种程度上更接近推行双层股权结构的条件。

9.2 流动性的风险及其防控

9.2.1 新三板的流动性陷阱

流动性不足是当前新三板的主要问题，在流动性不足的背景下，企业面临股份无人问津、成为“僵尸企业”的风险。

从交易的公司家数来看（见图9-1），在挂牌公司数量突飞猛进的同时，成交的公司数量却上升缓慢，9月只有约19%的挂牌公司有交易。

从成交额来看（见图9-2），2015年4月以来，新三板陷入了流动性大幅萎缩的尴尬局面，日成交额从此前最高的52亿元跌至9月日均2亿~3亿元水平，甚至不如一只A股一天的成交额。新三板明星企业中海阳一天也只能成交几千手，其他交投比较活跃的股票一天也就成交几百手。

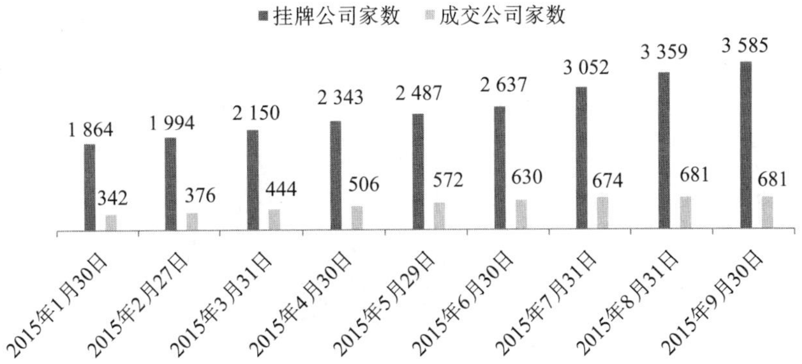

图 9－1　2015 年以来每月挂牌和成交公司家数

数据来源：Wind 资讯。

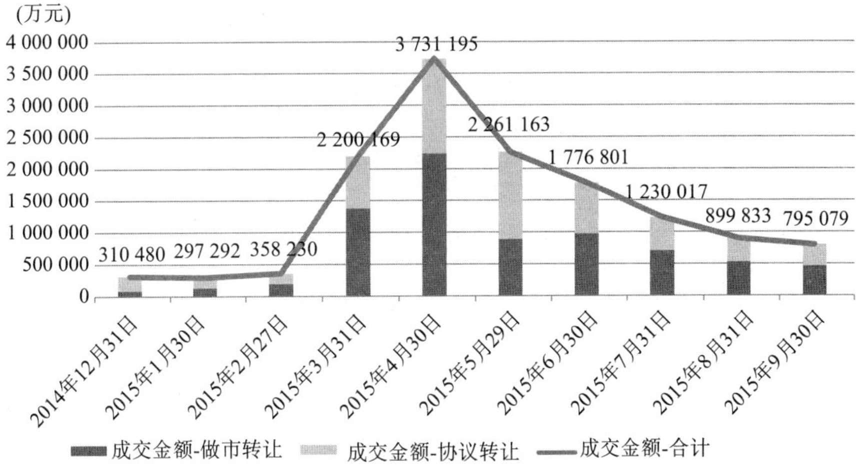

图 9－2　2015 年每月新三板成交金额

数据来源：Wind 资讯。

截至 2015 年 9 月底，2015 年以来新三板市场累计成交额达 972. 2 亿元，其中，协议转让 263. 5 亿元，做市转让 708. 7 亿元。协议转让的前 20 家企业累计成交 133. 4 亿元，占比 51%（见图 9－3）；前 100 家企业累计成交 208. 6 亿元，占比 79. 1%。协议转让的企业共有 2 764 家，这意味着，不足0.8%的企业占据超过50%的成交额，3.6%的企业占据近80%的成交总量，剩余95%以上的企业基本没有成交量。做市转让的企业也极不均衡，前20家企业成交283.9亿元，占比40%；前80家企业成交541.4亿元，占比76.4%。不足10%的企业占据了76.4%的成交量。另外，90%以上的做市企业成交几乎为零。

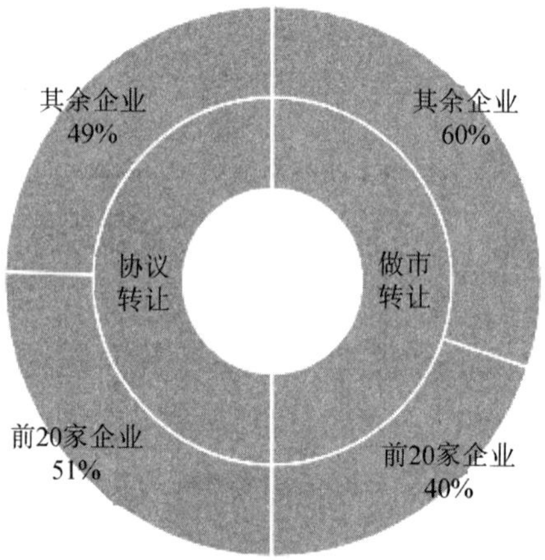

图9-3　2015年前三季度成交额分布情况

数据来源：Wind资讯。

9.2.2　流动性不足的原因

市场流动性严重不足形成于两个恶性循环：第一，流动性不足加上A股市场的剧烈调整，使得新三板企业估值在短期内波动较大，一定程度上影响挂牌公司的正常融资，新三板企业融资低于预期的情况愈发普遍，定增破发比例增加。此外，还有相当多的公司由于没有市场交易量，定增投资者根本没有退出渠道，而未被统计到破发数据中。较大的估值差异让股东产生惜售心理，又进一步降低市场流动性，形成一个恶性循环。第二，做市商在产生看空预期时首先选择抛售库存股票，且往往会优先抛售流动性好的股票，导致市场上优质流动性的股票无法继续提供流动性，进一步导致买盘信心受损、卖盘无人问津，从而形成另一个恶性循环（见图9-4）。

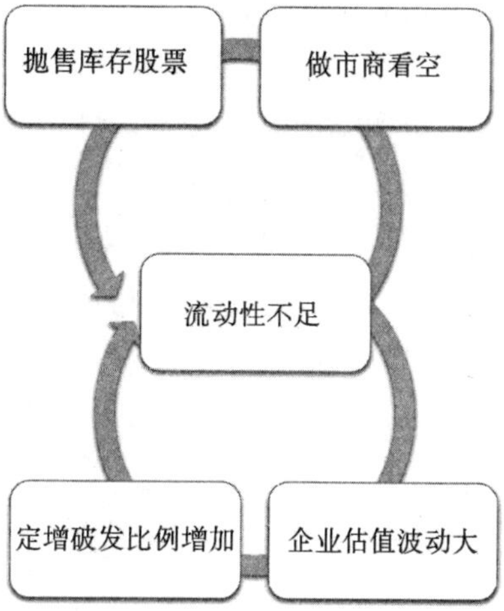

图9-4　做市商、企业估值与流动性的关系

案例6

流动性不足导致新三板定增参与者破产

2015年4月，早期参与新三板多家挂牌公司定增的昌瑞投资破产，其名下的4家新三板公司的股权最终也被法院拍卖，这中间就有中海阳和现代农装。因为新三板流动性不足，昌瑞投资所持的股份一直无法变现，使昌瑞投资出现了流动性危机，最终破产。

9.2.3 企业如何防控流动性风险

对于流动性的问题，还有待于从整个新三板的顶层制度设计上考虑。从企业角度来讲，进入新三板，一是要务实，无论选择做市还是协议转让，通过定增获得融资是最实际的。二是要把目光放长远，认识到新三板的未来终归是价值投资的市场。在分层和转板的预期下，那些真正有持续成长性、有投资价值的企业，一旦政策红利来临，将最先受到关注和挖掘。因此，企业要关注自身的持续经营能力和长远成长价值，吸引长期战略投资者。

9.3 定增破发的风险及其防控

9.3.1 新三板的定增破发陷阱

在整个新三板市场缺乏流动性的背景下，企业定增最大的风险就是出现定增破发。2015 年以来，共有 1 654 家企业实施了定增，其中有 281 家企业出现了跌破增发价的情况，占比高达 17%。在二级市场交投不活跃的情况下，参与定增的投资者可能面临被套牢的风险，进一步导使企业的股票处于无人问津的状态，成为“僵尸股”。

要避免定增破发的风险，首先要对定增破发的风险有所认识，厘清市场上的一些认识误区。

9.3.1.1 别迷信行业，新兴技术与高科技行业并没有免疫破发的功能

对于新兴技术与高科技行业企业破发的风险不能视而不见。按中国证监会行业分类，增发数量大于10家的行业中（过少的没有统计意义），平均破发比例为17.18%。金属制品行业破发比例最高，为42%（5/12）；建筑安装行业破发比例最低，为0（0/12）。破发率超过20%的行业包括：专业技术服务业、计算机、通信和其他电子设备制造业、金属制品业、建筑装饰和其他建筑业、橡胶和塑料制品业、畜牧业、生态保护和环境治理业；破发率小于10%的行业包括：批发业、有色金属冶炼和压延加工业、土木工程建筑业、农副食品加工业、互联网和相关服务、农业、建筑安装业。

9.3.1.2 别高估做市，破发率甚至高于协议

从交易方式看，做市转让企业定增出现破发的概率并不比协议转让企业低，做市企业定增破发率甚至高于协议企业。截至2015年上半年，协议交易方式共有862家，131家出现破发，破发率为15.2%；做市交易方式共有262家，65家出现破发，破发率为24.81%，比协议方式高9.6个百分点以上。

这种现象可能是由于做市方式交易更加活跃，在2015年第一季度二级市场价格一路飙升后面临调整压力相对更大，故出现破发的可能性也就较大。但值得注意的是，做市方式所出现的破发多为短期破发，后期价格可能出现回补。

9.3.1.3 别盲目追低，折价率高不一定安全

高折价率仍然无法避免破发。高折价发行的股票（折价率大于30%）破发率为23%，低折价及平价发行的股票折价率也在23%左右，高折价率也无法避免破发风险。溢价发行的股票破发率高达83%，破发风险极大。

这种现象的原因可能是由于市场对于高折价发行的企业经营前景不看好，前期股票价值虚高，实际估值水平较低，即使高折价发行仍可能出现破发。而溢价发行的股票价格虚高的成分较大，当市场走势下行时破发的概率极大。

9.3.2 定增破发的原因

相比主板、中小板、创业板市场上规定的“定向增发价格不低于定价基准日前20个交易日公司股票均价的90%”，新三板企业采用的定价方式往往是“定价为参考公司所处行业、成长性、每股净资产、市盈率等因素，并与投资者沟通后确定。”一些个人投资者、短线投资者往往通过关系获得原始股，对企业缺乏了解，在遇到熊市时往往成为抛售的主力，虽然抛售的绝对数量不大，但对二级市场的价格影响较大。从很多新三板企业股东人数减少的情况来看，离场者以中小投资者为主。

大部分跌破定增价的新三板公司，都是在2015年3月、4月发布定增方案，由于当时新三板二级市场的股价正处于高位，定增价与当时的股价相比存在一定价差，再加上新三板的定增股没有锁定期，所以在当时新三板的定增市场十分疯狂，有些完全不了解新三板的机构也在里面，不关注市场本身，有项目就抢。但令人难以预料的是，新三板二级市场降温很快。一般来说，参与定增的机构缴款后，要等到两到三个月才会拿到定增的股权，而由于市场走熊，那个时候股价已经跌破了定增价。

9.3.3 企业如何防控定增破发的风险

第一，要精选投资者。最好选择能够与公司长期合作的投资者。

第二，由于挂牌的同时定增的可能性较大，在选择主办券商时，要提前对券商推荐定向发行的资质做好考察，尽量选择定增经验较成熟的券商。我们统计了2015年至今发布定增预案的1 093家企业，共有80家主承销商参与其中，承担10家以上企业的主承销商有38家，排名前十的主承销商如图9－5。

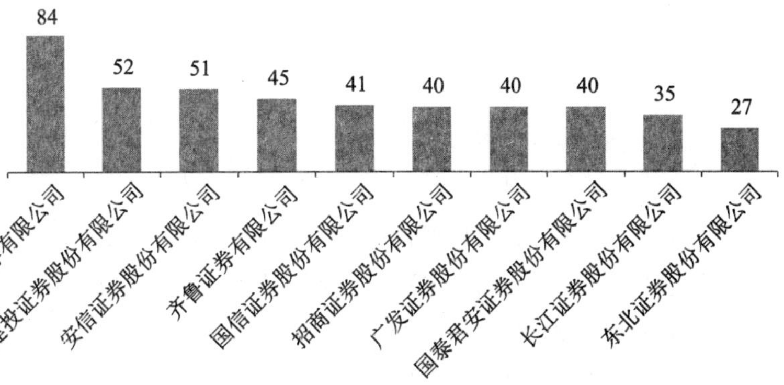

图9－5　2015年以来参与定增预案的主承销商排名前十

数据来源：Wind资讯。

第三，应该让老股东优先认购，保持价格的合理性，不至于损害老股东利益。如果老股东不认购，一定要签署放弃优先认购权的声明。

第四，考虑好股权激励的问题。如果认购价格与市场价格、市盈率价格差异过大，这些挂牌公司则需要考虑股权激励的问题。注意核心员工股权认定的程序，一定要按规定程序走，以免出现问题。

9.4 法律风险及其防控

有关新三板公司的调查风波愈演愈烈。2014年以来，股转系统共采取过109次自律监管措施，对3家挂牌公司和5名挂牌公司董事、监事和高级管理人员实施了纪律处分。而对于法律风险的防范，此处仅引用案例以作警戒。唯有做到充分了解和遵守新三板相关法律制度，才能做到防患于未然。

几种常见的挂牌公司可能涉及的违反交易规则甚至法律法规的风险如下：

9.4.1 股票异常交易

新三板公司股价大幅波动引发利益输送质疑。例如，中科招商“股价暴跌”事件引起投资者广泛关注。类似中科招商此类股票的异常交易，往往是投资者为了抢到定增股票选择让机构代持，机构拿到定增股票之后最便捷的途径就是通过协议转让互报成交确认，把股票从代持的机构过户到投资者手中，从而出现了1元成交的可能性。这是一种游走在违法违规边缘的做法。对此类风险的防控，股转系统交易监察部的相关人士曾建议“不要偏离正常价格太多”，中国证监会则称“投资者与某公司之间拟进行的转让包含较大价外因素，可能会对股价造成较大冲击、误导其他投资者，从维护市场公平角度考虑，建议交易双方事先联系挂牌公司，发布相关公告后再行转让。”

案例7

中科招商“股价暴跌”事件引起中国证监会调查

2015年4月22日盘中，一单10万股的中科招商股票成交，成交价仅为1.01元，股价瞬间暴跌超过90%，收盘价以全天成交量加权平均计算收于4.86元，跌幅达90.98%。转让公开信息显示，交易双方为卖方磐安中广创业投资合伙企业以及买方自然人刁某。4月23日其股价又回升到每股60元。刁某的其他交易行为亦非常可疑。根据另一家挂牌企业仁会生物2014年11月挂牌时发布的公告，刁某曾参与该企业的定增，低价取得10万股。5月14日，中科招商受到中国证监会调查，引起市场普遍关注。

9.4.2 违法违规交易

现代农装、春茂股份、华泰集团因涉嫌违法违规行为曾被中国证监会处罚，奥美格公司董事长柳某因涉嫌违规交易事件而被立案调查。这些情况的发生，如非套现减持意图，往往是公司股东或高管对交易规则不熟悉，或做市商的合规部门没有和公司有效沟通，导致公司触发违规交易。因此，公司股东和管理层要加强自我学习和内部监控，防控此类风险。

案例8

奥美格董事长涉嫌违规交易被立案调查

2015年4月30日，股转系统发布的处罚信息显示，因多次违反《非上市公众公司收购管理办法》第13条规定的暂停交易义务，根据《全国中小企业股份转让系统股票转让细则（试行）》第119条规定，全国股转公司决定对奥美格董事长柳某采取限制证券账户交易（1个月），并向中国证监会报告有关违法违规行为的监管措施。

奥美格5月4日发布的公告还原了本次事件的过程。

公告显示，柳某本人共有三次交易不符合现行规定，第一次为2014年12月30日，通过协议转让方式卖出“奥美格”股票，持股比例由60.17%下降至58.99%，其于2014年12月31日披露权益变动公告。因2015年1月1日至4日休市，其应在1月5日及6日两个转让日内暂停交易“奥美格”股票。但柳某于2015年1月5日以5.5元/股的价格卖出“奥美格”股票1.4万股。

第二次及第三次系为做市商提供做市股票，2015年3月10日柳某通过协议转让方式卖出“奥美格”股票，持股比例由58.86%下降至49.77%。按规定柳某应于2日内（即2015年3月12日前）披露权益变动公告，实际披露权益变动公告的时间为2015年3月24日；2015年3月23日及2015年3月24日以4.3元/股价格卖出“奥美格”股票17.3万股。

奥美格表示，三次违规究其主要原因为公司股东及管理层对业务规则不熟悉所致，未来公司及当事人将进一步加强自我学习与内部监控。

9.4.3 未及时和准确进行信息披露

新三板出现的信息披露问题主要集中在及时性和准确性上。2015年5月4日，由于没有按时在4月30日之前披露2014年年报，股转系统对可来博、赛诺达等22家挂牌公司实施了暂停转让处理。其中，赛诺达称，未能披露年报的原因是公司部分股东就是否披露2014年年度报告不能达成一致意见，会计师事务所不能在2015年4月30日前完成审计工作。金瀚高新则称，由于公司4月14日才挂牌，所以未能及时披露。公司在实际运作中要充分注意到这些事项发生的可能性，做到防患于未然。

9.4.4 股权纠纷

此外，挂牌公司在进行并购重组的过程中，还可能产生股权纠纷风险。2015年以来，截至2015年10月15日，共有130只并购基金，涉及125家上市公司。在2014年全年，仅有40家上市公司参与设立并购基金，如今已翻3倍。然而“牵手”不多，仅有4家上市公司与标的公司表示进一步合作。并购基金方案设计缺陷、项目难选、募资环境差等综合因素导致成功率偏低。大康牧业作为“PE+上市公司”模式的首例合作伙伴，引来官司，合作生变。对于股权纠纷可能引发的法律后果，公司的法务部门要充分做好事前法律风险的评估，防范纠纷发生。

案例9

“PE+上市公司”第一家合作伙伴大康牧业遭遇股权纠纷官司

大康牧业披露，因股权纠纷公司遭到硅谷天堂旗下控股的浙江天堂硅谷公司的起诉。大康牧业表示，已收到杭州中院送达的《民事案件应诉通知书》和《民事起诉状》，浙江天堂硅谷资产管理集团有限公司及长沙天堂硅谷大康股权投资合伙企业因股权转让合同纠纷对公司提起诉讼。纠纷内容为，此前天堂硅谷与大康牧业曾有过一项关于养猪场的收购协议，大康牧业未能履行这一收购承诺，涉及金额约6 000多万元。

结　束　语

我们向读者详细展现了新三板的历史进程、市场现状、海内外对比、未来发展的全貌，相信读完全书，读者已能够从中体验到新三板的魅力。

第一，什么是新三板？新三板已成为中小企业对接资本市场的最热门选择，被称为中国未来的“纳斯达克”。在大众创业、万众创新的背景下，随着新三板扩容和做市商制度的出台，新三板市场取得了突飞猛进的大发展，挂牌企业大幅增加，融资额迅速攀升，涌现出千亿市值企业和众多明星企业。截至2015年12月14日，新三板挂牌公司接近4 700家，其中做市转让公司数量达1 049家，协议转让公司数量达3 646家。

第二，企业为什么要选择新三板？相比于在国外上市和在国内其他板块上市，新三板拥有诸多制度优势。新三板的挂牌门槛最低，更看重企业的持续经营能力；挂牌的成本最低、周期最短；可以自行选择融资对象和融资时点；采取适度的信息披露。此外，企业挂牌新三板可以获得政府财政补贴，拓展融资渠道，实现股权升值。适合在新三板挂牌的企业包括：技术含量高、处于初创期、具备一定盈利能力却有发展瓶颈、未来2～3年有上市计划、寻求并购和被并购机会以及尚未盈利的互联网企业。

第三，一旦企业选择了在新三板挂牌，就要面临挂牌、交易、资本运作和风险防控等问题。首先，在新三板挂牌，要充分了解新三板的挂牌条件、挂牌流程、挂牌费用，做好挂牌前的准备工作。准备工作关乎企业挂牌成败乃至日后发展，因此至关重要。准备工作主要包含：选择主办券商、会计师事务所和律师事务所等中介机构，选择战略投资者，完善公司治理结构，梳理企业财务问题等等。

第四，在新三板进行交易，可以选择做市转让或者协议转让两种方式，交易方式可以变更。企业要在充分了解两种方式的运行过程、优缺点之后，选择适合自身情况的交易方式。若选择做市转让，对于做市商的选择也至关重要。

第五，新三板企业的资本运作，主要包括定向增发、并购重组和股权激励三种类型。我们给出了三种方式的制度、流程、相关企业的运作案例和注意事项。

最后，企业要关注新三板的重大制度变革和可能风险，未雨绸缪。当前阶段企业首要关注的是即将实行的分层制度，预备铺设分层通道。此外，新三板的挂牌企业面临大股东控制权旁落、流动性陷阱、定增破发以及法律等风险，企业应该有所了解并提前做好防控。

附　　录

附录一　相关法律和规则索引

1. 基本法律

《中华人民共和国公司法》
《中华人民共和国证券法》

2. 国务院规范性文件

《国务院关于全国中小企业股份转让系统有关问题的决定》

3. 挂牌的相关规章和规则

（1）中国证监会部门规章

《证监会非上市公众公司监管指引第 1 号——信息披露》
《证监会非上市公众公司监管指引第 2 号——申请文件》
《证监会非上市公众公司监管指引第 3 号——章程必备条款》

《证监会非上市公众公司监管指引第 4 号——股东人数超过 200 人的未上市股份有限公司申请行政许可有关问题的审核指引》

《证监会非上市公众公司信息披露内容与格式准则第 1 号——公开转让说明书》

《证监会非上市公众公司信息披露内容与格式准则第 2 号——公开转让股票申请文件》

《证监会优先股试点管理办法》

《证监会关于进一步推进全国中小企业股份转让系统发展的若干意见》

（2）股转系统业务规则

《全国中小企业股份转让系统股票挂牌条件适用基本标准指引（试行）》

《全国中小企业股份转让系统股票挂牌业务操作指南（试行）》

《全国中小企业股份转让系统主办券商推荐业务规定（试行）》

《全国中小企业股份转让系统主办券商管理细则（试行）》

《全国中小企业股份转让系统主办券商尽职调查工作指引（试行）》

《挂牌审查一般问题内核参考要点（试行）》

《关于发布全国中小企业股份转让系统挂牌业务问答——关于挂牌条件适用若干问题的解答（一）》

《全国中小企业股份转让系统挂牌申请文件内容与格式指引（试行）》

《全国中小企业股份转让系统公开转让说明书内容与格式指引（试行）》

《全国中小企业股份转让系统证券代码、证券简称编制管理暂行办法》

《全国中小企业股份转让系统申请材料接收须知》

《全国中小企业股份转让系统关于做好申请材料接收工作有关注意事项的通知》

《全国中小企业股份转让系统关于申请挂牌期间公司信息披露相关问题的通知》

《全国中小企业股份转让系统挂牌公司信息披露细则（试行）》

《全国中小企业股份转让系统挂牌公司持续信息披露业务指南（试行）》

《全国中小企业股份转让系统挂牌公司年度报告内容与格式指引（试行）》

《全国中小企业股份转让系统挂牌公司半年度报告内容与格式指引（试行）》

《全国中小企业股份转让系统临时公告格式模板》

《全国中小企业股份转让系统挂牌公司权益分派业务指南（试行）》

《全国中小企业股份转让系统挂牌公司证券简称或公司全称变更业务指南》

《全国中小企业股份转让系统关于收取挂牌公司挂牌年费的通知》

《关于全国中小企业股份转让系统有限责任公司有关收费事宜的通知》

《全国中小企业股份转让系统优先股业务指引（试行）》

《全国中小企业股份转让系统优先股业务指南第 1 号——发行备案和申请办理挂牌的文件与程序》

《全国中小企业股份转让系统优先股业务指南第 2 号——主办券商推荐工作报告的内容与格式》

《全国中小企业股份转让系统优先股业务指南第 3 号——法律意见书的内容与格式》

《全国中小企业股份转让系统主办券商和挂牌公司协商一致解除持续督导协议操作指南》

《全国中小企业股份转让系统挂牌公司分层方案（征求意见稿）》

4. 股权交易的相关规章和规则

《全国中小企业股份转让系统股票转让细则（试行）》

《全国中小企业股份转让系统债券转让细则（试行）》

《全国中小企业股份转让系统公开转让说明书内容与格式指引（试行）》

《股份公司申请在股转系统公开转让、定向发行股票的审查工作流程》

《全国中小企业股份转让系统挂牌公司股票转让服务收费明细表》

5. 定向增发的相关规章和规则

（1）中国证监会部门规章

《证监会非上市公众公司信息披露内容与格式准则第 3 号——定向发行说明书和发行情况报告书》

《证监会非上市公众公司信息披露内容与格式准则第 4 号——定向发行申请文件》

（2）股转系统业务规则

《全国中小企业股份转让系统股票发行业务细则（试行）》

《全国中小企业股份转让系统股票发行业务指南》

《全国中小企业股份转让系统股票发行业务指引第 1 号——备案文件的内容与格式（试行）》

《全国中小企业股份转让系统股票发行业务指引第 2 号——股票发行方案及发行情况报告书的内容与格式（试行）》

《全国中小企业股份转让系统股票发行业务指引第 3 号——主办券商关于股票发行合法合规性意见的内容与格式（试行）》

《全国中小企业股份转让系统股票发行业务指引第4号——法律意见书的内容与格式（试行）》

6. 并购重组的相关规章和规则

（1）中国证监会部门规章

《证监会非上市公众公司收购管理办法》

《证监会非上市公众公司重大资产重组管理办法》

《证监会非上市公众公司信息披露内容与格式准则第5号——权益变动报告书、收购报告书、要约收购报告书》

《证监会非上市公众公司信息披露内容与格式准则第6号——重大资产重组报告书》

（2）股转系统业务规则

《全国中小企业股份转让系统非上市公众公司重大资产重组业务指引（试行）》

《全国中小企业股份转让系统重大资产重组业务指南第1号：非上市公众公司重大资产重组内幕信息知情人报备指南》

《全国中小企业股份转让系统重大资产重组业务指南第2号：非上市公众公司发行股份购买资产构成重大资产重组文件报送指南》

《全国中小企业股份转让系统重大资产重组简易流程示意图》

附录二　全国27个省（市、自治区）185个地级市新三板挂牌补贴政策一览

地区		补贴条款	政策依据
上海市	张江高科技园区	（一）改制补助最高不超过60万元； （二）挂牌补助最高不超过100万元。	《上海市张江高科技园区科技孵化及加速发展扶持办法》
	浦东新区	（一）在新三板挂牌的，给予50万元补贴； （二）挂牌后首次公开发行上市，在上海证监局备案后，给予30万元补贴； （三）收到证监会受理函后给予70万元补贴； （四）申请提交证监会审核后，给予50万元补贴； （五）新迁入浦东并在两年内上市，奖励50万元。	《浦东新区促进金融业发展财政扶持办法实施细则》
	闵行区	成功挂牌的，奖励最高不超过50万元。	闵行区人民政府关于批转闵行区加快现代服务业发展扶持政策实施细则的通知
	嘉定区	（一）补贴挂牌公司总额不超过200万元； （二）对于新落户于嘉定区的企业，额外补贴50万元。	《上海市嘉定区人民政府关于鼓励企业进入代办股份转让系统和开展股权托管交易的实施意见》
	徐汇区	（一）对进入新三板挂牌的企业，由市区两级按照1:1的比例给予补贴。 （二）对在股交中心挂牌的企业可由市区两级给予最高100万元补贴。如成功转板上市，可按累计不超过200万元给予差额补贴。	《上海市徐汇区人民政府印发关于推进企业上市的扶持办法（试行）的通知》

续表 1

地区		补贴条款	政策依据
上海市	虹口区	(一) 改制过程中的手续费，按实际发生额的 50% 给予扶持，最高金额不超过 30 万元。 (二) 改制过程中缴纳的所得税，按 50% 给予扶持，最高不超过 70 万元。挂牌、交易费用，按实际发生额的 50% 给予扶持，最高不超过 50 万元。	《虹口区发展和改革委员会关于印发虹口区推进企业改制上市扶持细则 (2013 年修订版) 的通知》
	青浦区	(一) 因挂牌产生的中介费用，按 50% 给予扶持，累计不超过 200 万元； (二) 区外迁至青浦成功挂牌的，再奖励 50 万元； (三) 之前已成功挂牌的或在区外挂牌后迁至青浦并纳税的企业参照执行。	《关于鼓励企业进入代办股份转让系统和开展股权托管交易的专项扶持办法》
	奉贤区	(一) 挂牌过程中的中介费用，按实际发生额给予扶持，最高不超过 100 万元； (二) 对将注册地迁至奉贤区张江分园或区内其他区域的外区企业两年内成功挂牌的，再给予 20 万元奖励。	《上海市奉贤区人民政府关于印发〈奉贤区金融服务业财政扶持办法 (试行)〉的通知》
	宝山区	挂牌产生的中介费用按发生额的 50% 给予扶持，最高 150 万元。	《宝山区金融服务“调结构、促转型”专项资金使用管理办法》
	崇明县	(一) 对成功挂牌的企业，按照实际中介服务费用发生额的 50% 给予扶持，最高 200 万元； (二) 县外企业迁至崇明并成功在上海股交中心挂牌的，再给予 50 万元奖励。	《崇明县关于鼓励企业开展股权托管交易暂行办法》
	普陀区	(一) 成功挂牌的，改制补贴最高 50 万元，挂牌补贴最高 70 万元； (二) 挂牌期间缴纳的监管费、信息披露费，连续三年每年给予 10 万元补贴。	《普陀区金融产业专项扶持办法》
	金山区	(一) 完成改制给予最高 50 万元的补贴； (二) 成功挂牌再给予 100 万元的补贴； (三) 转板上市的，不超过 200 万元给予差额补贴； (四) 区外企业迁至区内并挂牌，再奖励 50 万元。	《金山区人民政府关于印发〈金山区推进企业改制上市工作的实施意见〉的通知》

续表2

地区		补贴条款	政策依据
北京市	北京中关村科技园区	（一）改制资助30万元； （二）挂牌资助30万元； （三）主办券商资助20万元。	《中关村国家自主创新示范区企业改制上市和并购支持资金管理办法》
北京市	东城区	（一）完成股改后奖励100万元； （二）挂牌成功后奖励50万元； （三）融资达到3 000万元及以上的奖励100万元。	《东城区支持企业上市挂牌融资若干意见的通知》
北京市	西城区	（一）与券商签订协议并备案登记后，补贴20万元； （二）申请被正式受理，补贴80万元； （三）成功挂牌的，补贴50万元。	《北京市西城区鼓励和促进企业上市办法》
北京市	丰台区	挂牌后奖励50万元，奖励主办券商10万元。	《丰台区支持“新三板”挂牌企业发展实施细则（试行）》
天津市	天津市	（一）对符合条件的科技小巨人企业，可获得不少于500万元补贴； （二）初始融资超过500万元，补贴50万元。	《关于进一步促进科技型中小企业发展的政策措施》
天津市	天津市	（一）完成股改的，给予不超过20万元补贴； （二）区县财政按1:1比例给予配套补贴。	《科技型中小企业股份制改造补贴资金管理办法》
天津市	南开区	在“新三板”挂牌交易的本区企业，一次性专项补助100万元。	《南开区促进企业发展扶持资金政策》
重庆市	重庆市	（一）对挂牌的企业给予挂牌费用50%且累计不超过100万元的补贴； （二）对在境内外交易所成功上市的企业给予累计不超过200万元财政奖励（含挂牌费用补贴）。	《重庆市重点拟上市企业财政补贴和奖励暂行办法》
重庆市	重庆市高新区	（一）对挂牌的企业给予挂牌费用50%且累计不超过100万元、市区两级累计不超过150万元的奖励； （二）成功转板上市的奖励最高200万元。	《关于进一步加快民营经济发展的实施意见》

续表3

地区		补贴条款	政策依据
江苏省		对省内企业在“新三板”成功挂牌的，省财政给予每家挂牌企业30万元奖励。	《江苏省财政厅关于促进金融业创新发展的若干意见》
	南京市	（一）股改完成后券商内核完毕材料报到发改委后，补贴80万元； （二）正式挂牌后，再补贴20万元； （三）成功融资的，再补贴20万元。	
	南京市高新区	（一）完成内核、上报材料和挂牌交易，分别补贴50万元、50万元和80万元； （二）完成挂牌后，对企业股改时用未分配利润和公积金转增股本的，企业个人股东缴纳的个人所得税，园区给予地方留成部分的50%奖励，60万元封顶； （三）实现融资的且在园区投资达到80%或1亿元以上的，按照实际募集资金的1%给予奖励，最高50万元。	《南京高新区企业“新三板”挂牌的工作指引》《关于进一步鼓励和扶持企业进入代办股份报价转让系统挂牌的（暂行）规定》
	南京市溧水区	（一）完成改制、主管部门备案、正式挂牌新三板以及进入新三板挂牌交易不同阶段分别资助10万元、20万元、30万元、40万元，同时享受市级财政补贴； （二）实现融资且投资在区内比例达80%或1亿元以上，按其实际募集资金的1‰奖励，最高50万元。	《关于鼓励和支持企业“新三板”挂牌的若干意见》
	苏州市	（一）企业改制时，缴纳的企业所得税按地方留成部分的70%补助。 （二）企业改制时，涉及土地、房产等资产所有权办理变更登记时，按规定缴纳的契税，给予地方留成部分的50%补助。 （三）企业改制时，因未分配利润、盈余公积金转增股本缴纳所得税数额较大的，缓征个人所得税。以缴纳个人股东用未分配利润、盈余公积金转增股本个人所得税点算起，两年内缓征，从第三年开始分年度缴清（第三年30%，第四年30%，第五年40%）。在规定的缓征期限内，发生股权转让时一并按规定缴纳个人所得税。	《苏州市新三板挂牌企业三年培育计划》

续表4

地区		补贴条款	政策依据
江苏省	苏州工业园区	（一）分企业改制结束、递交申请材料和挂牌交易三阶段，分别补贴50万元、50万元、100万元； （二）转板上市的，再补贴300万元。	《苏州工业园区管委会关于新三板政策的抄告单》
	苏州市姑苏区	（一）企业改制时缴纳的企业所得税按区级留成部分的70%给予补助； （二）成功挂牌后，给予50万~200万元补贴； （四）区外企业迁至区内并成功挂牌，再给予其他奖励。	《关于鼓励企业进入资本市场的扶持办法》
	苏州市相城区	（一）企业改制时缴纳的企业所得税，给予区级地方留成部分的全额补助。 （二）在企业改制时，涉及土地、房产等资产所有权办理变更登记时，按规定缴纳的契税，给予区级地方留成部分的全额补助。 （三）在企业改制时，因未分配利润、盈余公积金转增股本缴纳所得税数额较大的，缓征个人所得税。以缴纳个人股东用未分配利润、盈余公积金转增股本个人所得税时点算起，两年内缓征，从第三年开始分年度缴清（第三年30%，第四年30%，第五年40%）。在规定的缓征期限内，发生股权转让时一并按规定缴纳个人所得税。	《关于推进新三板挂牌企业培育工作的实施意见》
	苏州市昆山市	（一）完成股改后，可获奖励资金100万元； （二）提交备案材料，可获奖励资金50万元； （三）成功挂牌交易，可获奖励资金100万元。	《关于鼓励昆山高新区企业在“新三板”市场挂牌的若干政策（试行）》
	苏州市太仓市	（一）完成股改后，给予50万元奖励； （二）挂牌申请文件被受理后，给予50万元奖励； （三）成功挂牌后，再给予100万元奖励。	《关于鼓励扶持企业在新三板、区域性股权交易市场挂牌的政策意见》
	无锡新区	挂牌后首次融资500万元以上的奖励10万元。	《无锡市人民政府新区管理委员会关于推动企业上市挂牌的实施意见》

续表 5

地区		补贴条款	政策依据
江苏省	无锡市滨湖区	（一）完成股改后奖励 50 万元； （二）成功挂牌的奖励 30 万元； （三）挂牌后首次融资的按照融资额度的 2% 予以奖励，最高不超过 50 万元。	《关于大力推进我区中小企业场外市场股权融资工作的意见》
	无锡市南长区	企业在股改结束、过券商内核并报送挂牌备案文件、正式挂牌后，按 50 万元、100 万元、150 万元的额度分步奖励。	《无锡市南长区关于鼓励和扶持企业上市的若干意见》
	无锡市惠山区	招商银行对已上市的“新三板”企业，给予每家企业最高达 300 万元的信用贷款。	
	常州市高新区	（一）完成改制奖励 50 万元； （二）通过主管部门备案奖励 50 万元； （三）正式挂牌奖励 50 万元。	《常州国家高新区新三板企业上市资助资金管理办法（试行）》
	常州市武进区	（一）挂牌涉及的行政规费按规定的下限收取； （二）挂牌而涉及的税收地方留成部分，由区财政给予企业补贴； （三）对企业审计或评估中出现的净资产增值部分，依法补交的企业所得税地方留成部分，由区财政给予企业补贴； （四）企业成功挂牌后，自挂牌当年起三年内，以挂牌前一年实际入库的企业所得税为基数，其上缴的新增企业所得税地方留成部分，由区财政给予企业补贴； （五）企业为挂牌将未分配利润和资本公积转增为股本所缴纳的个人所得税区留成部分，在企业成功挂牌后，由区财政给予纳税人补贴。	《常州市武进区关于加快企业在新三板等场外市场交易挂牌的意见》
	常州市天宁区	分阶段给予补贴共计 150 万元。	《关于加快企业在“新三板”等场外市场交易挂牌工作的意见》

续表6

地区		补贴条款	政策依据
江苏省	南通市启东市	（一）完成股改奖励10万元； （二）递交材料奖励20万元； （三）成功挂牌奖励企业有功人员20万元。	《启东市关于企业在新三板等场外市场挂牌交易的优惠政策》
	南通市海门市	（一）完成股改并注册登记奖励10万元； （二）备案材料被受理的奖励20万元； （二）成功挂牌奖励企业主要经营者及有功人员20万元。	《海门市市政府关于大力推进企业上市的若干政策意见的补充意见》
	连云港市	（一）完成股改的，在主管部门备案确认并受理的，奖励10万元； （二）成功挂牌的奖励60万元； （三）募集资金60%以上用于本市生产性、经营性项目（房地产项目除外）建设的，按照募集资金额的3‰给予奖励。	《市政府关于鼓励企业在“新三板”挂牌的意见》
	连云港经济技术开发区	成功挂牌的，奖励100万元。	《连云港经济技术开发区关于鼓励和扶持企业上市及新三板挂牌的意见》
	徐州市	（一）完成股改并提交申请后，补贴20万元； （二）成功挂牌后补贴30万元； （三）募集资金80%（含）以上用于该市范围内生产性、经营性项目（房地产项目除外）建设的，按照融资额的5%比例给予奖励，最高不超过50万元。	《关于充分利用资本市场推动企业“新三板”挂牌的意见》
	徐州市邳州市	（一）成功挂牌融资的企业，所募集资金80%（含）以上用于本市范围内生产经营性项目建设的，奖励30万元。同时，按固定资产投资额的5‰再次给予企业奖励，最高不超过50万元； （二）从企业挂牌当年起，企业年纳税额以不低于15%比例环比增长的，超过15%部分的地方留成由受益财政给予奖励。	《关于推进企业到“新三板”、“E板”等场外资本市场挂牌融资工作的意见》

续表 7

地区		补贴条款	政策依据
江苏省	淮安市	（一）申请文件被受理的奖励 20 万元； （二）成功挂牌后奖励 100 万元； （三）募集资金 80% 以上用于我市范围内生产性、经营性项目（房地产项目除处）建设的，按照融资额的 2% 给予奖励，最高不超过 30 万元。	
	盐城市	（一）2015 年 12 月 31 日前挂牌奖励 100 万元； （二）2015 年 12 月 31 日后挂牌奖励 50 万元； （三）成功转板上市奖励 100 万元。	《盐城市人民政府办公室关于加快推进企业新三板挂牌的意见》
	盐城市盐都区	（一）2015 年 12 月 31 日前挂牌奖励 100 万元； （二）2015 年 12 月 31 日后挂牌奖励 50 万元； （三）成功转板上市奖励 100 万元。	《中共盐都区委盐都区人民政府关于激励中小企业在“新三板”挂牌上市的意见》
	盐城市建湖县	（一）申请材料被受理的，给予前期实际支付工作经费 50% 的补助，总额不超过 50 万元； （二）成功挂牌后，含补助前期工作经费，给予累计不超过 200 万元补贴。	《关于推进企业在“新三板”和股权托管交易中心挂牌的意见》
	扬州市高邮市	（一）完成股改的奖励 20 万元； （二）正式递交材料的奖励 20 万元； （三）成功挂牌的奖励 50 万元； （四）对前三家挂牌的企业，分别奖励 50 万元、40 万元和 30 万元。	《关于支持鼓励企业进入“新三板”和其他场外市场挂牌上市的政策意见》
	镇江市	挂牌成功可获奖励资金 100 万元。	《关于推荐拟在“新三板”挂牌交易企业的通知》
	宿迁市	（一）申报材料被受理的奖励 15 万元； （二）成功挂牌的奖励 30 万元； （三）所融资金投资在宿迁市的，按融资额的 0.1% 比例给予奖励，最多不超过 50 万元。	《宿迁市市政府办公室关于印发鼓励和扶持企业利用场外市场融资意见的通知》

续表8

地区		补贴条款	政策依据
浙江省	杭州市高新区	（一）改制结束奖励30万元； （二）挂牌成功后奖励60万元。	
	杭州市余杭区	（一）完成股改并提交申报材料的奖励30万元； （二）成功挂牌交易的再奖励50万元； （三）成功进行转板的，按相应奖励标准补足差额。	《余杭区加快推进企业直接融资发展的若干意见》
	宁波市	对挂牌企业奖励50万元。	《宁波市企业利用多层次资本市场发展专项资金管理办法》
	宁波市江东区	（一）与券商签订协议后奖励10万元； （二）材料被受理后奖励10万元； （三）成功挂牌后奖励60万元； （四）成功融资的，按融资额度的2%给予补助，最高不超过20万元。	《关于新增我区企业到"新三板"挂牌融资扶持政策》
	宁波市江北区	（一）对企业因挂牌规范需要形成新增税收中的地方留成部分，补助资金不超过200万元； （二）前20家挂牌的（或实现外部股权融资500万元以上的），给予50万元奖励。	《宁波市江北区人民政府办公室关于进一步支持金融产业促进区域经济发展的实施意见》
	宁波市北仑区	（一）企业因股改形成的新增地方财政贡献部分，经批准后给予全额奖励； （二）拟上市企业成功上市前一年度，年实现利润比上年增长15%以上的新增地方财政贡献部分，经批准后全额奖励，最高不超过1 000万元。	《北仑区（开发区）2014年促进产业结构调整专项资金扶持政策》
	宁波市鄞州区	（一）因挂牌新增地方财政贡献部分，奖励不超过200万元； （二）成功挂牌后，奖励50万元。	《加快金融创新促进鄞州经济社会转型升级十六条》
	宁波市镇海区	成功挂牌的补贴100万元。	

续表 9

地区		补贴条款	政策依据
浙江省	温州市	（一）因股份制改造而需要补缴税款，可暂缓缴纳。 （二）成功挂牌的奖励 100 万元。 （三）成功转板上市的，按温州市人民政府《关于进一步加强企业上市工作的意见》统一执行。其中，各阶段性奖励不重复计算。 （四）完成上市股改时补助 30 万元，完成上市辅导验收时补助 70 万元。 （五）所融资金 50% 以上投资于本地的，对企业给予奖励。其中：融资额在 5 亿元人民币以内（含）的，奖励人民币 100 万元；融资额超过 5 亿元人民币的，每增加 1 亿元人民币再奖励人民币 5 万元。对企业实现买壳上市，注册地迁至温州，给予一次性奖励 200 万元。	《温州市人民政府办公室关于鼓励和支持企业进入全国中小企业股份转让系统挂牌的意见》 《温州市人民政府关于进一步加强企业上市工作的意见》
	温州市瑞安市	成功挂牌奖励 100 万元。	《关于进一步推进企业上市工作的意见》
	温州市永嘉县	（一）成功股改奖励 10 万元； （二）成功挂牌奖励 100 万元。	《永嘉县人民政府关于鼓励和支持企业进入全国中小企业股份转让系统挂牌的意见》
	温州市苍南县	（一）成功挂牌的奖励 100 万元； （二）成功挂牌的企业迁入苍南县的，奖励 50 万元。	《苍南县鼓励和支持企业进入全国中小企业股份转让系统挂牌实施意见》
	绍兴市	（一）市区企业在其改制和挂牌过程中增加的税收，市本级地方留成部分给予全额资助。其资产转让过户时，所征收的行政事业性收费在扣除工本费和上缴部分后，市本级财政留成部分全额资助，所缴纳的税收市本级地方留成部分全额补助； （二）成功实现国内外上市且总部在市区的，一次性给予融资额 2‰的奖励。实现股权再融资的，在扣除控股股东及其行动一致人认购金额后，按净融资额的 2‰给予奖励，最高不超过 200 万元； （三）实现国内 A 股买壳上市且注册地迁至市区的，一次性给予 100 万元奖励； （四）贡献特别重大的挂牌企业，补助 30 万元。	《关于进一步促进经济转型升级若干政策的配套细则》

续表 10

地区		补贴条款	政策依据
浙江省	绍兴市越城区	首次挂牌企业的每家奖励 20 万元。	《越城区 2014 年经济奖励政策》
	绍兴市诸暨市	（一）成功挂牌的，给予 30 万元奖励； （二）因挂牌进行股改产生的地方财政贡献部分给予全额奖励，其中 70% 在股改完成后兑现，30% 在实现上市（挂牌）后兑现。	《关于开展三百工程的若干政策意见》
	湖州市	完成股改和挂牌的企业分别奖励 50 万元。	
	湖州市德清县	成功挂牌的奖励 200 万元。	
	湖州市长兴县	对挂牌企业的经营者奖励 60 万元，其所融资金在本地的投资额按 2% 予以奖励。	
	湖州市安吉县	给予企业实际控制人奖励 100 万元。	
	嘉兴市秀洲区	（一）成功挂牌后奖励 50 万元； （二）挂牌后募集资金 70% 以上用于秀洲区项目建设的，按其募集资金额的 1% 给予奖励，每次最高不超过 100 万元人民币。	《秀洲区推进企业上市和场外市场挂牌实施意见》
	嘉兴市桐乡市	（一）完成股改并与推荐券商签约，奖励 40 万元； （二）成功挂牌后奖励 40 万元； （三）挂牌后完成定向增资、股权转让或其他形式的资本运作，给予 40 万元奖励。	《关于鼓励和扶持企业利用多层次资本市场促进我市经济快速发展的实施办法》
	嘉兴市海盐县	（一）完成股改的奖励 25 万元； （二）挂牌成功的奖励 25 万元； （三）通过融资募集资金在本县范围的实际投资额给予奖励，最高限额 300 万元。	《海盐县加快推进企业股改上市发展的实施意见》

续表 11

地区		补贴条款	政策依据
浙江省	台州市	（一）成功挂牌的奖励 30 万元； （二）成功挂牌的企业改制时对地方财政的贡献全额奖励给企业； （三）自挂牌当年起三年内，企业对地方财政作出的贡献每年增长超出上一年度 15% 的部分，全额奖励给企业； （四）对于每年实现股权融资累计达到 1 000 万元，并且 80% 投在台州辖区内的企业，按 2 000 万元（含）以下、2 000 万～5 000 万元、5 000 万元（含）以上三档分别奖励 20 万元、30 万元、40 万元。	《台州市人民政府关于扶持企业直接融资发展的若干政策意见》
	台州市温岭市	（一）成功挂牌的奖励 80 万元； （二）对从区域性股权交易中心转到新三板挂牌的奖励 60 万元； （三）对从区域性股权交易中心创新板直接转到新三板挂牌的企业奖励 80 万元； （四）经新三板转板上市的，再给予 50 万元奖励。	《温岭市人民政府关于扶持企业直接融资发展的若干意见》
	丽水市	（一）完成股改并成功挂牌的奖励 120 万元； （二）对成功转板上市的奖励 150 万元。	《丽水市人民政府关于加快推进企业直接融资工作的意见》
	丽水市云和县	（一）完成股改的奖励 60 万元； （二）成功挂牌的奖励 70 万元。	《关于加快推进企业直接融资工作的若干意见》
广东省	广州市	奖励前 30 家挂牌企业 30 万元。	《广州高新技术产业开发区企业进入代办系统进行股份制转让奖励资金的申请和发放办法》
	广州市天河区	对挂牌的企业奖励累计不超过 80 万元。	《广州高新技术产业开发区天河科技园/广州天河软件园促进园区优势产业发展的若干措施》

续表 12

地区		补贴条款	政策依据
广东省	深圳市高新区	挂牌成功后，依据相关票据实报实销，不超过 180 万元。	
	深圳市龙华新区	(一) 按照股份改制、成功挂牌予以不超过实际支出费用，分别最高 50 万元、160 万元，总计最高 210 万元的资助； (二) 成功转板上市的，按照挂牌和上市资助（一般企业资助 240 万元，战略性新兴产业重点企业资助 300 万元）的差额予以补齐。	《龙华新区关于加快高新技术和战略性新兴产业发展的若干措施实施细则（科技企业上市资助类)》
	珠海市高新区	(一) 完成股份制改造的，奖励 20 万元； (二) 与主办券商签订协议并提交文件的奖励 50 万元； (三) 成功挂牌的，奖励 50 万元； (四) 首次实现融资，且募集资金主要投放在我区的奖励 50 万元； (五) 每年享受各项扶持政策项下资金扶持的总额不超过该企业当年缴纳税收对高新区财政实际贡献的 80%。	《珠海高新区关于鼓励企业进入全国股份转让系统（新三板）管理办法（试行)》
	珠海市金湾区	(一) 完成股改的奖励 40 万元； (二) 通过券商内核的奖励 30 万元； (三) 成功挂牌的奖励 20 万元，奖励企业法定代表人 10 万元。	《金湾区促进“三高一特”产业发展暂行办法》
	佛山市南海区	首次挂牌的，给予 50 万元补助。企业挂牌后按累计融资金额分阶段给予企业领导班子及有关人员奖励： 1. 累计融资资金 1 000 万元以下，奖励 50 万元； 2. 累计融资资金达到 1 000 万元 ~ 5 000 万元之间（含 1 000 万元），奖励 100 万元； 3. 累计融资资金达到 5 000 万元 ~ 1 亿元（含 5 000 万元），奖励 200 万元； 4. 累计融资资金达到 1 亿元（含 1 亿元）以上，奖励 250 万元。	《佛山市南海区促进优质企业上市和发展扶持办法（修订)》

续表 13

地区		补贴条款	政策依据
广东省	佛山市顺德区	（一）完成股改奖励 50 万元。 （二）主管机关正式受理挂牌文件奖励 50 万元。 （三）成功挂牌后，根据首次募集资金规模按照以下三个档次进行奖励： 1. 首次募集金额 5 000 万元以下（含 5 000 万元）的，奖励 50 万元； 2. 首次募集金额 5 000 万元以上，1 亿元以下（含 1 亿元）的，奖励 100 万元； 3. 首次募集金额 1 亿元以上的，奖励 200 万元。	《顺德区人民政府办公室关于印发顺德区企业上市扶持奖励办法（修订）的通知》
	东莞市高新区	（一）挂牌后备名单的企业，可获得资助总额达 200 万元； （二）对于前 10 名挂牌的企业，资助金额最高达 300 万元。	
	肇庆市	（一）完成股改的奖励 30 万元； （二）材料被有关部门受理，奖励 50 万元； （三）成功挂牌的奖励 50 万元； （四）成功转板上市的享受市政府有关鼓励企业上市的优惠政策； （五）对迁入肇庆高新区的企业在该区成功挂牌交易的，同样适用本办法对应的扶持及奖励的政策。	《关于印发肇庆国家高新技术产业开发区“新三板”挂牌上市企业扶持暂行办法的通知》
	江门市	（一）成功挂牌的市区企业，奖励 30 万元。 （二）证监会正式受理挂牌材料的，奖励 30 万元。 （三）成功挂牌的奖励 20 万元。	《印发关于鼓励江门高新区企业改制进入代办股份转让系统实施意见的通知》
	江门市蓬江区	（一）证监会正式受理挂牌材料的，奖励 30 万元； （二）成功挂牌的奖励 20 万元。	《蓬江区中小微企业科技金融奖励实施细则（试行）》
	茂名市	成功挂牌的奖励 50 万元。	《关于支持企业上市和上市再融资的若干意见》

续表 14

地区		补贴条款	政策依据
广东省	中山市火炬开发区	（一）前 10 个完成股改的企业奖励 150 万元，其他给予 10 万元奖励； （二）申报并得到证监会受理的，奖励 50 万元；前十家成功挂牌的企业奖励 100 万元，其余奖励 50 万元； （三）挂牌后连续两年给予补助，最高不超过1 000 万元。	
福建省	厦门市高新区	改制结束补贴 30 万元，挂牌成功补贴 50 万元，返还挂牌当年以及第二年与上一年比较的新增财政贡献（不超过 50 万元）。	
	泉州市	（一）成功挂牌的奖励 50 万元； （二）市科技计划优先支持挂牌的非上市公司的创新项目，支持金额不低于 20 万元。	《关于推动泉州高新技术产业开发区非上市企业进入全国中小企业股份转让系统挂牌工作的若干意见》
	泉州市晋江市	一次性奖励 80 万元。	
	龙岩市	（一）改制完成后奖励 10 万元； （二）成功挂牌的奖励 30 万元； （三）首次融资的按实际投资我市资金总额的 2‰进行奖励，最高限额为 100 万元。	《关于印发龙岩市鼓励和支持企业赴“新三板”等股权交易市场挂牌融资若干意见的通知》
河北省	石家庄高新区	（一）完成改制的奖励 50 万元； （二）成功挂牌的再奖励 50 万元。	《石家庄国家高新区“新三板”企业上市资助资金管理办法》
	承德市	（一）成功挂牌的奖励不低于 50 万元； （二）转板上市的再奖励 50 万元。	《承德市人民政府关于鼓励中小企业在“新三板”市场挂牌上市的实施意见》

续表 15

地区		补贴条款	政策依据
河北省	廊坊市	（一）成功挂牌的奖励 100 万元； （二）由区域性股交中心转板到新三板的奖励 50 万元。	《廊坊市人民政府关于印发廊坊市鼓励企业到多层次资本市场上市规定的通知》
河北省	衡水市	成功挂牌的奖励 50 万元。	《衡水市人民政府关于加快推进企业上市工作的意见》
河北省	衡水市枣强县	成功挂牌的奖励 50 万元。	《枣强县人民政府关于鼓励和扶持企业上市的若干意见》
山西省	太原市	成功挂牌的奖励 165 万元。	
吉林省	长春市高新区	（一）股改阶段给予 10 万 ~ 20 万元的补助，并对企业改制过程中企业所得税区留用部分给予补贴； （二）实现挂牌给予 50 万 ~ 100 万元奖励，对主办券商给予 10 万元奖励。	《鼓励企业进入代办股权转让系统暂行办法》
吉林省	通化市	（一）成功挂牌的奖励 30 万 ~ 50 万元； （二）转板上市的再奖励 30 万元。	《通化市人民政府关于推进企业上市和挂牌工作的意见》
吉林省	延边州	（一）与中介机构签订协议奖励 20 万元。 （二）完成股改的奖励 40 万元。 （三）募集资金全部在州内投资的给予扶持。其中，第一户扶持资金 100 万元，第二户扶持资金 80 万元，从第三户始扶持资金 50 万元。	《延边州人民政府关于扶持企业在全国中小企业股份转让系统挂牌的实施意见》
辽宁省	大连市	（一）“四板”挂牌企业拟在新三板挂牌的，按照确定保荐机构、完成挂牌两个环节分别给予补贴不超过 40 万元和 60 万元； （二）转板补贴额度最高为 100 万元； （三）在新三板成功挂牌的，补贴 160 万元。	《大连市企业上市补贴专项资金管理办法的再次补充通知》

续表 16

地区		补贴条款	政策依据
辽宁省	鞍山高新区	分四次发放补贴 240 万元。	
	抚顺市	新三板挂牌奖励 50 万元。	
	阜新市	新三板挂牌奖励 100 万元。	
	葫芦岛市	新三板挂牌奖励 50 万元。	《关于贯彻落实省政府促进当前经济稳增长十五条措施实施意见》
黑龙江省		新三板挂牌奖励 200 万元。	《黑龙江省人民政府关于印发黑龙江省促进经济稳增长若干措施的通知》
	哈尔滨市	新三板挂牌奖励 50 万元。	《哈尔滨市人民政府印发关于进一步扶持中小企业发展的若干政策的通知》
	哈尔滨市高新区	（一）完成股改后奖励 30 万元； （二）材料通过主办券商内核奖励 20 万元； （三）成功转板的奖励 50 万元。	《哈尔滨高新技术产业开发区支持企业上市专项资金管理办法（暂行）》
	大庆市高新区	成功挂牌新三板可给予 120 万元奖励。	
	七台河市	（一）挂牌成功的企业，奖励 50 万元； （二）挂牌后，在创业板或主板（中小板）上市的，分别奖励 50 万元和 100 万元。	《七台河市推进企业进入全国中小企业股份转让系统工作实施方案》
	黑河市	（一）企业与中介机构签订协议后，奖励 30 万元。未实现挂牌由企业全额返还。 （二）挂牌后实现转板上市的，奖励 30 万元。 （三）爱辉区、黑河边境经济合作区、五大连池风景区对域内企业实现挂牌的，应给予不低于以上奖励标准 30% 的奖励资金。	《黑河市鼓励企业上市和挂牌扶持奖励办法》

续表 17

地区		补贴条款	政策依据
陕西省		成功挂牌的企业最高奖励 50 万元。	
陕西省	西安市高新区	（一）完成股改制奖励 50 万元。 （二）成功挂牌后奖励 100 万元。 （三）企业改制时，非货币性资产经审计评估增值转增资本部分，用未分配利润和盈余公积转增股份，依法缴纳的企业所得税及个人所得税，按其纳税额高新区留成部分的 60% 予以奖励，最高 100 万元。 （四）企业挂牌后，三年内（含挂牌当年）按企业所缴纳营业税、企业所得税、增值税高新区留成部分的 50% 予以奖励。 （五）企业挂牌后在资本市场定向增发成功融资的，对企业管理团队按融资额的 1% 予以奖励，单个企业累计不超过 50 万元。 （六）主办券商的项目团队奖励 10 万元。	《西安高新区关于鼓励企业进入全国中小企业股份转让系统挂牌交易的暂行办法》
山东省	济南市高新区	（一）申请经受理的奖励 50 万元，正式挂牌后再奖励 20 万元； （二）转板上市的，奖励 100 万元。	《济南高新区关于扶持企业改制上市工作的意见》
山东省	青岛市高新区	完成改制并通过券商内部审核的，按不超过实际发生费用的 70% 给予补助，每个企业最高补助金额不超过 70 万元。	《关于支持我市企业在全国中小企业股份转让系统挂牌有关事项通知》
山东省	淄博市高新区	给予挂牌公司 50 万元补贴。	
山东省	潍坊市高新区	（一）企业改制、挂牌过程中，因正常调整以前年度应纳税所得额而补交的企业所得税地方留成部分给予等额补助。 （二）企业在改制、挂牌过程中，因资产过户上缴税收地方留成部分给予等额补助。 （三）正式挂牌后奖励 180 万元。 （四）企业挂牌后 3 年内成功融资且融资额 2 000 万元（含）以下的，奖励 2 万元；融资额 2 000 万～5 000 万元（含）的，奖励 5 万元；融资额超过 5 000 万元的，奖励 10 万元。	《高新区推进科技型中小企业“新三板”挂牌的若干规定》

续表 18

地区		补贴条款	政策依据
山东省	烟台市	成功挂牌的奖励 200 万元。	
	济宁市	分阶段予以补助，最高 200 万元。	《关于推进济宁高新区申报“新三板”扩容试点园区的实施方案》
	威海市	（一）成功挂牌的，奖励企业高管 30 万元； （二）转板上市，其融资额不满 5 亿元的，奖励企业高管 30 万元；其融资额在 5 亿元以上的，奖励企业高管 50 万元。	《威海市推进企业上市融资暂行办法》
	日照市	成功挂牌的奖励 150 万元。	《关于进一步加快全市金融业创新发展的实施意见》
	德州市	成功挂牌的奖励最高 80 万元。	
	菏泽市	成功挂牌的奖励 20 万元。	《菏泽市人民政府关于加快推进企业上市工作的意见》
河南省	郑州市	成功挂牌的奖励 50 万元。	《加快推进企业上市工作的意见》
	洛阳市	成功挂牌的奖励 30 万元。	
	洛阳市高新区	（一）完成改制的奖励 20 万元。 （二）通过券商内核奖励每家 20 万元。对区内前 5 家挂牌的企业奖励 80 万元；对第 6 家至第 10 家挂牌的企业奖励 70 万元；对于 10 家之后挂牌的企业，奖励 60 万元。 （三）成功转板的，奖励 200 万元。	《洛阳高新区管委会关于进一步加快企业上市和挂牌交易的意见（暂行）》
	新乡市	成功挂牌的前 5 家企业奖励 50 万元，第 6 ~ 10 家企业奖励 30 万元。	《新乡市人民政府关于加快推进企业在全国中小企业股份转让系统挂牌的意见》

续表 19

地区		补贴条款	政策依据
河南省	焦作市	（一）成功挂牌的奖励 50 万元； （二）转板上市的再奖励 50 万元。	《焦作市人民政府关于加快推进企业进入多层次资本市场的意见》
	濮阳市	（一）在挂牌当年给予不少于 50 万元的奖励。 （二）转板上市的企业，申报材料经受理的，奖励 50 万元；对已成功上市且募集资金 70% 以上在市内投资的，奖励 150 万元，对通过增发配股实现再融资的上市公司高管人员给予适当奖励。	《濮阳市人民政府关于鼓励企业进入全国中小企业股份转让系统挂牌交易的指导意见》
	漯河市	成功挂牌的奖励 100 万元。	《关于鼓励和扶持漯河市非上市股份有限公司进入全国中小企业股份转让系统挂牌的暂行办法》
湖北省	武汉市高新区	（一）完成股改的奖励 20 万元； （二）备案材料被受理的，奖励 20 万元； （三）成功挂牌的，奖励 80 万元； （四）成功转板上市的，省市区三级给予 535 万元奖励（省级奖励 200 万元，市级奖励 150 万元，区级奖励 185 万元）。	《武汉东湖新技术开发区关于充分利用资本市场促进经济发展的实施意见》
	黄石市	成功挂牌且募集资金 70% 以上用于本市范围内投资项目的，按照融资额的 1% 给予补贴奖励，单个企业奖励上限总额为 80 万元，其中，大冶市、阳新县政府承担所辖受奖企业奖励总额的 60%；各城区政府和黄石经济技术开发区管委会承担所辖受奖企业奖励总额的 40%。	《黄石市人民政府办公室关于印发加快多层次资本市场建设发展若干意见的通知》
	十堰市	（一）成功挂牌的奖励 50 万元； （二）一次性直接融资额度超过 5 000 万元的再奖励企业 10 万元；超过 1 亿元的，奖励 30 万元。	《十堰市人民政府关于加快多层次资本市场建设发展的若干意见》

续表 20

地区		补贴条款	政策依据
湖北省	荆州市	前 30 家挂牌企业，奖励 50 万元。	《荆州市人民政府关于加快发展多层次资本市场的实施意见》
	宜昌市	（一）完成股改并经管理部门正式受理备案后，奖励 30 万元； （二）正式挂牌且募集资金 70% 以上用于在本市募投项目的，奖励 50 万元； （三）其税收在县市（含夷陵区，下同）的，正式挂牌且募集资金 70% 以上用于在本市募投项目的，奖励 40 万元。	《市人民政府关于支持鼓励企业进入“新三板”和其他场外市场挂牌上市的若干意见》
	襄阳市	（一）成功改制的，奖励 10 万元； （二）材料被受理的，奖励 30 万元； （三）正式挂牌后，奖励 40 万元。	《关于鼓励和促进企业在“新三板”挂牌上市的若干意见》
湖南省	长沙市	挂牌前后给予 50 万元和 30 万元的补助。	《长沙市人民政府办公厅关于鼓励企业在场外市场挂牌有关事项的通知》
	株洲市高新区	最高补贴 100 万元。	
	湘潭市高新区	成功挂牌的补贴 120 万元（完成股改 35 万元，完成资料报会 35 万元，完成挂牌 50 万元）。	《鼓励扶持企业利用资本市场发展暂行办法》
	邵阳市	成功挂牌并首次定向增发融资成功，奖励 50 万元。	《关于鼓励企业赴新三板等资本市场挂牌融资的通知》
江西省		（一）完成股改和注册登记的奖励 20 万元； （二）申请材料被正式受理奖励 50 万元。	《江西省人民政府办公厅关于推动中小微企业利用全国中小企业股份转让系统发展的实施意见》

续表21

地区		补贴条款	政策依据
江西省	南昌市	（一）完成股改并注册登记的奖励50万元； （二）申请材料被受理的奖励100万元。	
江西省	九江市	（一）完成改制的奖励20万元； （二）挂牌成功的奖励50万元。	
江西省	上饶市	（一）完成改制的奖励20万元； （二）挂牌成功的奖励50万元。	《关于推荐拟在“新三板”挂牌交易企业的通知》
江西省	吉安市	（一）与中介机构签订协议并完成股份制改造、提交申请材料并取得受理回执，奖励15万元； （二）成功挂牌奖励35万元； （三）各受益财政应于企业成功挂牌或上市后，按照不低于市财政奖励资金1.6倍（80万元）的比例予以配套奖励。	《吉安市人民政府关于落实支持企业上市和“新三板”挂牌有关政策的通知》
江西省	赣州市	（一）完成股改和注册登记的奖励20万元； （二）申请材料被受理的奖励50万元； （三）前10名的企业奖励50万元。	《关于加快推进企业进入全国中小企业股份转让系统挂牌的实施意见》
江西省	萍乡市	（一）完成股改和注册登记的奖励20万元； （二）申请材料被受理的奖励50万元； （三）前10名的企业奖励50万元，之后的奖励40万元。	《萍乡市人民政府办公室关于进一步加快萍乡金融业发展的实施意见》
安徽省	合肥市	企业进入新三板融资的，给予50万元补助。	
安徽省	合肥市高新区	可分阶段获得最高70万元的财政补贴。	
安徽省	芜湖市	（一）完成股改并注册的，奖励20万元； （二）成功挂牌的，奖励30万元； （三）成功实现融资的，奖励70万元。	《鼓励企业进入全国中小企业股份转让系统挂牌交易暂行办法》

续表 22

地区		补贴条款	政策依据
安徽省	蚌埠市	（一）成功挂牌的奖励 40 万元，进入全省第一批挂牌的另行奖励 20 万元； （二）成功募集资金的按照募资总额的 2‰给予奖励。	《蚌埠市人民政府关于支持进入全国中小企业股份转让系统和安徽省股权托管交易中心挂牌交易有关事项的通知》
	马鞍山市	（一）完成股改造及注册，奖励 50 万元和 20 万元； （二）成功挂牌，奖励 100 万元，若在第一批挂牌，再给予 20 万元奖励； （三）成功实现股权融资并全部投资我市的，给予投资额 2% 的奖励，最多不超过 30 万元。	《关于印发马鞍山市鼓励企业进入全国中小企业股份转让系统和安徽省区域性股权交易市场挂牌交易暂行办法的通知》
	安庆市	在新三板成功挂牌的企业，奖励 150 万元。	
	黄山市	在新三板成功挂牌的企业，奖励 50 万元。	
	淮北市	（一）完成股份制改造的，奖励 10 万元； （二）获得监管部门审查备案的，奖励 20 万元； （三）成功挂牌的，奖励 20 万元； （四）成功获得融资并全部投资淮北本地的，按融资额的 1%，给予最高不超过 100 万元奖励。	
	池州市贵池区	最高可获得 50 万元奖励。	
	阜阳市	（一）对完成股改造并注册登记的，属于市属企业的，市政府给予 30 万元的补助，属于县（市、区）属企业的，市政府给予 15 万元的补助。 （二）成功挂牌的，属于市属企业的，市政府给予 60 万元的奖励；属于县（市、区）属企业的，市政府给予 30 万元的奖励。 （三）挂牌后融资用于实体经济的，属于市属企业的，市财政按所募集资金总额的 0.5% 予以奖励，最高不超过 100 万元，属于县（市、区）属企业的，市财政按所募集资金总额的 0.3% 予以奖励，最高不超过 50 万元。	《阜阳市人民政府办公室关于印发阜阳市鼓励企业进入全国中小企业股份转让系统和区域性股权交易市场挂牌交易暂行办法的通知》

续表23

地区		补贴条款	政策依据
安徽省	宿州市	(一)企业因挂牌所产生的券商或推荐商费用及审计、法律、评估等费用，由市政府全额支付； (二)成功融资并全额投资于宿州本地的，按照200万元在扣除市政府前期支付的费用后给予一次性奖励。	《宿州市人民政府关于鼓励企业进入“新三板”和场外市场挂牌融资工作的意见》
	亳州市	(一)完成股改及注册的奖励30万元； (二)成功挂牌的奖励70万元； (三)成功实现股权融资并全部投资在我市的企业，给予融资金额2%的奖励，但最高不超过30万元。	《亳州市鼓励企业进入全国中小企业股份转让系统和安徽省区域性股权交易市场挂牌交易暂行办法》
四川省	成都市高新区	成功挂牌的分阶段给予最高100万元补贴。	《关于促进企业发展壮大的优惠政策》
	绵阳市高新区	(一)完成股改的，奖励30万元； (二)成功挂牌的，奖励50万元。	
贵州省	贵阳市	成功挂牌的，奖励150万元。	《贵阳市企业进入全国中小企业股份转让系统(即“新三板”)扶持奖励办法(试行)》
	贵阳市花溪区	(一)完成股份制改造的奖励30万元； (二)主管机构正式受理后奖励30万元； (三)企业成功挂牌后奖励15万元。	《花溪区企业进入全国中小企业股份转让系统扶持奖励办法》
	贵阳市乌当区	(一)完成股份制改造的奖励20万元； (二)主管机构正式受理后奖励25万元； (三)企业成功挂牌后奖励30万元。	《乌当区企业进入全国中小企业股份转让系统扶持奖励办法(试行)》
云南省	昆明市高新区	对成功挂牌的，给予管理团队30万元奖励。	《昆明高新技术产业开发区鼓励企业上市及投融资发展暂行办法》

续表 24

地区		补贴条款	政策依据
内蒙古自治区		（一）成功挂牌的奖励 50 万元； （二）实现首次融资的，按照融资额的 1.5% 给予费用补贴，最高不超过 100 万元。	《内蒙古自治区人民政府关于进一步推进多层次资本市场融资的若干意见》
	包头市高新区	最多将获得 100 万元的资金补助。	《包头稀土高新技术产业开发区鼓励企业证券市场挂牌上市补助资金管理办法》
新疆维吾尔自治区		在新疆股权交易中心成功挂牌的企业可享受 40 万元补助，交易中心挂牌企业成功转板至全国新三板可再享受财政补助 20 万元。	《自治区企业上市政策引导专项资金管理办法》
	乌鲁木齐市高新区	成功挂牌的，最高可奖励 140 万元。	《乌鲁木齐高新技术产业开发区（新市区）企业进入代办股份转让系统资助资金暂行管理办法》
宁夏回族自治区		对 2014 年、2015 年、2016 年在“新三板”挂牌的企业，分别奖励 100 万元、50 万元、30 万元。	《自治区人民政府关于加快资本市场建设的若干意见》
	银川市	（一）股份制改制阶段奖励 30 万元； （二）申报挂牌上市阶段奖励 50 万元； （三）正式挂牌后奖励 70 万元。	
	中卫市	挂牌成功的，先享受自治区政策，对在 2014 年、2015 年、2016 年在新三板挂牌的，由区、市县财政分别按 50% 给予 100 万元、50 万元、30 万元的奖励，再由企业纳税地财政一次性奖励 100 万元。	《中卫市人民政府关于中小企业直接融资扶持政策》

续表 25

地区		补贴条款	政策依据
广西壮族自治区	南宁市	（一）拟挂牌获国家监管部门受理后奖励 20 万元； （二）正式挂牌奖励 30 万元。	《南宁市鼓励企业进入代办股份转让系统暂行办法》
	南宁市高新区	（一）与券商、相关中介机构签约后奖励 20 万元； （二）改制完成奖励 30 万元； （三）申请获受理后奖励 50 万元； （四）正式挂牌奖励 50 万元。	《关于鼓励企业改制并进入代办股份转让系统挂牌的暂行办法》
	柳州市	（一）改制阶段按实际发生费用给予最高 40 万元的奖励； （二）成功挂牌后，给予 90 万元的奖励，给予主办券商 20 万元奖励。	《支持非上市企业进入证券公司代办股份转让系统奖励资金管理暂行办法》
	防城港市	挂牌成功的，可获得最高达 200 万元奖励。	《防城港市鼓励企业进入全国中小企业股份转让系统挂牌交易暂行办法》
	玉林市	（一）完成股改的，奖励 20 万元； （二）获监管部门受理的，奖励 30 万元； （三）正式挂牌的，奖励 100 万元。	《玉林市鼓励中小企业改制并进入全国中小企业股份转让系统挂牌暂行办法》

资料来源："新三板特训营"微信公众号。

参考文献

[1] NASDAQ Corporate Services. A Guide for Chinese Companies to Listing on the U. S. Securities Markets. 2006.

[2] Rule 5000 Series, NASDAQ Listing rules. www. nasdaq. com

[3] The NASDAQ OMX Group, INC. NASDAQ Annual Report. 2001 – 2014.

[4] The NASDAQ OMX Group, INC. NASDAQ Initial Listing Guide. 2013.

[5] The NASDAQ OMX Group, INC. NASDAQ Initial Listing Guide. 2015.

[6] The NASDAQ OMX Group, INC. Notice of 2015 Annual Meeting of Stockholders and Proxy Statement. May 2015.

[7] 艾芯．新三板企业或将掀起股权激励风暴［N］．中华工商时报，2015 – 08 – 05.

[8] 曹乘瑜．PE 成新三板“人气王”［N］．中国证券报，2015 – 05 – 05.

[9] 曾炎鑫，桂衍民．联讯证券借道资管计划推员工持股［N］．证券时报，2015 – 01 – 29.

[10] 曾峙霖．我国科技型中小企业新三板融资法律制度研究［D］：硕士学位论文．成都：西南财经大学，2014.

[11] 陈静．暴跌中的“逆流”：251 家新三板公司“逆势”定增［N］．21 世纪经济报道，2015 – 07 – 09.

[12] 陈值．新三板融资机构高管详解　定增份额争夺战背后的 PE 淘金逻辑［N］．21 世纪经济报道，2015 – 05 – 06.

[13] 程丹．“互联网+”企业渐成新三板主力　频频定增［N］．证券时报，2015-06-24.

[14] 从新三板到新四板　构建多层次资本市场体系［OL］．2015-07-29.

[15] 戴湘云，叶生新．多层次资本市场中的“新三板”对高新科技园区经济发展作用分析与实证研究——以中关村科技园区为例［J］．改革与战略，2011，12（27）：69-74.

[16] 戴小河．新三板定增遇冷　机构投资策略生变［N］．中国证券报，2015-07-21.

[17] 窦巍．我国“新三板”中做市商制度法律问题研究［D］：硕士学位论文．厦门：华侨大学，2014.

[18] 古志宽．点点客到九恒星　二级市场并购手法玩转新三板［N］．证券时报，2015-03-24.

[19] 古志宽．证监会审核提速　新三板公司扎堆闯关定增［N］．证券时报，2015-05-19.

[20] 谷枫．硅谷天堂携近百亿级定增挂牌　新三板成PE集中营［N］．21世纪经济报道，2015-07-31.

[21] 洪方圆．新三板会计信息披露研究［D］：硕士学位论文．北京：财政部财政科学研究所，2014.

[22] 胡志毅．新三板首份虚拟股权激励计划出炉［N］．证券时报，2015-05-07.

[23] 黄琪琦．我国场外交易市场的体系和制度构建［D］：硕士学位论文．上海：复旦大学，2012.

[24] 纪云涛，代云龙．他山之石，可以攻玉——新三板与纳斯达克对比研究［R］．兴业证券，2015，6.

[25] 李诗洋．新三板划归场内交易，改变资本市场格局［J］：国际融资，2015，9：31-34.

[26] 李曜．股票期权与限制性股票股权激励方式的比较研究［J］.

经济管理，2008，3：11－18.

［27］李玉．三模式打造并购传奇　硅谷天堂觊觎新三板［N］．21世纪经济报道，2014－07－11.

［28］刘光超．直击新三板［M］．北京：中信出版社，2011.

［29］刘辉．给新三板换股并购立规矩［J］．董事会，2015－09－15.

［30］龙昊．新三板企业为何热衷并购重组［N］．中国经济时报，2015－11－16.

［31］马春笛．新三板企业定增新玩法［N］．21世纪经济报道，2015－01－29.

［32］裴文斐．新三板定增项目风险开始集聚［N］．上海证券报，2015－03－26.

［33］权威新三板培训手册—公司挂牌业务指南（二）主办券商推荐［OL］．2015－04－22．http：//www.sanban18.com/baike/946.html.

［34］权威新三板培训手册—公司挂牌业务指南（一）企业改制［OL］．2015－04－22．http：//www.sanban18.com/baike/945.html.

［35］券商建言新三板改革　协议做市制度待创新［OL］．2015－07－20．http：//www.sanban18.com/Industry/3735.html.

［36］任明杰．新三板“高烧”波及创业板公司并购模式［N］．中国证券报，2015－06－03.

［37］盛景荃．点点客复牌首日暴涨　新三板并购市场要火［N］．上海证券报，2014－03－12.

［38］孙健波，熊可，胡军等．新三板上市及资本运作实务．法律出版社，2015，5.

［39］铁云．科技型中小企业新三板挂牌规范问题研究［D］：硕士学位论文．杭州：浙江工商大学．2015.

［40］投资机构看好新三板前景　交易制度推动价值投资［OL］．2015－06－29．http：//www.sanban18.com/Industry/2528.html.

［41］王合绪，杜德．新三板如何助推中小企业转型升级［J］．今日

工程机械，2015，06：46－47.

［42］王进．新三板做市交易制度基本法律问题［D］：硕士学位论文．上海：华东政法大学，2013.

［43］王勇州．新三板企业内部控制研究——以J公司为例［D］：硕士学位论文．昆明：云南大学．2015.

［44］吴蕾娟，赵汀．浅析股权激励方案设计［J］：黑龙江对外经贸，2010，4：129－130.

［45］晓晴．收购重组两新规征求意见　新三板将成券商PE并购新战场［N］．21世纪经济报道，2014－05－23.

［46］新三板：诞生于多层次资本市场的产物［OL］．2015－07－13. http：//www. sanban18. com/Industry/3321. html.

［47］新三板该如何在多层次资本市场中定位［OL］．2015－04－11. http：//www. sanban18. com/Industry/683. html.

［48］新三板挂牌业务董秘培训资料汇总［OL］．2015－12－02. http://www. sanban18. com/baike/10261. html.

［49］新三板挂牌制度规范　详解相关法律问题［OL］．2015－07－22. http：//www. sanban18. com/baike/3907. html.

［50］新三板交易制度设计的五大缺陷［OL］．2015－05－27. http://www. sanban18. com/Industry/1607. html.

［51］新三板市场扩容　交易制度亟待完善［OL］．2015－08－03. http：//www. sanban18. com/Industry/4587. html.

［52］杨峰，王彦博，计静怡，郑罗平，牛建涛等．资本风口：中国新三板全攻略．中国发展出版社，2015，5.

［53］杨华，陈晓升．上市公司股权激励理论、法规与实务［M］．中国经济出版社，2009.

［54］袁季，徐舜，邱翼，欧阳鑫．纳斯达克的美国梦与新三板的中国梦［R］．广征恒生，2014，11.

［55］袁季．新三板股权激励玩出新花样［J］．二十一世纪商业评论，

2015，8：30 - 31.

［56］张静帆．我国新三板市场现行交易制度研究［D］：硕士学位论文．河南：河南大学，2014.

［57］张瑞杰．什么是“新三板”［J］．中国经济周刊，2015，4，6：67.

［58］张昀．纳斯达克市场分层制度及其对新三板的启示［R］．国信证券，2015 - 09 - 22.

［59］张昀．新三板分层标准及其影响的深度剖析［R］．国信证券，2015 - 12 - 04.

［60］张占魁．我国新三板信息披露制度研究［D］：硕士学位论文．北京：财政部财政科学研究所，2014.

［61］赵晓琳．新三板并购嬗变：“猎物”变“猎手”［N］．上海证券报，2015 - 07 - 24.

［62］赵晓琳．新三板定增“闯关”最快 20 天［N］．上海证券报，2015 - 05 - 08.

［63］赵学毅．刷新新三板历史　中科招商 5 个月定增 100 亿元［N］．证券日报，2015 - 05 - 05.

［64］赵学毅．中科招商 4 个月三轮定增募资 90.37 亿元　国开泰富国寿安保现身认购名单［N］．证券日报，2015 - 04 - 25.

［65］周琳．新三板公司并购的正确打开方式［N］．经济日报，2015 - 08 - 07.

［66］周茂清，尹中立．“新三板”市场的形成、功能及其发展趋势［J］．当代经济管理，2011，33（2）：75 - 77.

［67］朱方舟．新三板最大定增融资案收官［N］．上海证券报，2014 - 01 - 28.

［68］左永刚．轻资产新三板挂牌企业成上市公司并购猎物［N］．证券日报，2014 - 05 - 29.

［69］左永刚．新三板 7 月份完成定增 321 次募资 144.01 亿元　全年

突破 1 000 亿元几无悬念［N］. 证券日报，2015－08－12.

［70］左永刚 . 新三板成资本市场并购标的过滤器［N］. 证券日报，2014－09－19.

［71］左永刚 . 新三板将成为多层次资本市场并购“猎场”［N］. 证券日报，2014－06－30.

［72］左永刚 . 新三板已成为小微企业创新发展孵化器［N］. 证券日报，2015－06－03.

［73］“做市＋协议”存局限性　三板交易制度待创新［OL］. 2015－07－09. http：//www. sanban18. com/Industry/3182. html.

后　　记

目前，我国经济正处于一个转型升级的关键时期，国家推动创新驱动发展战略，在大众创业、万众创新的宏观背景之下，新三板作为一个创新型、创业型、成长型中小微企业的专属平台，就如同中国资本市场的“鲶鱼”，肩负着激活市场创新动力的历史使命。最终受益的是我们的企业，尤其是在中国经济转型与发展中最具创新活力的中小企业，资本市场的门变宽了，选择变多了，服务机构增加了。时势造英雄，中国的“纳斯达克”是否能哺育出伟大的企业，我们拭目以待。

新三板经历两年多的快速发展，现已站在一个全新的历史起点上。站在历史的关口，我们必须把眼光放长远，把握大趋势。我们认为，新三板将继续引领资本市场的创新趋势，以最优越的制度红利吸引企业；新三板将继续成为多层次资本市场的重要环节，与主板等其他板块形成更为通畅的对接；新三板将继续提高差异化服务和风险管理能力，激励优秀企业的同时也将强化对合规合法问题的监管。

整体来看，新三板已经有了足够大的体量，但仍处于发展阶段，在治理和信息披露上仍然不够完善，融资能力、市场流动性还需加强。2015～2016 年是资本市场发生重大变革的两年。

在本书撰写过程中，新政策和制度接踵推出。我们及时补充了一些新的内容，如第八章介绍了分层制度对企业的可能影响；而还有一些非常重要的事件，如注册制的推出、《证券法》的修订等，由于出版时间等原因，没有充分展开讨论。因此，本书与其说是一个研究的结束，不如说是一系列研究的开始。我们抛砖引玉地提出这些问题，期待更多学者和实务工作者加入研究和探讨。

本书由集体分工写作而成，全书致力于结合案例分析与操作细节，把脉新三板的发展动态，解读行业规则（如何挂牌，如何进行股权交易，如何进行资本运作，如何进入分层和转板通道，如何防范风险等等），揭开新三板的财富奥秘。囿于学力所限，书中不足乃至错谬之处难以彻底避免，恳请各位读者不吝赐教。

最后，在本书的写作过程中，我们得到了许多领导和专家的大力支持和关怀，在此谨向他们表达诚挚的感谢。感谢对本书出版给予过关心、支持、帮助和建议的每一位师学亲友！

何诚颖

2016 年 5 月